KB033282

오사카 재일조선인의 역사와 일상

오사카 재일조선인의 역사와 일상

초판 1쇄 발행   2020년 8월 25일

지은이	김인덕
발행인	윤관백
발행처	도서출판 선인

등 록	제5-77호(1998.11.4)
주 소	서울시 마포구 마포대로 4다길 4(마포동 324-1) 곶마루 B/D 1층
전 화	02)718-6252 / 6257
팩 스	02)718-6253
E-mail	sunin72@chol.com

정가   22,000원
ISBN   979-11-6068-396-7   93910

오사카 재일조선인의 역사와 일상

김인덕 지음

 도서출판 선인

[

]

책을 내면서

/

> '일본국 이카이노'라는 주소만으로도 제주도에서 보낸 우편물이 배
> 달되는 마을, 이 마을에서 자란 나는 금세기의 반환점인 1950년에 태
> 어났다.—장애물이 없으면 누구나 자신의 고향으로 돌아가는 것이
> 자연스런 이치겠지. 그러나 동족상잔의 두 비극이 양친을, 바꿔 말하
> 면 나를 이카이노에 머물게 했다.
>
> 원래 이카이노는 일본이 스스로 '일본제국'이라 불렀던 시대에, '기
> 미가요마루'를 타고 표착한 제주도 사람들이 온갖 고생을 하면서 개
> 척한 마을이다. 경위야 어떻든 오래 살아 정이 들면 '타향'이 '고향'으
> 로 바뀌는 것도 또 하나의 진리이다(원수일, 김정혜, 박정이 번역,
> 『이카이노 이야기』, 새미, 2006, 243쪽).

 이카이노(猪飼野)의 공간이 있는 오사카는 일본에 사는 한국 사람에게
는 또 다른 '한국'이라고 할 수 있다. 재일조선인 / 재일코리안 / 재일한인
/ 재일동포는 아직도 일본에 살고 있고 앞으로도 일본에 살아갈 것이다.
 오사카에는 코리아타운이 있다. 조선인 마을 / 조선촌 / 코리아타운이라
고 불렸던 여기는 한국 사람만의 공간이 아닌, 한국과 일본이 함께하는 일

본 속의 '한일 공간'이다.

　해방이 된 이후 지금까지 오사카의 코리아타운은 남과 북이 함께하는 한국과 일본이 한국과 또 다른 나라의 사람이 공존하는 곳이다. 국제시장은 이제 한국과 일본 사람만의 공간이 아니다.

　코로나19 펜데믹 상황에서 한국과 일본은 더 어려운 상황 속에 있다. 코리아타운은 그 한가운데 있다. 한일 간에 강제동원 문제를 비롯한 문제인 상황에서 전염병의 세계적 확산은 한일 간의 상황 인식을 보다 악화시킴은 분명하다. 기나긴 펜데믹을 극복해야 하는 과제를 안게 된 우리 인류에게 한국과 일본 그 가운데 재일조선인은 존재 자체만 해도 힘들어 보인다. 왜 그럴까.

　재일코리안연구소의 프로젝트로 2012년부터 5년 동안 쓴 짧은 글 모음을 책으로 낸다. 이렇게 그만 책으로 만들어야 함에도, 시간이 지나면서 쌓이는 잡문을 털어내는 내 자신의 모습이 그리 좋아 보이지 않는다. 반성하면서…… 출판의 감사는 잊지 않아야겠다. 윤관백 사장님을 비롯해 출판사 여러분에게 감사를 드린다.

2020년 7월 30일
순천에서 김인덕 씀

차 례

/

—

제1장

—

제1장

/

최근 주거·집거지역의 특성과 사회·경제적 상황

역사적으로 보는 이쿠노(生野)지역 재일코리안 연구

1. 머리말

재일코리안의 역사는 집거지 조선촌을 통해 이해하는 것이 효과적이다. 그 역사적 연원은 1920년 전후로 올라간다. 1920년을 기점으로 재일코리안은 집단 거주하기 시작했고 이것이 조선촌이다. 제일 먼저 조선촌 즉, 조선인 마을이 형성된 곳은 도일자가 최초로 발을 내린 下關과 門司였다.[1] 이주한 조선인의 정주 공간인 조선촌은 일본인의 눈으로 보면 그야말로 더러운 곳이나 조선인에게는 사고나 질병으로 어려움에 처하면 치료도 받을 수 있고, 여비를 마련할 수 있는 공간, 해방의 공간이었다.[2] 조선촌은 단순히 주거문제[3]만을 해결하는 데 의미가 있었던 것은 아니었다. 이와 함께 민족

---

1) 金仁德, 「戰前の在日朝鮮人社會の文化樣相に關する硏究」, 『日本硏究』(33), 國際日本文化硏究センター, 2006, 10쪽 참조.

2) 樋口雄一, 「在日朝鮮人部落の積極的役割について」, 『在日朝鮮人史硏究』1, 1977, 28~29쪽.

의 진로를 고민하며 함께 꿈을 꾸며, 단체를 만들어 적극적으로 활동을 전
개했던 정치적 중심이기도 했다.

오늘날 일본에서 이른바 '코리아타운'⁴⁾이라는 조선촌이 존재하고 있다.
일반적으로는 최초가 猪飼野의 조선시장이라고 할 수 있다. '코리아타운'이
라고 불리는 곳은 東京의 新大久保의 '新宿코리아타운(職安通り)', 東京의
荒川區 三河島의 '三河島코리아타운', 神奈川縣 川崎市 櫻田상가와 시멘트
거리 일대의 '川崎코리아타운' 등을 거론할 수 있다.⁵⁾

이 가운데 절대 다수가 거주하고 역사성이 가장 강한 공간으로 이쿠노
(生野)지역의 조선촌을 들 수 있다. 生野지역의 재일코리안의 집단 거주지
는 우선 조선시장이 있는 猪飼野라는 곳이다. 즉 '코리아타운'으로 불리는
御幸森상점가로 서쪽의 御幸森神社에서 동쪽의 新平野川까지 동서로 약
500m에 걸친 가로변에 자리하는 곳이다.⁶⁾ 이곳은 현재는 동상점가, 중앙
상점가, 서상점가로 분리되어 있다.

生野지역은 2010년 9월 1일 현재 구의 총인구 133,626명 중 외국인 등록자
수가 30,220명(22.6%)으로 大阪 시내에서 가장 많다. 이 가운데 재일코리안
은 27,903명으로 92.3%를 차지하고 중국적은 1,792명으로 5.9%이다.⁷⁾ 이것
을 통해서 최근 生野지역의 집거지로의 중심적인 역할을 이해할 수 있다.

---

3) 정혜경, 「일제 강점기 '조선 부락'의 형성과 사회적 역할」, 『일본 한인의 역사』(하), 국사
편찬위원회, 2010, 206쪽.
4) 조선인 집주지를 가리키지만, 일본에서의 코리아타운이라는 명칭은 1993년 12월 大阪市
生野區 桃谷에 위치하는 御幸通 상점가 중에 중앙·東 상점가가 컬러 포장이나 한국풍의
문 등의 도입을 통해 종래의 '조선시장'을 대폭 리뉴얼했을 때에 '코리아로드', '코리아타운'
라고 표시한 데서 비롯되었다(國際高麗學會, 『在日コリアン辭典』, 明石書店, 2010 참조).
5) 鄭鴉英, 「路地裏から發信する文化」, 『環』(11), 2002년 가을, 266쪽.
6) 高贊侑, 「朝鮮市場からコリアタウンへ」, 猪飼野の歷史と文化を考える會 編, 『ニッポ
ン猪飼野ものがたり』, 批評社, 2011, 336쪽.
7) 大阪市 인구 통계 참조.

　이러한 집거지역인 生野지역에 대한 연구는 일본과 국내에서 오랫동안 주목받아 온 것도 사실이다. 1945년 패전 이후 일본에서는 재일코리안이 중심이 되거나 대상으로 연구가 진행되어 왔다. 본격적인 지역 연구 성과로 주목되는 것은 杉原達,[8] 原尻英樹,[9] 谷富夫[10] 등이다. 아울러 문학 작품[11]과 르포[12]와 구술자료집[13] 등에서 언급, 여러 논문,[14] 소논문[15] 등 다양한 방식으로 지역 연구가 진행되었다.[16] 또한 지역조사에 대한 보고류,[17] 사진첩,[18] 가이드 북[19] 등도 있다.

8) 杉原達, 『越境する民 ― 近代大阪の朝鮮人史研究』, 新幹社, 1998.

9) 原尻英樹, 『日本定住コリアンの日常と生活.文化人類學的アプローチ』, 明石書店, 1997.

10) 谷富夫, 『民族關係における結合と分離』, ミネルヴァ書房, 2002. 본 연구서에는 大阪지역에 대한 각종 1차 자료를 참고 문헌에 게재하고 있다.

11) 전반적인 작품과 연구 경향은 다음의 논문을 참조. 장안순, 『재일동포 문학에서 이카이노의 문학 연구』, 상명대학교 일어일문학과 박사논문, 2011.

12) 金贊汀, 『異邦人は君ケ代丸に乘つて: 朝鮮人街猪飼野の形成史』, 岩波書店, 1975, 藤田綾子, 『大阪「鶴橋」物語』, 現代書館, 2005.

13) 小熊英二·姜尙中, 『在日一世の記憶』, 集英社, 2008; 이붕언 지음, 윤상인 옮김, 『재일동포 1세, 기억의 저편』, 동아시아, 2009.

14) 原尻英樹, 「つくりかえられ生産されるドラマー生野に住む「日本人」と「朝鮮人」ー」, 『ほるもん文化』(5), 佐佐木信彰, 「1920年代における在阪朝鮮人の勞動=生活過程」, 『大正 / 大阪 / スラム』, 新評論, 1986; 福本拓, 「1920年代から1950年代初頭の大阪市における在日朝鮮人集中地の變遷」, 『人文地理』(56-2), 人文地理學界, 2005; 三輪嘉男, 「在日朝鮮人集住地區の類型と立地特性」, 『在日朝鮮人史研究』(11), 1983; 堀內稔, 「新聞記事に見る在阪朝鮮人の初期形成」, 『在日朝鮮人史研究』(30), 2000; 福本拓, 「1920年代から1950年代初頭の大阪市における在日朝鮮人集中地の變遷」, 『人文地理』(56-2), 人文地理學界, 2005.

15) 鄭鴉英, 「路地裏から發信する文化」, 『環』(11), 2002年 秋.

16) 이 지역에서 생산된 주요한 자료는 다음과 같다. 『生野區誌』, 1953; 川端直正編, 『東成區史』, 1957; 鄕土史いくの刊行會編, 『きようどし「いくの」』, 『生野區50年のあゆみ』, 1993; 猪飼野鄕土史編纂委員會編, 『猪飼野鄕土史』, 猪飼野保存會, 1997; 生野區50年の歷史と現況』, 生野區役所, 1997; 『鄕土誌生野』(創刊號 12號合本), 鄕土誌生野刊行會.

17) 大阪府立大, 『1991年度 調査報告: 大阪生野における在日韓国·朝鮮人の勞動と生活』, 1991. 在日高麗勞動者同盟, 『在日朝鮮人の就勞實態調査: 大阪を中心に』, 新幹社, 1992, 大阪市生野區役所支部, 『共生の街から』, 1993.

18) 曺智鉉, 『曺智鉉寫眞集 猪飼野』, 新幹社, 2003.

한국에서도 재일코리안의 상징적 공간으로 生野지역에 주목해 오고 있다. 재일코리안 연구 속에서 生野지역에 대해서는 박강래의 글[20]이 있고, 이후 인류학적인 연구가 나왔다. 대표적인 것이 이광규의 연구이다.[21] 1990년대 이후 한국에서는 세계화의 분위기 속에서 연구가 진행되어 왔다. 따라서 정책 보고서류가 다수를 차지했고 한국정신문화연구원, 재외동포연구소, 외무부, 재외동포재단 등이 연구를 선도했다. 이 가운데 주목되는 것은 국립민속박물관이 간행한 『일본 관서지역 한인동포사회의 생활문화』(2002)이다. 이 성과는 일련의 재외 코리안 연구의 일환으로 한국의 인류학자들이 지역 조사를 한 성과로 大阪 코리아타운과 재일코리안의 생활실태조사 보고서이다.

그런가 하면 한국에서도 지역 연구가 성과를 생산해 내면서 디아스포라 현장에 주목하고 새롭게 디아스포라 연구의 문제 틀을 재설정해야 한다는 논의를 제기하면서 연구가 진행되고 있다. 이상봉과 박수경, 문재원 등이 이를 주도하고 있다. 아울러 현지 사정에 밝은 고정자, 손미경, 임승연, 선봉규 등의 지역조사에 기초한 연구가 좋은 성과를 내고 있다.[22] 그리고 소 나량의 지역조사가 있다.[23]

---

19) 猪飼野の歷史と文化を考える會 編, 『ニッポン猪飼野ものがたり』, 批評社, 2011.

20) 朴康來, 『在日韓國人の綜合調査研究』, 1963.

21) 이광규, 『재일한국인: 생활실태를 중심으로』, 일조각, 1983.

22) 이상봉, 「오사카 조선시장의 공간정치: 글로벌화와 장소성의 변용」, 『한국민족문화』(41), 2011; 문재원·박수경, 「이카이노의 재현을 통해 본 재일코리안 디아스포라 공간의 로컬리티」, 『로컬리티 인문학』(5), 2011; 고정자·손미경, 「한국문화 발신지로서의 오사카 이쿠노쿠 코리아타운」, 『글로벌문화콘텐츠』(5), 2010; 임승연·이영민, 「오사카 한인타운의 장소성과 재일한인 정체성의 관계적 특성 연구」, 『로컬리티 인문학』(5), 2011; 선봉규, 「근현대 재일한인 디아스포라의 이주와 재영토화 연구: 오사카와 도쿄를 중심으로」, 『한국동북아논총』(60), 2011.

23) ソニア·リャン, 「大阪のトランスナショナルな街: エスノグラフィ」, 高全惠星 外, 『ディアスポラとしてのコリアン』, 新幹社, 2007.

이상과 같은 연구는 생활조사, 공간 연구, 로칼리티의 문제 등에 대해 성과를 내고 있다. 그러나 生野지역의 역사적 변천과 민족적 정체성의 발원지로서의 모습을 그리는 데는 제한적인 내용으로 채워져 있다.

본 연구는 시간적 흐름을 축으로 生野지역의 재일코리안의 집거지역인 쓰루하시(鶴橋), 御幸森, 今里新地의 사회적 모습을 본다. 구체적으로는 이곳의 이주사, 사회사, 민족정체성과 관련한 공간의 위상에 주목하고자 한다. 이를 위해 이주사의 경우는 시간적 흐름에 주목하면서 그 변화를 살펴보는데, 1990년대 전후를 축으로 하여 먼저 鶴橋지역을 중심으로 재일코리안의 상태를 확인한다. 그리고 御幸森, 今里新地의 재일코리안에 대해 살펴보겠다. 사회사적인 측면에서는 인구 구성의 변화와 사회적 관계에 주목하겠다. 마지막으로 국내정치와 관련된 각종 상황의 변화에 따른 生野지역 내부의 정황을 역사적으로 개관해 보겠다.[24]

2. 재일코리안의 이쿠노(生野)지역 이주사

1) 쓰루하시(鶴橋)

1910년 이후 일본으로의 재일코리안의 이주는 본격적으로 이루어졌다. 이들 재일코리안의 대다수는 大阪, 東京, 京都, 神戸지역에 거주했다. 이들 지역에 재일코리안이 많이 거주하는 원인은 조선에서 가까운 최대의 상공업 중심지로 노동력의 수요가 많았기 때문이었다.

---

[24] 한반도의 정치와 관련해 재일코리안의 심리적 집단 이탈 현상을 분단트라우마로 보기도 한다(『코리언의 역사적 트라우마』, 선인, 2012, 316쪽).

특히 1923년 關東震災 이후 조선인 노동자가 증가했다. 1925년 이후가 되면 大阪, 東京 중심으로 인구 집중현상이 보인다. 조선인 노동자의 집주 이유는 거주 장소의 확보, 고용기회의 확보, 주거비와 의식주 비용 등의 해결을 위해서였다.[25]

1920년대에서 30년대를 거쳐 大阪에는 항상 전국 1위의 재일코리안 거주비율을 나타내어, 1928년 23%였다.[26]

<표 1> 大阪市지역 재일조선인의 일본 내 인구 현황[27]

	1920	1921	1925	1928	1930	1933
①	福岡 7,033	福岡 6,092	大阪 34,311	大阪 55,290	大阪 96,343	大阪 140,277
②	大阪 4,762	大阪 5,069	福岡 14,245	東京 28,320	東京 38,355	東京 39,314
③	兵庫 2,904	長崎 2,409	東京 9,989	福岡 21,042	愛知 35,301	愛知 34,819

실제로 일제시대 大阪市는 조선인이 두 번째로 많이 거주하는 곳이었다.[28] 이 현상은 1920년대 중반 이후 나타나기 시작하여, 1942년 재주 조선인의 총인구는 42만 명으로, 1940년 경성의 인구 77만 5천 명 다음이었다. 그리고 1938년 30%, 1943년 21%의 점유율을 보였다.

이 大阪市의 대표적인 조선인 집거지역은 東成區 東小橋町의 조선촌이

---

25) 西村雄郎, 「民族集住地域の形成: 大阪市生野區桃谷地區とその周邊」, 谷富夫, 『民族關係における結合と分離』, ミネルヴァ書房, 2002, 666쪽.

26) 실제로 이곳의 인구는 기록보다 2배 가까운 것으로 판단해도 무리는 아니다(『大阪毎日新聞』 1923.4.24, 이선홍은 당시 인구가 1만 8천 명이라는 기록하는데 실제로는 4만 명이라고 했다).

27) 『朝鮮人槪況』, 「大正十四年中ニ於ケル在留朝鮮人ノ狀況」, 「大正十五年中ニ於ケル在留朝鮮人ノ狀況」, 「昭和四年社會運動の狀況」, 「昭和五年社會運動の狀況」, 「昭和六年社會運動の狀況」, 「在京朝鮮人勞動者の現状」(1929) 참조.

28) 鄭鴉英, 「路地裏から發信する文化」, 『環』(11), 2002年 秋, 267쪽.

었다.[29] 일제시대 일본 당국은 이곳을 朝鮮町이라고 했는데, 조선촌 형성
의 역사를 1907년부터 시작되었다고 추정한다.[30] 1907년 東小橋町 157번
지에 朝鮮町이 건설되어, 점차 메리야스공장 부근보다 발전했다. 1928년을
기준으로 하여 일본 당국이 조사한 東成區 거주 조선인의 상태를 보면,[31]
東小橋町 소재 조선촌(이하 朝鮮町)과 猪飼野町 소재 조선촌(이하 猪飼野)
은 각각 475명과 179명이 거주한 것으로 나타난다. 이 가운데 朝鮮町 거주
조선인의 29.5%인 140명과 猪飼野 거주 조선인의 33%인 59명이 배우자와
함께 생활했다. 1938년 東成區의 東小橋町의 조선촌은 1938년 현재 55호,
585명 거주. 오래된 長屋을 빌려서 형성되었다.[32]

실제로 鶴橋驛 주변에 상가가 형성되기 시작한 것은 태평양전쟁 말기
부터였다. 이 일대는 건물 疏開[33]로 인해 공터가 발생했다. 이곳의 소개
는 1944년부터 5회 걸쳐 진행되었던 것이다.[34]

29) 양영후의 퇴고도 마찬가지이다. 이렇게 大阪市 주변에 위치한 경우와 芦原, 難波 등지의
   도시 빈민지역에 위치한 경우가 있었다(西村雄郎, 「民族集住地域の形成: 大阪市生野區桃
   谷地區とその周邊」, 谷富夫, 『民族關係における結合と分離』, ミネルヴァ書房, 2002,
   666쪽).

30) 大阪市 社會部, 『鶴橋中本方面に於ける居住者の生活狀況』1928.12, 6쪽. 1907년에 조선
   촌이 건설된 원인은 알 수 없다.

31) 大阪市 社會部, 「本市に於ける朝鮮人の生活槪況」(1929年), 朴慶植 編, 『在日朝鮮人關係
   集成』(2), 三一書房, 1975, 1036~1043쪽.

32) 樋口雄一, 「在日朝鮮人論考 一」, 『近代民衆の記錄: 在日朝鮮人』, 新人物往來社, 1978,
   551~552쪽, 崔碩義, 「大阪, 小林町朝鮮部落の思い出」, 『在日朝鮮人史研究』(20), 1990, 49쪽.

33) 猪飼野鄕土史編纂委員會編, 『猪飼野鄕土史』, 猪飼野保存會, 1997, 38쪽.

34) 藤田綾子, 「鶴橋: 闇市から商店街へ」, 猪飼野の歴史と文化を考える會 編, 『ニッポン猪
   飼野ものがたり』, 批評社, 2011, 272쪽.

〈JR 鶴橋驛 주변〉

生野지역 재일코리안 가운데 절대 다수를 차지하는 사람이 제주인[35]이었다. 이들 제주인은 공장을 통해 공동체[36]를 형성하며 생활을 함께했다.[37] 따라서 이들의 도일은 일제시대 끊임없이 이루어졌다.[38] 특히 1934

[35] 재일코리안 제주인 일반에 대해서는 다음의 글을 참조. 原尻英樹, 「日本敗戰後の在日朝鮮人: 濟州道人の生活史」, 『半島と列島のくにぐに』, 新幹社, 1996, 179~214쪽; 高鮮徽, 『20世紀の滯日濟州道人: その生活過程と 意識』, 明石書店, 1998. 아울러 제일 여성에 대해서는 다음의 글을 참조. 안미정, 「오사카 재일 제주인 여성의 이주와 귀향」, 『탐라문화』(32), 2008.

[36] 大阪府의 1933년 재일코리안 단체 가운데 제주도 출신의 단체는 10개가 확인된다(도노무라 마사루 지음, 신유원·김인덕 옮김, 『재일조선인 사회의 역사학적 연구』, 논형, 2010, 177쪽).

[37] 이러한 모습은 여러 구술에서 확인된다(「이을순 구술」, 이붕언 지음, 윤상인 옮김, 『재일 동포 1세, 기억의 저편』, 동아시아, 2009, 127쪽).

[38] 임승연, 이영민, 「오사카 한인타운의 장소성과 재일한인 정체성의 관계적 특성 연구」, 『로 컬리티 인문학』(5), 2011, 96쪽.

년 정점에 달할 때 도항자수는 제주도 인구의 26%를 차지하기도 했는데, 이렇게 다수가 이주하게 되었다. 이유는 다음과 같다. 첫째, 제주도의 빈발했던 자연 재해, 육지에 비해 척박한 농업조건, 일본 자본의 침탈에 따른 어업의 몰락 등으로 극심한 생활난에 처하게 되었던 사실이다. 둘째, 1920년대 초반에 제주도와 大阪 사이의 정기여객항로가 열림으로 제주도에 쉽게 도항할 수 있었던 점이다.[39]

1945년 조선의 해방은 일본의 패전이었다. 패전 직후 일본은 혼란스러웠으며 식량난으로 배급에 의한 통제경제가 계속되었고, 배급제도로는 생계를 이어갈 수 없었다. 사람들은 살아남기 위하여 암시장을 만들었다. 당시 大阪에도 몇 개의 대규모 암시장[40]이 존재했다.[41] 그 가운데 鶴橋[42]驛 주변에 암시장이 형성되었다.

이곳은 奈良縣를 배후지로 하는 대규모 시장이 존재했는데 그 확대에는 암시장이 결정적인 역할을 했다.[43] 奈良縣에서 수집된 각종 곡물이 鶴橋

39) 이준식, 「일제강점기 제주도민의 오사카 이주」, 『한일민족문제연구』(3), 2002, 5~32쪽.
40) 일본정부의 경제 통제 하에 공정가격·배급제도의 틀 밖에서의 상거래가 이루어진 시장을 말한다. 제2차 세계대전 직후에 전국 각지에서 많이 생겨났다. 종전을 전후에 극도로 물자가 궁핍했던 상황이 그 배경이다. 가게들은 처음에는 노점이었다가 점점 판잣집이나 長屋형식으로 변했다. 암시장에서 장사하는 사람에는 일본인 귀환자와 復員兵, 전쟁 재해 피해자, 재일코리안과 재일화교 등도 있었다. 1949년 이후에 경제 통제 해제가 진행되면서 암시장은 소멸되었다. 그렇지만 일반 시장, 상점가, 도매상가 등으로 존속한 경우도 많고, 또 그 후의 재개발사업 등을 통해 변모되면서 지금까지 남아있는 경우도 있다(國際高麗學會, 『在日コリアン辭典』, 明石書店, 2010 참조).
41) 아울러 神戸市의 경우도 국제시장에 암시장이 형성되었다(村上しほり, 「神戸市の戰災復興過程における都市環境の變容に關する研究: ヤミ市の形成と變容に着目して」, 神戸大大學院 碩士論文, 2011, 53~63쪽).
42) 1945년 이후 鶴橋는 분단 정치의 공간, 두 개의 국가가 상존하는 곳이 된다. 기존의 이 지역의 연구는 사회, 경제적인 요소를 중심으로 전개되었다. 특히 인구구성의 변화와 일본인과 관계, 경제력의 서장에 주목하는 상가 중심의 연구가 진행되어 온 것도 사실이다.

驛에서 내려졌고 靜岡, 和歌山, 明石 등지의 해산물이 모였다. 이렇게 암
시장 공간이 확보된 것은 소개로 가능했다. 이곳의 암시장은 공간 확보의
용이함과 교통의 편의성으로 오랫동안 존속했고 일반 시장으로 변해 갔
다. 결국 일본인과 조선인, 중국인들이 함께 장사를 했고, 이른바 鶴橋국
제상점가[44]로 형성되었다. 鶴橋국제상점가는 JR 鶴橋驛 주변에 존재하는
시장이다.

당시 이곳의 재일코리안은 그 어떤 사람보다 적극적으로 상행위를 했다.
당시 이곳에는 식료품 상점도 거의 없었고 철교 아래 거의 비어있었으며,
가판대에 생선을 놓고 장사를 하는 정도였다.[45] 이 지역 출신의 대표적인
사람으로 李熙建의 경우 鶴橋국제상점가에서 자전거 등을 판매했고, 자본
을 축적해 기업가로 성공하기도 했다.[46] 그는 1947년 GHQ가 승인한 鶴橋
국제상점가연맹 초대 회장에 취임하기도 했다.[47]

---

43) 藤田綾子,「鶴橋: 闇市から商店街へ」, 猪飼野の歴史と文化を考える會 編,『ニッポン猪
   飼野ものがたり』, 批評社, 2011, 271쪽.
44) 통칭하여 국제시장이라고 했다.
45) 임승연, 이영민,「오사카 한인타운의 장소성과 재일한인 정체성의 관계적 특성 연구」,
   『로컬리티 인문학』(5), 2011, 100쪽.
46) 國際高麗學會,『在日コリアン辭典』, 明石書店, 2010 참조. 1956년 大阪興銀 이사장 취임
   을 계기로 금융업에 진출. '예금 이자 선불' 등의 적극적 경영을 추진하고, 大阪府 내 신용
   조합 중 예금 획득 2위. '철저한 고객주의'를 경영 방침으로 내세워 신용조합 최대기업으
   로 발전시켰다. 한국 정부의 금융자율화정책을 바탕으로 한국 금융계 진출을 꾀했다.
   1982년 재일코리안이 100% 출자해서 한국에 만든 첫 순수 민영은행인 신한은행 창립을
   주도했다.
47) 현재 生野지역에 사는 대부분의 체험자는 당시의 암시장 '암시장 천국'이라고 했다(「조
   의현 구술」, 이붕언 지음, 윤상인 옮김,『재일동포 1세, 기억의 저편』, 동아시아, 2009,
   143쪽).

〈최근 鶴橋국제상점가의 김치 가게〉

현재 鶴橋국제상점가의 직접적인 기원은 1960년대로 이때부터 상점가가
조금씩 형성되기 시작했다. 본격적인 것은 1970년대 후반이었다. 그리고
1988년 서울올림픽 이후 일본의 대중매체에 소개되었다. 이곳도 2002년 한
일월드컵의 영향과 2004년 겨울연가의 인기가 직접 작용하여 관광지화되
고 있는 것도 사실이다.

2) 猪飼野(御幸森)

> 2만 명 가까이 모여 있는 이 지역사람들은 두말할 것도 없이 고베,
> 교토 방면의 조선인들에게도 유명하며 … 2년 정도 전부터 한 사람,
> 두 사람씩 사람들이 다른 데에서는 구하기 어려운 그들의 애호식품을
> 팔기 시작한 것이 시초이며, 지금은 매일 1만 명 가까운 사람들이 물
> 건을 사러 오는 번창한 곳이다('조선시장 한국문화 발신자로서의 大
> 阪 生野區 코리아타운', 『朝日クラブ』, 1933).

이것이 대표적인 코리아타운인 조선시장의 1933년의 모습이다.

生野지역 조선인의 집거지역으로는 또한 猪飼野[48])의 조선시장 지역이 있다. 알려져 있듯이 조선시장이 있는 猪飼野町의 조선촌도 역사적인 공간이다. 이곳은 1920년대에 새롭게 형성된 조선인 밀집지역이었다. 이 지역에 조선인이 밀집하게 된 데에는 平野川 改修工事에 조선인 참가한 데서 시작되었다.[49]) 공사는 鶴橋耕地整理組合에 의해 1919년 3월에 시작되어 1923년에 완성되었다. 연장 2,144미터, 폭 16미터였다. 1923년 인구 증가 현상이 이 지역에 나타났다.[50]) 이 공사에 참가한 노동자들과 함께 각종 직공이 이 지역으로 들어와서 함께 살아갔고 초기에는 이곳에 판자와 흙을 모아서 마치 돼지우리 같이 집을 짓고 살았다.[51])

猪飼野町의 조선촌은 1928년 현재 162호, 1,577명 거주, 오래된 長屋을 빌려서 형성, 그리고 生野國分町의 조선촌은 1924년 성립, 1928년 현재 15호 117명 거주, 양계장을 개조하여 생활했다.[52]) 1930년대를 포함해서 13년

---

48) 이 지역의 江戸, 明治時代의 역사는 다음의 글을 참조(西村雄郎, 「民族集住地域の形成: 大阪市生野區桃谷地區とその周邊」, 谷富夫, 『民族關係における結合と分離』, ミネルヴァ 書房, 2002, 667~668쪽).

49) 佐佐木信彰, 「1920年代における在阪朝鮮人の勞動=生活過程」, 『大正 / 大阪 / スラム』, 新評論, 1986, 189쪽. 大阪는 방직을 필두로 금융과 상업 중심지로 「동양의 맨체스터」로 불렸으며 인구 211만 명의 대도시였다. 또 식민지 조선과 오키나와 등으로부터 노동자가 많이 유입되었기 때문에 인구증가가 현저하게 높았다. 농지 구획정비, 농업용 도로, 수로를 확보하여 농업생산을 높일 필요가 있었기 때문에 경지정비와 平野川개수공사를 하였다. 그러나 실제로 구획된 농지는 증축되어 주택지화 되었다. 이 平野川 개착공사에 한반도에서 많은 노동자가 동원되었으며, 이후 가족 등을 불러들이면서 이 지역에 조선인이 많이 거주하게 되었다고 하는 것이 종래의 설이다. 平野川 개착공사에 동원된 노동자뿐만 아니라, 특히 이 지역에 제주도 출신 사람들이 많이 정착하게 된 것은 1923년부터 취항한 오사카-제주도 간 정기항로인 君代丸의 영향이 크다(고정자·손미경, 「한국문화 발신지로서의 오사카 이쿠노쿠 코리아타운」, 『글로벌문화콘텐츠』(5), 2010, 100쪽).

50) 西村雄郎, 「民族集住地域の形成: 大阪市生野區桃谷地區とその周邊」, 谷富夫, 『民族關係における結合と分離』, ミネルヴァ書房, 2002, 673쪽.

51) 金蒼生, 『わたしの猪飼野』, 風媒社, 1982, 80쪽.

동안 40% 이상이 조선인이었다.[53]

猪飼野에 조선인이 정주하게 된 이유를 지금까지의 연구를 바탕으로 정리해 보면 다음과 같다. 첫째, 중소영세기업이 많았기 때문에 일본어를 구사하지 못하는 조선인이라 해도 건강한 육체만 갖고 있으면 일자리를 찾기 쉬웠다. 둘째, 조선인이 거주할 수 있었던 주택이 있었다는 점이다. 당시 조선인에게 집을 빌려주는 일본인은 거의 없었다.

이 지역의 주택은 저습지대로 밭을 메워 지어졌기 때문에 비가 오면 도로가 진흙탕이 되고, 비가 많이 내리면 침수하는 등 악조건이었다. 이 때문에 일본인이 집을 빌리는 경우는 거의 없었다. 그래서 집 주인들은 할 수없이 조선인에게 집을 빌려주었던 것이다. 마지막으로 일할 장소와 잠자리가 확보되고 나면 먹거리에 대한 해결이 시급한 문제가 된다. 의복과 주거는 금방 적응한다 하더라도, 적응하기 힘든 가장 보수적인 것은 역시 음식이었다. 어렸을 때부터 몸에 베인 식생활을 바꾸기가 어렵기 때문이다.[54] 이에 따라 조선시장은 猪飼野에 존재했던 것이다.

猪飼野의 조선인은 독자적인 생활문화를 유지하며 살았다. 당시 猪飼野에서는 조선어를 들을 수 있었다. 아동의 경우 대부분이 일본말을 하면서

---

52) 樋口雄一, 「在日朝鮮人論考 一」, 『近代民衆の記錄: 在日朝鮮人』, 新人物往來社, 1978, 551~552쪽.

53) 猪飼野는 大阪의 東成區의 공간으로 1932년 旭區가 독립한 후에 북쪽 지역은 中本警察署, 남쪽 지역은 鶴橋警察署가 管轄했다. 특히 鶴橋警察署가 管轄하는 지역은 1943년에 독립해서 生野區가 되었다. 그리고 전후에 巽町이 편입되어 오늘날과 같은 모습이 되었다. 현재 桃谷을 중심으로 한 猪飼野지역은 원래 중소기업에 종사하는 노동자들의 長野가 조성되었던 지역으로, 저렴한 하숙집이 조선인의 손으로 운영되었다. 이곳에는 지연과 혈연의 구조 속에서 제주도 출신자가 집중되는데, 南濟州와 法還里 출신자는 고무공장에, 北濟州와 杏源里 출신자는 인쇄공장에 집중되는 경향이었다(鄭鴉英, 「路地裏から發信する文化」, 『環』(11), 2002年 秋, 268쪽).

54) 고정자·손미경, 「한국문화 발신지로서의 오사카 이쿠노쿠 코리아타운」, 『글로벌문화콘텐츠』(5), 2010, 101쪽.

놀았고, 이들은 2년이 되지 않아서 거의 조선말을 잊어 먹는 것이 현실이었다. 당시에 아동이 일본어를 열심히 배우는 것은 우수한 학교 성적을 얻기 위해서라고 한다. 물론 일본어가 되지 않으면 입학이 허가되지 않았던 경우도 있었다.[55]

여기에서는 생활 속에 미신이 뿌리 깊어서 점쟁이와 무당이 성업을 이루었고, 무면허 치과의사가 순회하면서 진료를 했다.[56] 1939년이 되면 이곳은 200여 개의 생활필수품 가게가 있어, 명태, 고춧가루를 비롯해 혼례품 등까지 판매했다.[57]

그런가 하면 일제시대 猪飼野는 公設市場이 아니었다. 1920년대 초 처음 여기에 시장이 섰을 때, 경찰이 길을 더럽히고 교통에 방해를 준다고 하여 시장 형성을 반대했다. 이와 비슷한 시장이 今宮, 森町, 中道 등지에 있었다. 여기에서는 어려서부터 먹던 익숙한 음식이 있고, 어려서 입던 옷이 있어, 이것을 구할 수 있는 곳은 조선시장 말고는 쉽지 않았다.[58]

실제 공설시장은 1926년 개설되었다. 이후 1927년경부터 장사를 하던 재일코리안들이 모였고 많을 때는 2만 명이 넘는 숫자가 왕래했다.

1930년대 초반부터 猪飼野를 비롯한 生野지역에는 영세한 고무공장 등이 밀집했다. 이른바 고무공업의 메카가 되었다. 자립 기반을 마련하기 시작한 재일코리안은 자영업에 진출했고, 고무공장에서 일하는 노동자들은 지연·혈연에 의해 유입된 조선인들로 채워갔다.

1930년대 중반에는 큰 길가인 御幸森상점가도 상점가 뒷골목에 있는 '조선시장'도 번성했다. 태평양전쟁에 돌입하자 식재료 등 물자가 부족했다.

---

55) 高權三, 『大阪と朝鮮人』, 東光商會書籍部, 昭和13年, 27쪽.
56) 崔碩義, 「大阪, 小林町朝鮮部落の思い出」, 『在日朝鮮人史研究』(20), 1990, 51쪽.
57) 杉原達, 『越境する民: 近代大阪の朝鮮人史研究』, 新幹社, 1998, 167쪽.
58) 高權三, 『大阪と半島人』, 東光商會書籍部, 昭和13年, 35~36쪽.

경제는 통제되기 시작했고 장사 또한 힘들어졌다. 1941년 물자통제령으로 경찰들에 의해 철거되면서 상점들은 거의 사라졌다. 또 공습이 심해지면서 가게 문을 닫고 대피하는 사람들도 많아졌다. 일본이 상점들이 자리잡고 있었으나 절반 정도가 화재로 인해 사라졌다.[59] 특히 미군에 의한 공습이 빈번해지자 공습을 피해 전술했듯이 소개하는 일본인 상점이 늘어났다. 일본인이 빠져나간 빈공간은 공습에도 불구하고 밖의 상점가에 자신의 가게를 갖고 싶어 하는 조선인에 의해 메워지게 되었다. 이런 식으로 뒷골목의 조선인 가게가 점차로 밖으로 옮겨와 전쟁이 끝날 무렵이 되면 이미 공설시장에 일본인과 조선인 상점이 혼재하게 되었다.[60]

1925년 猪飼野에서 육지 출신으로 구성된 아리랑단과 제주도 출신 청년들의 충돌이 발생했다. 이 싸움에서 제주 출신들이 이긴 후 다른 곳에서 차별받던 제주도 출신까지 猪飼野에 모였고 이곳에는 일본 속의 제주가 되었다.[61] 당시 재일코리안 사회 안에는 지방차별의 관념이 존재했고, 특히 제주도민과 육지 출신과의 대립이 분명했다. 이 현상은 민족해방과 계급해방을 지향하는 활동가 내부에서 존재하는 한계가 있었고 이를 일본인들이 지적하고도 있다.[62]

한편 1925년의 대립 이후에도 1935년 무렵에 충돌이 있었다. 이후 실제적으로 生野지역은 다수가 제주도민이 거주하는 공간으로 보아도 무리가 아닌 것 같다.

---

[59] 임승연, 이영민, 「오사카 한인타운의 장소성과 재일한인 정체성의 관계적 특성 연구」, 『로컬리티 인문학』(5), 4, 99쪽.

[60] 이상봉, 「오사카 조선시장의 공간정치: 글로벌화와 장소성의 변용」, 『한국민족문화』(41), 2011, 240쪽.

[61] 1928년 당시 제주인의 거리라 불리던 猪飼野에 거주하는 사람들의 80% 이상이 제주도 출신이었다(이준식, 「일제 강점기 제주도민의 오사카 이주」, 『한일민족문제연구』, 25쪽).

[62] 廣瀨勝, 「在阪鮮人と濟州道(1)」, 『社會事業研究』(14-5), 1926, 28쪽.

일본의 패전이 임박해지면서 조선시장의 모습도 변해 갔다. 태평양전쟁 말에는 이곳이 1945년 6월 공습을 받았고, 물품 부족으로 인해 상점가 사람들은 지방으로 피신해 가아만 했다. 전쟁이 끝난 후에도 원래 이곳의 주민이었던 일본인들은 좀처럼 돌아오지 않았다. 빈 집이 된 상점을 빌리는 사람은 조선인 밖에 없었다. 전술했듯이 1945년 이전에 뒷골목에서 조선의 식재료를 취급하던 가게가 한 채, 두 채씩 큰 길 상점가로 옮겨오게 되었다. 장사를 하지 않는 집의 지붕 아래를 빌려 거기에 판자를 놓고 장사를 시작하는 가게도 있었다. 御行通상점가에 조선인이 나타나게 된다. 그것은 1948년 이후이다.[63]

그런가 하면 1951년 조선인의 진출을 거북하게 생각한 일본인 상점주를 중심으로 이곳을 일본인을 위한 상점가로 재구성하려는 시도가 나타났다. 하지만, 출자금의 각출 등의 문제에 부딪혀 이러한 시도는 다수의 동의를 이끌어내지 못한 채 끝나고 만다. 오히려 이를 계기로 상가 재구성을 시도하던 회장의 사임했다. 이후 상가는 전술했듯이 서·중앙·동상점가로 나뉘었다.[64]

1950년대 이곳의 재일코리안은 상점가의 뒷골목에서 조선시장으로 진출했다. 그리고 계속 성장하여 상점가로 진출하는 경우와 같이 지역적 근거를 갖고 발전해 정식 회사를 갖는 기업가로 자리잡기도 했다.[65]

대체로 1960년대까지는 관혼상제나 명절 때 재일코리안이 필요로 하는

63) 고정자·손미경, 「한국문화 발신지로서의 오사카 이쿠노쿠 코리아타운」, 『글로벌문화콘텐츠』(5), 2010, 106쪽.

64) 高贊侑, 「朝鮮市場からコリアタウンへ」, 猪飼野の歴史と文化を考える會 編, 『ニッポン猪飼野ものがたり』, 批評社, 2011, 336쪽.

65) 高贊侑, 『コリアタウンに生きる: 洪呂杓ライフヒストリ』, エンタイトル出版, 2007, 50쪽, 「40 朝鮮市場 からコリアタウンへ, 洪呂杓」, 小熊英二·姜尙中, 『在日一世の記憶』, 集英社, 2008, 583~586쪽.

치마저고리나 제사음식 재료 등 한국 상품은 이곳에 오지 않으면 살 수 없는 상황이었다. 따라서 명절 무렵이 되면 일본 전국에서 모여드는 구매 고객들로 상가는 붐볐다.

1970년대를 지나면서 상황은 바뀌게 된다. 재일코리안의 세대교체가 진행되면서 식문화나 전통문화에 대한 의식이 조금씩 바뀌게 되고, 이에 따라 민족 관련 상품에 대한 수요도 줄어들었다. 여기에 더해 일본 각지에 식재료를 비롯한 조선인 관련 상품을 파는 곳이 생기고, 또 인근에 보다 교통이 편리한 鶴橋국제상점가 등과 같은 경쟁지역이 생기면서 조선인 관련 상품의 메카로서의 기능을 점차 상실하게 되었다.[66] 그래도 1970년대까지는 평일에도 손님이 많았다.

현재 猪飼野라는 지명은 1973년 大阪市 지명 변경에 따라 사용되지 않고 있다.[67] 1973년 이곳의 슬럼지역으로서의 이미지를 없애버리고자 中川, 田島, 東成 등의 새로운 지명을 만들었고 猪飼野라는 지명은 사라지게 되었다.[68]

---

[66] 이상봉, 「오사카 조선시장의 공간정치: 글로벌화와 장소성의 변용」, 『한국민족문화』(41), 2011, 241쪽.

[67] 原尻英樹, 「つくりかえられ生産されるドラマ―生野に住む「日本人」と「朝鮮人」―」, 『ほるもん文化』(5), 109쪽.

[68] 猪飼野鄕土史編纂委員會編, 『猪飼野鄕土史』, 猪飼野保存會, 1997, 41쪽. 실제로 이러한 행정당국의 지명 없애기 정책은 재일코리안을 멸시하고 차별했던 역사를 지우려는 의도가 숨겨 있다고 보았기 때문에 많은 재일코리안 단체들이 반대운동을 전개하기도 했다(조현미, 「재일한인 중소규모 자영업자의 직업과 민족 간의 유대관계:오사카 이쿠노쿠를 중심으로」, 『대한지리학회지』(42-4), 2007, 601~615쪽).
다른 학설로 猪飼野라고 하면 재일코리안을 연상하게 하여 지가가 떨어진다는 인식이 있어 지명을 바꾸자 하는 의견이 있었다고 한다(福本拓, 「1920年代から1950年代初頭の大阪市における在日朝鮮人集中地の變遷」, 『人文地理』(56-2), 人文地理學界, 2005, 53~54쪽).

〈御幸森 코리아타운 백제문〉

오늘날과 같은 코리아타운69)이 형성된 것은 언제인가. 지금까지의 연구
에 따르면 코리아타운 구상의 최초 발안자는 일본청년회의소 회원으로 활
동하고 있던 상점주였다. 1988년 처음으로 코리아타운 추진위원회가 발족
되어 이 일을 추진했고 제안자들은 橫浜에 있는 中華街나 神戶의 南京町
과 같은 모습을 그렸던 것으로 보인다.70)

---

69) 조선시장에서 출발한 코리아타운은 이문화 공생을 목표로 하는 공간으로 재생되고 있다
(高贊侑, 「朝鮮市場からコリアタウンへ」, 猪飼野の歷史と文化を考える會 編, 『ニッポ
ン猪飼野ものがたり』, 批評社, 2011, 339쪽).

70) 그런가 하면 이곳 출신의 재일코리안 문학에서는 범주를 양석일, 현월, 원수일의 연구를
통해 확인하기도 한다. 재일코리안 사회의 적나라한 모습을 이들이 파헤쳐서 일본문학계
에서 이색적인 표현 영역을 구축했다고 평가한다(장안순, 「재일동포 문학에 있어서 이카
이노(猪飼野)문학 연구: 재일작가 원수일, 현월, 작품을 중심으로」, 상명대학교 대학원 박
사학위논문, 2011, 3~8쪽).

3) 今里新地

生野지역의 또 다른 재일코리안 집거지역으로 今里新地가 있다. 猪飼野 코리아타운이 주로 1945년 이전에 도항한 재일코리안이 집거하고 있다면 코리아타운에서 약 100m 정도 떨어진 今里新地에도 재일코리안이 존재했다.

본래 이곳은 근대 도시형성과 관련한 역사를 보면 藝妓 置屋 居住指定地였다. 이곳은 1929년 12월 24일 정식으로 허가를 받은 곳이었다.[71] 1932년 3월 준공되었고, 6~3칸으로 구획된 필지들 가운데 4거리를 중심으로 한 도로가 시공되어 중앙부에는 공원이 설치되어 계획적인 花町가 되었다. 실제로 여기에는 1929년 시험적으로 상점가들이 건설되기 시작했고, 그해 말에 10개의 요릿집과 置屋가 개업을 했다. 1930년 이후 시내에서 가장 큰 花町를 형성했다.

1945년 일본의 패전 이후 이곳은 변해 갔다. 藝妓들은 대부분 京都로 이동했지만, 대신 공창지역으로 지정되어 명맥을 이었다. 1958년 '매춘방지법'에 의해 공창지역이 폐쇄되면서 요정 등으로 업종이 변했다.[72]

이 지역에 새로운 '조선인'인 뉴커머가 1980년대부터 이주해 들어가기 시작했다. 유흥가로 1980년대 이후에 바뀌어 이른바 돈벌이를 목적으로 이동해 온 뉴커머가 모여 살고 있는 곳으로 변했던 것이다.

1980년대부터 들어오기 시작한 뉴커머들은 상점을 인수하여 업종을 바꾸기 시작했다. 가게들을 임대하거나 매입해서, 유흥업소로 만들었다. 일하는 종업원으로 뉴커머가 유입되었다. 그리고 이러한 뉴커머들을 대상으로 한 한국음식점과 비디오대여점 등 편의시설이 생겨나면서 뉴커머 중심

---

[71] 임승연, 이영민, 「오사카 한인타운의 장소성과 재일한인 정체성의 관계적 특성 연구」, 『로컬리티 인문학』(5), 2011, 102쪽.

[72] 加藤政洋, 『大阪のスラムと成り場』, 創元社, 2007.

의 코리안타운이 형성되었다.[73]

1990년대 들어 今里新地에 있는 상점의 대다수는 1990년대 이후 영업을 시작했다. 이곳에 거주하는 뉴커머는 기존의 재일코리안과는 삶의 양태가 달랐다. 특히 일본어도 익숙하지 않아 자연스럽게 한국어 중심의 언어구조가 형성되었다.

이곳 今里新地를 찾는 손님의 국적별 비율이 일본인 24%, 올드커머 34%, 뉴커머 41%, 기타 외국인 1%로 나타나고 있다. 이는 올드커머 55%, 일본인 22%, 뉴커머 22%, 기타 외국인 1%인 코리아타운 상점가와 비교할 때 뉴커머의 비율이 2배가량 높은 수치를 나타내고 있다[74] 문제는 이곳이 현재는 급격히 몰락하여 재일코리안이 지역을 벗어나고 있는 사실이다.

〈今里新地의 최근 상점가의 모습〉

73) 임승연, 이영민, 「오사카 한인타운의 장소성과 재일한인 정체성의 관계적 특성 연구」, 『로컬리티 인문학』(5), 2011, 103쪽.
74) 이상봉, 「오사카 조선시장의 공간정치: 글로벌화와 장소성의 변용」, 『한국민족문화』(41), 2011, 250쪽.

3. 재일코리안을 통해 보는 이쿠노(生野)지역 사회사

1) 인구구성을 통해

生野지역은 그 어떤 일본 내 재일코리안 집거지역보다 절대 다수의 재일코리안이 살고 있다. 이들의 구성을 올드커머와 뉴커머 내지는 뉴뉴커머로 구분하기도 한다. 물론 이러한 구분이 갖고 있는 개념의 제한성은 불가피한 부분도 있다. 1945년 이전의 재일코리안과 이후의 재일코리안은 분명 도항과 함께 정주와 삶의 방식이 다르다.

이른바 올드커머는 지난 한 세기 동안 일본인과 함께 살아오면서 장소에 깊이 뿌리박은 정체성을 형성해 왔다. 그들에게 글로벌화 이후 새로운 재일코리안인 뉴커머의 등장은 자신의 존재를 새롭게 자각하게 한다.

전통적으로 일본은 지역의 주민자치조직이 잘 발달되어 있는 국가이다. 자치조직이라고는 하지만 과거 동원체제 등의 영향으로 통치조직과도 밀접한 관련을 맺고 있다. 현재에도 광범위하게 작동하고 있는 대표적인 자치조직이 일반적으로 알려져 있듯이 町內會와 학부모회이다. 町內會는 해당지역 거주자 모두의 참여를 원칙으로 삼고 있기 때문에 재일코리안도 자동적으로 구성원으로 되고, 町內會의 역대 회장은 모두 일본인이다. 재일코리안의 구성 비율이 40%가 넘는 지구에서도 그 사정은 다르지 않다.[75]

재일코리안의 세대교체가 진행되는 가운데 영주의식을 가진 젊은 층을 중심으로 지역자치에의 능동적 참여를 요구하는 목소리가 점차 강해지고 있다. 그러나 아직 절대 다수가 주류사회에 편입되는 데 시간이 필요할 것

---

[75] 이상봉, 「디아스포라적 공간으로서의 오사카 코리아 타운의 로컬리티」, 『한일민족문제연구』(22), 2011 참조.

으로 보인다.

일본인들은 고장의 전통적인 축제나 자치기구의 운영 등 지역 고유의 일에는 재일코리안을 끼워주지 않으려 했다. 한류의 영향으로 최근 일부의 지역에서 변하고 있지만 일본인만이 지역의 진정한 주체가 될 수 있다는 것이다.

生野지역 인구구성과 관련하여 다양성이 보이는 곳은 그 어떤 곳보다 鶴橋국제상점가 일대이다. 이곳은 전통적인 일본인 중심의 공간에서 시대적 변화에 따라 중국인과 올드커머 그리고 최근에는 뉴커머에 이르기까지 다양한 인구구성을 보이고 있다.76)

뉴커머의 경우 최근 약 30여 개 이상의 점포에서 짝퉁브랜드를 판매하여 올드커머와 갈등을 일으키기도 하는 현상을 조성하고도 있다. 물론 이러한 현상은 전체 鶴橋국제상가 일대의 재일코리안 사회를 주도하는 경향이라고 보기는 어렵다. 여기에 대해 올드커머들은 동네 전체의 이미지를 부정적으로 만들고 있어 불만이라 보기도 한다.77)

최근 生野지역에도 뉴커머의 집주비율이 증가하고 있다. 몇 년 전까지만 해도 올드커머가 상권을 쥐고 있었는데, 최근 뉴커머의 시장참여율이 증가하면서 취급상품도 한국에서 직수입한 다양한 문화상품으로 바뀌고 있는 것이 사실이다.78)

大阪市의 2009년 현재 재일코리안 인구 구성을 보면 50대 이상이 46.4%

---

76) 이런 내용은 최근 두 차례의 현지 조사를 통해 확인한 바이다(2012년 4월 5~8일(4박 5일), 7월 2~6일(4박 5일)).

77) 임승연, 이영민, 「오사카 한인타운의 장소성과 재일한인 정체성의 관계적 특성 연구」, 『로컬리티 인문학』(5), 2011, 106~107쪽. 임승연은 올드커머와 일본인들이 이들을 부정적으로 본다는 입장을 견지하는데 이것은 제한된 구술에 기초한 제한된 연구로 판단된다.

78) 선봉규, 「근현대 재일한인 디아스포라의 이주와 재영토화 연구: 오사카와 도쿄를 중심으로」, 『한국동북아논총』(60), 2011, 189쪽.

로 올드커머의 집중이 눈에 보인다.[79] 물론 이들은 자손과 함께 생활하는
형태로 여기에는 뉴커머도 공존하는 것이 현실이다. 특히 生野지역의 뉴커
머 밀항자들은 보통 친척이나 지인이 살고 있는 곳에 정착한다. 밀항은 한
국에서 산업화로 인한 이농이 만연했던 1970년대와 1997년 이후 다시 급증
했던 것으로 보이는데 生野지역의 커다란 특징이 되어 있는 것은 사실이
다. 현상적으로 일제시대 건너온 올드커머 1세대와 구별하여 새로운 세대
는 전후 지속적으로 증가하여 전체의 生野지역 재일코리안의 증가를 선도
하고 있다.[80] 전면적으로 뉴커머가 이 지역에 들어오기 시작한 시기를 88
서울올림픽 전후라고 한다.[81]

　한편 재일코리안에 대한 차별과 배제는 역사적으로 집주지역에서도 나
타난다. 이것은 인구구성을 반영하여 이중적 구조를 형성하기도 했다. 재
일코리안 집주지역인 生野지역의 거주형태는 이미 상당히 구조화되어 유
동성이 적었다. 특히 올드커머의 경우는 더욱 적었다. 지연과 혈연에 근거
한 상호부조의 네트워크가 강하게 형성되었고 역사적으로 이것은 고착화
되었다. 주택지, 직장, 조선시장 등은 같은 공유공간도 형성했다.

2) 생활실태를 통해

　生野지역 코리아타운은 시간적으로 볼 때 1950년대부터 1960년대까지
돼지 삶는 냄새, 마늘, 김치 냄새가 뒤섞여 독특한 냄새가 나서 '더럽다',

79) 인구수는 6만 318명이다(日本獨立行政法人統計센터, 『都道府縣別 年齡, 男女別 外國人
　　登錄者(韓國, 朝鮮)』, 2009 참조).
80) 大阪府立大, 『1991年度 調査報告: 大阪生野における在日韓国·朝鮮人の労働と生活』, 1991,
　　14쪽.
81) 임승연, 이영민, 「오사카 한인타운의 장소성과 재일한인 정체성의 관계적 특성 연구」,
　　『로컬리티 인문학』(5). 2011, 113쪽.

'냄새가 난다', '어둡다'라는 것이 당시 '조선시장'의 이미지였다. 1960년대에서 1970년대까지 정월과 추석, 설날에는 제사 물품을 구매하고자 하는 재일코리언들로 번성했지만, 1980년대에 들어서면서 한산해졌다. 우선 JR 鶴橋驛 주변의 국제시장으로 손님이 몰리기 시작하면서, 접근이 불편한 조선시장까지 손님이 찾아오지 않게 한국문화 발신자로서의 生野 코리아타운이 되었기 때문이다.[82]

전전부터 이러한 모습은 이미 형성되어 있었다. 이 가운데 재일코리안은 생존해 왔던 것이다. 단순히 재일코리안이 모습을 더럽고 냄새나는 존재라는 것은 지나친 확대 해석이고 그 주체는 일본인, 일본사회였던 것은 사실이다. 물론 그 내부는 당연히 다름을 밝혀내야 할 것이다.

집주지역 生野지역에서의 생활상의 차별은 절대적으로 주택문제가 중요하게 작용했다.[83] 일제시대 재일코리안은 집을 구하기 위해 일본인의 이름을 차용하거나, 일본인보다 높은 집세와 임대조건을 수용했다. 일본인 집주인은 집단합숙, 건물의 지저분한 사용, 임대료의 체납, 계약위반 등을 들어 임대를 거부하고 퇴거를 원했다. 이에 따라 주택쟁의는 끊임없이 발생했다. 또한 한국인 마을의 토대인 저지대·습지대·하천부지 등이 대부분 市有地였기 때문에 시당국과의 분쟁도 불가피했던 것이 사실이다. 이러한 현상은 전후에도 일정하게는 유사한 부분이 없지 않았다. 물론 최근의 현상으로 확대 해석하기에는 부족한 부분이 있다. 生野지역 집거지의 재일코리안의 존재는 새로운 모습으로 형성되기 시작한 부분이 있기 때문이다.

---

[82] 고정자·손미경, 「한국문화 발신지로서의 오사카 이쿠노쿠 코리아타운」, 『글로벌문화콘텐츠』(5), 2010, 108쪽.
[83] 전전의 이 부분에 대해서는 다음의 글을 참조(정혜경, 「일제 강점기 '조선 부락'의 형성과 사회적 역할」, 『일본 한인의 역사』(하), 국사편찬위원회, 2010 참조).

大阪市의 경우 1970년대까지 시영주택에 외국인들의 거주를 배제해 왔다. 따라서 재일코리안은 공공임대주택 거주 비율이 매우 낮고, 민영임대주택에 의존하는 비율이 높다. 또한 재일코리안은 주거유형별로는 동일주택에 부모와 자녀가 함께 거주하는 경우가 많고, 직업 역시 차별구조의 영향을 덜 받는 영세자영업 종사자가 많다.

전체로서의 재일코리안 주거지역의 전형적인 모습은 최근까지 집거지의 경우 長屋의 밀집, 대로변이 아닌 뒷골목, 영세공장과 주택이 혼용된 거주형태로 상징된다.[84]

재일코리안 사회는 세대가 1세에서 2세, 3세, 4세·5세로 교체되면서 변해 왔다. 전통적인 제사와 명절은 간소화되거나 지내지 않기도 하고 있다. 따라서 시장의 구조는 여기에 따라 변해 새로운 점포로 바뀌는 현상도 나타났었다.

특히 1948년 남북한에 정권이 수립되어지면서 또 다른 현상이 이곳 生野지역에서 나타났다. 남북분단으로 인해 재일코리안끼리 반목하게 되는 현상이 나타나고 '조선시장'을 비롯한 이곳 집거지역을 급격히 변하게 만들었다. 아울러 남북분단의 영향은 1965년 체결된 한일기본조약 이후 현저하게 나타났다. 한일기본조약에 따라 남쪽에 고향을 둔 재일코리언은 고향으로 왕래가 가능하게 되었다.

동시에 현실적으로 뉴커머가 生野지역에 거주하는 동기는 첫째, 지인과의 연결을 통한 생계수단의 획득 때문이었다. 둘째는 올드커머인 재일코리안이 거주하고 있어 생활하는 데 어려움이 없을 것이라는 생각 때문이었다.[85] 문제는 올드커머의 뉴커머에 대한 차별이 최근에는 일본인에 의한

---

84) 平山洋介, 『在日韓國·朝鮮人の居住問題とエスニック·コミュニティ』, 平成2年 日本建築學會近畿支部 研究報告集, 589쪽.

차별과 공존한다는 점이다.

1985년 국적법 개정[86] 이후 일본국적을 가진 자녀들이 증가하고 있다. 이러한 재일코리언의 상황변화와 세대교체는 재일코리언의 생활 문화를 전면적으로 후원하고, 이 일을 생업으로 해온 '조선시장'의 재일코리안에게 방향 전환을 요구했다.

1980년대 이후 御行森상점 자체에도 변화가 나타났다. 대형점포인 대규모 슈퍼마켓이 진출함으로써 일본 각지의 상점가는 쇠퇴했고, 이 영향은 조선시장에도 나타났다. 마침내 1993년 御行森상점의 핵이었던 鶴橋 공설시장이 폐지되었다.[87] 조선시장은 1920년대 일본어를 구사하지 못하는 여성들이 근처에서 야채와 미나리 등을 뽑아 양념을 하여 맛을 낸 반찬을 노천에서 팔기 시작한 것이 시초였다. 그러나 그 모습은 그리 잘 기억되지 않는 것도 현실이다.

해방 이후 암시장으로 출발해서 성장한 鶴橋국제상점가는 한류를 비롯한 한류스타와 음식, 먹거리 등의 제품을 파는 가게 등이 계속해서 생겨나고 있다. 今里新地 일대는 일본 내 최대의 여성 불법체류 지구라고 추정하기도 한다. 유흥업소를 이용하는 손님과 점주들이 대부분 '한국인'[88]으로 일본어를 전혀 몰라도 일하는 데 불편함이 없기 때문이다. 이것이 오늘날 집거지 재일코리안의 또 다른 모습이다.

---

85) 임승연, 이영민, 「오사카 한인타운의 장소성과 재일한인 정체성의 관계적 특성 연구」, 『로컬리티 인문학』(5). 2011, 117쪽.

86) 일본정부는 1985년 국적법을 개정하면서 이전의 부계혈통주의를 양계주의로 바꾸었다.

87) 그런가 하면 재일코리안의 집주지가 전후에 대체로 桃谷지역 쪽으로 이동하는데 그 이유는 조선시장의 발흥, 生野지역 외부로 차가자의 이동, 샌달공장의 발달 등을 들고 있다 (西村雄郎, 「民族集住地域の形成: 大阪市生野區桃谷地區とその周邊」, 谷富夫, 『民族關係における結合と分離』, ミネルヴァ書房, 2002, 678쪽).

88) 올드커머, 뉴커머, 뉴뉴커머, 한국에서 출장 온 임시 출장자 등을 망라한다.

生野지역은 1945년 해방 이후도 재일코리안 집거지역으로 일본 경찰의
눈에 거대한 그레이존과 같은 지역이었다.[89] 전전 이후 경찰이 위조한 외
국인 등록증을 가진 불법체류자를 밝혀내려고 해도 이곳에 잠적하면 찾아
내는 것이 매우 어려웠다. 밀항자들이 친척이나 고향사람의 집에 은신하기
도 했고, 최근에는 밀항으로 들어오는 사람보다는 단기비자로 입국해서 불
법 체류하는 경우도 많아졌다.[90] 제한된 공간이었지만 재일코리안 집거지
역은 동시에 다른 문화 현상의 발신지였던 것도 부정하기는 힘들다.

4. 민족정체성과 재일코리안 문화공간의 역사

1) 반일운동과 분단정치의 공간으로

1945년 해방과 분단, 전쟁, 빈곤, 독재정치, 쿠데타, 군사정권, 민주화운
동, 경제 위기 등의 한국 현대사[91]는 질곡의 과정이었다. 이 속에서 재일
코리안은 여러 시련을 당하면서도 부단히 자신의 존재를 역사 속에 남겨
왔다.

한국의 현대 정치의 주요 사건 즉, 해방 후 제주4·3사건, 한국전쟁, 열
악한 경제상황, 독재정치 등은 일본을 향한 발길을 재촉하게 만들었다.

---

89) 임승연, 이영민, 「오사카 한인타운의 장소성과 재일한인 정체성의 관계적 특성 연구」,
『로컬리티 인문학』(5). 2011, 108쪽.
90) 임승연, 이영민, 「오사카 한인타운의 장소성과 재일한인 정체성의 관계적 특성 연구」,
『로컬리티 인문학』(5). 4, 109쪽. 실제로 일본 내 한국인 불법체류자의 수는 2009년 1월
24,198명으로 전체 113,072명 중 약 21.4%를 차지하고 있다. 한국인 불법체류자는 1995년
이후 일본 내의 불법체류자 가운데 가장 높은 비율을 차지하고 있다.
91) 文京洙,『韓國現代史』, 岩波書店, 2011, 머리말 참조.

1945년 이전 도항한 재일코리안 올드커머가 존재하는 상황은 한국인에게 일본은 이전과 다른 선택 이주지가 되어 갔다.

일제시대 生野지역은 반일운동의 중심 공간이었다.[92] 그리고 교육의 공간이기도 했다.[93] 1945년 해방과 함께 生野지역은 새로운 한일 간의 공간, 재일코리안의 발신지가 되기에 충분했다. 그 이유는 역사성 때문이다. 각종 정치적인 단체가 생겨 날 때 이곳 출신의 역할은 쉽게 확인된다.[94] 재일코리안은 이곳을 근거지로 집단 거주하면서 조직 활동에 나섰던 것이다.

특히 남과 북에 분단 정권이 수립되는 상황은 生野지역 재일코리안의 정치활동에도 그대로 이어져 한반도의 양쪽 정권 중 하나를 선택해야 하는 상황이 야기되었다. 그리고 지역의 삶에도 자연스럽게 반영되었다. 주요한 분단정치가 반영된 사건을 통해 재일코리안의 모습을 정리해 보자.

1948년 4 · 3사건은 재일코리안 가운데 가족을 잃은 사람들에게는 지금도 기억되는 참혹의 기록이다.[95] 해방과 함께 귀국하여 새로운 삶을 시작했던 사람들에게 4 · 3사건은 다시 일본으로의 길을 선택하게 만들기도 했다. 다시 生野지역으로 들어온 재일코리안, 특히 제주도 출신에게는 고향과도 같은 공간이 되었던 것이다. 이와 함께 1950년 한국전쟁이 일어나자 재일코리안 사회도 움직였다. 참전과 참전 반대[96]로 나뉘면서 生野지역도 혼돈에 쌓였다.[97]

1955년 2월 북한은 노동력 부족현상의 해소를 위해 재일코리안의 귀

92) 정혜경, 『일제시대 재일조선인민족운동연구』, 국학자료원, 2001 참조.

93) 김인덕, 「재일한인 민족교육의 전사: 일제강점기 大阪지역 재일한인 학령아동 민족교육과 정체성 에 대한 검토」, 『정체성의 경계를 넘어서』, 경인문화사, 2012 참조.

94) 梁永厚, 『戦後・大阪の朝鮮人運動: 1945~1965』, 未來社, 1994, 92쪽.

95) 「10 家族を守って, 林勝子」, 小熊英二・姜尚中, 『在日一世の記憶』, 集英社, 2008, 139쪽.

96) 「29 北と南もわが祖國, 宋東述」, 小熊英二・姜尚中, 『在日一世の記憶』, 集英社, 2008, 422쪽.

97) 高贊侑, 『コリアタウンに生きる: 洪呂杓ライフヒストリ』, エンタイトル出版, 2007, 42쪽.

환을 추진한다고 공식적으로 천명했다.[98] 여기에 일본 정부는 호응했다. 1958년 재일조선인귀국협력회를 결성, 1959년 8월 13일 일본과 북한이 인도의 캘커타에서 「재일교포 북송에 관한 협정」에 정식 조인하면서 북송을 그해 12월 이후 본격적으로 진행했다. 이 북송문제에 生野지역은 한가운데 있었다. 다른 지역과 마찬가지로 이곳도 북한행을 선택한 사람과 북한행을 저지하는 사람으로 나뉘었다.[99] 지금도 그 대립 구도는 잔존해 있다.[100]

1960년대 이후 군사정부가 한국에 들어서면서 재일코리안의 역할은 새롭게 자리 매김되었다. 이것의 직접 계기는 한일회담의 결과 한국과 일본 간의 국교 수립과 이에 대한 지지 여부의 문제였다. 또 하나는 군사정부가 들어 선 이후 경제개발의 참여 문제와 동시에 국토개발의 지원 문제였다.

재일코리안은 한국에서 새마을 운동이 한창일 때 마을을 돕는 모임을 경쟁적으로 만들어 기부를 적극적으로 추진했다. 때문에 제주도를 비롯한 전국 가지에 재일코리안의 공덕을 기리는 공덕비가 세워져 있다.[101] 지금도 제주도 사람은 일본으로 갈 경우 이들 제주 출신 재일코리안의 도움을 통해 기초를 마련한다. 장학사업과 마을 차원의 지역 개발, 각종 공공건물 건립 등에 제주 출신 재일코리안의 투자와 지원은 지금도 여전하다.

이와 달리 大阪의 재일코리안은 1970년대 한국 사회에 이른바 '유학생간

---

98) 최영호, 「이승만 정부의 태평양동맹 구상과 아시아민족반공연맹 결성」, 『국제정치논총』 (39-2), 1999 참조.

99) 당시 生野지역 저지 운동은 大阪 민단을 중심으로 전개되었다(2005년 8월 15일 ○ ○ ○ 씨 인터뷰(장소: 大阪 生野區 JR 鶴橋驛 인근 한식당).

100) 일본 大阪서 태어난 高政美·관련 신문기사 참조(『조선일보』 2009.12.14).

101) 특히 재일 제주인의 기부는 1973년(470건)과 1974년을 전후로 가장 활발했다. 1991년 (168건) 이후 절대적인 감소 현상을 나타낸다. 특히 제주도와 일본을 잇는 인적 네트워크가 가장 활발했던 북제주군의 기부가 가장 많다. 이에 관한 상세한 내용은 다음의 논문을 참조. 고광명, 「재일 제주인의 상공업활동과 지역사회공헌」, 『사회과학연구』 14-1, 서강대 사회과학연구소, 2006, 172쪽.

첩사건'과 관련하여 새로운 이미지로 자리매김 되었다. 1971년 서승·서준식형제 사건 이후 '재일교포유학생 간첩사건'이 10여 차례 발표되었다.[102] 그 가운데 이 지역 재일코리안의 존재가 새롭게 부각되었다.

특히 生野지역은 1970년대 한국사회의 한가운데로 이미 들어갔다. 그 중심인물이 문세광이었다. 1974년 8월 15일에 서울의 국립극장에서 개최된 광복절 기념식전에서 박정희(朴正熙) 대통령이 저격당하는 사건이 일어났다. 대통령은 위기를 모면했지만, 총탄 한발이 육영수(陸英修) 영부인의 두부를 관통, 영부인은 돌아오지 않은 사람이 되었다. 한국의 특수부는 식전에 참가하고 있던 재일코리안 2세 문세광을 저격범으로 체포했다. 그리고 기소당한 문세광은 같은 해 10월 19일에 서울 지방법원에서 사형 판결을 받고, 그해 12월 20일에 사형이 집행되었다.[103] 문세광사건은 논의가 계속 되고 있지만 生野지역과 大阪을 다시 각인시키는 역할을 했다.

1980년대에 들어서면서부터 전후에 태어난 재일코리안 2세들이 재일코리안 사회의 주류를 점하게 되었다. 지금까지의 '조국지향형 내셔널리즘' 운동과는 다른 방향이 모색되었다.[104] 주요한 사건은 1970년 朴鐘碩의 日立就職差別裁判, 金敬得이 한국 국적인 채로 사법연수소에 입소한 일, 외

---

102) 전명혁, 「1970년대 '재일교포유학생 국가보안법 사건' 연구」, 『한일민족문제연구』(21), 2011, 72쪽.

103) 國際高麗學會, 『在日コリアン辭典』, 明石書店, 2010 참조. 2005년 5월에 한국 정부는 이전까지 극비로 취급되었던 법무부의 '문세광사건'에 관한 자료를 공개했다. 그러나 조직의 관여를 주장하는 한국 특수부와 문세광의 단독범행설을 주장하는 일본 경찰과는 수사 결과에 수많은 차이가 드러나는 등 사건에는 이해되지 않는 부분이 적지 않았다. 또 문세광이 권총을 숨긴 채 세관을 무사히 빠져 나가, 삼엄한 경계 체제하의 기념식전 회장에 걸리지 않고 입장할 수 있었던 것은 무엇 때문일까? 문세광의 총에서 떼어 낸 탄도와 영부인 두부의 총탄 입사각이 일치하지 않은 것은 왜일까? 사건의 진상은 수수께끼에 쌓여있다.

104) 고정자·손미경, 「한국문화 발신지로서의 오사카 이쿠노쿠 코리아타운」, 『글로벌문화콘텐츠』(5), 2010, 112쪽.

국인에게는 지불되지 않았던 아동수당이 지급된 일, 외국인에게는 입주가
거부되었던 공영주택에 입주자격이 주어지는 등이 차별 철퇴운동을 통해
해결되었다. 여기에 生野지역의 사람들은 함께했다.[105]

2000년 6 · 15남북공동선언은 이곳을 새로운 통일 공동체로 잠시 비춰지
게도 만들었다. 2012년 현재 이러한 현상을 일시적이었다고 해야 할지 모
르지만 역사적 공간 生野지역은 다양한 분단 정치가 투영되는 공간이다.
이러한 분단정치는 이산을 통한 트라우마에 분단의 민족적 트라우라를 중
층 구조화시키는 역할을 하고 있는 것도 사실이다.

〈2004년 통일한마당〉

---

105) 그런가 하면 분단 정치와 남북한의 국민국가 만들기가 재일코리안의 공간인 生野지역에
직접 영향을 미쳤는데, 그 사람이 고영희이다. 고영희는 生野지역 출신으로 김정은의 어
머니이다. 鶴橋에서 태어나, 유도 선수였던 아버지 高太文과 어머니, 여동생의 4인 가족
속에서 성장했던 것이다(國際高麗學會, 『在日コリアン辭典』, 明石書店, 2010 참조. 1960
년대 초 귀국사업에 따라 가족과 함께 북한으로 갔다. 1971년 평양의 만수대예술단에
들어가 무용가로 활동했다. 거기에서 김정일 총서기의 눈에 들었다고 한다. 1973년 만수
대예술단이 일본에 방문했을 때 일본공연에 참가했다. 2003년에 유방암 발병, 파리에서
치료 중이던 2004년 6월에 타계했다).

2) 새로운 한국 문화, 한류의 발신 공간

재일코리안에게 남북한 정부의 움직임은 바로 정치 행위의 중심축이 되어 왔다. 그리고 生野지역은 바로 그 영향력의 발상지였다. 이와 함께 生野지역은 한국 문화의 중심 공간으로 자리매김이 되어 가고 있다.

1988년 서울올림픽 개최를 계기로 한국에 대한 긍정적인 관심이 생기기 시작했다. 1988년 서울올림픽은 東京올림픽을 경험한 재일코리안에게는 자극적인 존재가 되었다. 특히 2000년 남북정상회담은 재일코리안 사회를 크게 자극했다.

특히 김대중 정부의 대중문화 개방에 따른 한일 양국 간 대중문화 교류의 확대와 2002년 월드컵 공동개최 등을 거치면서, 한국 문화에 대한 일본 사회의 관심은 증대되었다. 여기에 生野지역 鶴橋국제상점가는 변하기 시작했다.

겨울연가106)는 여기에 촉매제가 되었다. 겨울연가가 일본인으로 하여금 한국을 과거 전쟁 폐허의 나라로부터 세련되고 로맨틱한 나라로 각인107) 시키는 데 큰 기여를 했다. 겨울연가의 인기에서 비롯된 이른바 한류 붐은 일본 사회에서 한국 문화가 소비의 대상으로서 뛰어난 상품성을 가지고 있음을 확인시켰다.

이 한류 붐은 한국 문화에 대한 긍정적 인식과 관심 증대, 민족성 드러내기를 주저해 오던 재일코리안에게 새로운 활력소가 되었다. 그리고 자신들의 민족성을 재규정하게 하는 계기가 되었다.

---

106) 필자에 따라서는 2000년 1월 상영된 영화 '쉬리'가 붐을 주도했다고 보기도 한다(高贊侑, 「朝鮮市場からコリアタウンへ」, 猪飼野の歴史と文化を考える會 編, 『ニッポン猪飼野ものがたり』, 批評社, 2011, 340xs쪽).

107) 고정민 외, 『한국문화산업교류재단 한류총서』(Ⅱ), 한국문화산업교류재단, 2009, 29쪽.

〈JR 鶴橋驛 주변 상가의 겨울연가 관련 진열대〉

　겨울연가가 로맨틱한 분위기를 조성했다면 대장금은 한국 음식을 알리
는 데 결정적인 역할을 했다. 비빔밥과 야키니쿠가 한국음식을 대표한다고
인식하고 있었던 일본인들에게 '대장금'은 한국음식에 대한 이해의 폭을 넓
혀주었으며, 한국 음식 붐을 불러 일으켰다.[108] 오랫동안 한국 음식을 만
들고 제공해 오던 生野지역의 재일코리안 집거지역 鶴橋, 御幸森, 今里新
地 등지는 일본사회 속에서 새로운 주목의 대상이 되었다. 답사와 견학,
관광의 대상지로 급부상하고 있다.

　이러한 生野지역은 재일코리안 중층적 네트워크가 형성되어 있다. 실제
로 生野지역의 경우도 국적이나 정치적 이념을 기반으로 한 민단과 총련의
지부가 존재하며, 각 단위별로 형성된 지연 조직인 향우회, 혈연조직인 친

---

108) 고정자·손미경, 「한국문화 발신지로서의 오사카 이쿠노쿠 코리아타운」, 『글로벌문화콘
　　텐츠』(5), 2010, 115쪽.

족회 등 수많은 모임 등이 다양한 일상의 문제들을 중심으로 활발한 활동을 전개하고 있다. 이곳이 바로 정치와 문화 활동의 중심적 역할을 하고 있는 것이다.

그런가 하면 재일코리안의 민족 노동시장도 생활 네트워크에서 중요한 위치를 차지한다. 특히 플라스틱·금속가공, 샌들, 철공 등의 영세가공업에 주로 종사하는 재일코리안들은 독자의 직업영역을 구축하고 있다.

生野지역은 일본사회의 소외된 공간이다. 그 속의 재일코리안은 일본에서 생활하면서 '보이지 않는 존재'로 살아왔다. 올드커머 재일코리안은 항상 분단된 조국, 본인들이 태어나고 자란 고향을 향해 있다. 그래서 일본에서의 생활은 임시라고 생각했다. 그렇지만 재일코리안 올드커머의 2세, 3세, 4세·5세와 뉴커머의 민족 개념과 정치 지향은 분명 다르다. 여기에는 경제적인 문제와 일본사회 속에서 공생하는 방향을 잡아 가는 요소도 중요하게 작용하고 있는 것도 사실이다. 귀화의 수가 늘어나는 현상도 민족적 문제와 함께 생각해야 할 중요한 요소이다.[109]

5. 맺음말

生野지역 재일코리안의 역사는 재일코리안 사회의 원형이다. 다수의 인구와 역사성, 그리고 민족적 아이덴티티에 대한 고민과 정치 활동이 끊임없이 전개되는 공간이다. 과거와 현재가 공존하는 공간이다. 동시에 일본과 한국을 넘어 중국과 동남아시아 등의 다문화 발신의 동태적 공간이다.

이곳의 재일코리안 이주사는 시대별 특징을 보이고 있다. 일제시대에는

---

109) 장윤수, 『코리안 디아스포라와 문화 네트워크』, 북코리아, 2010, 89쪽.

가난과 정치적 이유로, 해방 직후 4·3사건과 같은 경우에서와 같이 이념적 갈등에서 그리고 이러한 선 이주자의 연결 고리를 통해 경제적 부를 축적하는 길로 일본행을 선택하기도 했다.

역사적으로 生野지역 집거지는 재일코리안의 중심지였다. 일본 내 조선 문화와 일본 문화가 만나는 충돌 공간인 조선촌은 재일조선인 문화의 중심이었다. 젊은 유학생을 비롯하여, 글을 읽을 줄 모르는 사람들이 모인 조선촌은 조선인에 대한 일본인의 편견을 확대 재생산하는 물적 토대였다. 빈곤과 비위생으로 일본인의 눈에 비춰지기도 했고, 또한 일본과 조선의 지배와 피지배의 관계를 반영하는 공간으로 투영되었다. 이곳의 문화가 곧 식민지와 제국주의가 만나는 공간이었다.

정착한 사람들의 모습도 生野지역은 원형적이다. 鶴橋국제상가는 전후 암시장에서 국제시장으로 바뀌었고 국제시장으로 성장한 특별한 공간이었다. 조선시장은 새롭게 1990년대 이후 조성되면서 오늘의 모습을 갖게 되었다. 즉 코리아타운으로 바뀌고 있다.

분단정치의 현실적 구조가 이곳에 그대로 적용되어 한반도의 각종 정치적 문제가 있을 때는 자연스럽게 뜨거운 공간이 되었다. 生野지역의 사람들은 현장 정치에서 남북의 분단의 현실을 몸으로 받고, 정치적 해결 구도를 만들어 가는 노력을 부단히 전개해 왔다. 生野지역은 제국주의시대 식민정치가 분단정치로 이어져 식민지시대가 종료됨에도 불구하고 식민지성이 일정하게 고착된 공간이다. 따라서 평화정치가 요구되는 공간이라고 할 수 있다.

1945년 이후 재일코리안 가운데 1989년 이후 본격적으로 진출하는 뉴커머의 경우도 여전히 일본 내 집거지 중의 하나가 大阪이었다. 관동지역보다 관서지역 이 재일코리안 뉴커머에게도 일본 내 여러 선택지 가운데 우선적인 공간이 되었다.

재일코리안 올드커머와 뉴커머에게 生野지역이 갖는 의미는 달랐다. 올드커머는 자발적, 강제적, 반강제적으로 이주했다. 이에 반해 뉴커머는 자발적으로 이주했다. 그리고 올드커머에게 이곳은 차별에 기초한 공간으로, 부정적 이미지가 강한 공간으로 일본 속의 한국이라고 생각했다. 이에 반해 뉴커머는 경제 활동의 근거지로 생활의 터전이었다. 따라서 적극적으로 일본 사회와 함께하고자 했다. 실제로 生野지역은 올드커머, 뉴커머, 일본인이 함께 지내는 공생적 모습을 보이고 우호와 배타라는 감정이 동시에 발현하는 공간이다.

일본에 사는 재일코리안에게 生野지역은 공간으로 재구성되어 가고 있다. 식민지성만이 아닌, 민족적 아이덴티티를 지켜가는 공간만이 아닌 독자적인 성격을 갖은 새로운 공간으로 변화해 가고 있다. 일본인이 최근에 한류의 바람을 타고 즐기는 테마 파크적 인상과는 확실한 거리가 존재한다.

재일코리안 올드커머의 경우 1세대와 2세대 그리고 3, 4 · 5세대가 경험하는 대상으로의 일본과 한국은 분명 다르다. 역사성을 찾아보는 1세대와 달리 2세대만 해도 사회, 경제적 경험이 다르다. 나아가 뉴커머의 경우는 이들 올드커머와 본질적인 차이를 통감한다.

生野지역처럼 집거지에서 살고 있는 재일코리안은 기본적으로 일제 식민 지배의 역사에서 그 출발점이 있다. 재일코리안의 生野지역, 특히 鶴橋국제상점가는 국제적인 공간으로 변했다. 주거인구에서 뿐만 아니라 찾아가는 사람, 판매되는 물건에서 이것을 쉽게 확인할 수 있다. 또한 분단으로 인한 트라우마가 재일코리안에게 나타나고 있다. 물론 식민지적 공간으로 식민형의 트라우마, 이산으로 인한 트라우마, 전후 일본의 국가 통치로 인한 트라우마 등 여러 형태가 병존하고 있다.

—

제2장

—

제2장

/

1920년대 후반
오사카(大阪)지역 재일제주인의 민족운동

1. 머리말

기존의 선행연구에서 밝혀졌듯이 제주도 사람들은 1923년 12월 15일 제주－오사카 사이의 직항로가 개설된 이후 대거 오사카지역으로 진출했다. 오늘날에도 그 전통은 그대로 이어져 猪飼野지역의 집단 거주지로 남아 있다.[1]

식민지시대 재일조선인은 일본이라는 지역적 특수성에 기초하여 민족운동을 전개했다. 이들 재일조선인은 다양한 사고와 존재형태를 띠고 있었으며 이에 따라 다기한 반일투쟁을 전개했다. 이 재일 조선인사에 있어 제주 출신을 별도로 거론함은 당연하다고 하겠다. 우선 그들은 오사카라고 하는 한 지역에서 절대 다수를 차지함과 동시에 민족의식에 기초한 반일투쟁에

---

1) 元秀一, 『猪飼野物語』, 草風館, 1978 참조.

있어 선봉적인 역할을 수행했기 때문이다.

왜 그들은 도일했고 왜 그들은 반일투쟁을 전개했을까. 지금까지는 재일제주인의 민족운동에 대해서는 그리 많은 연구가 있었다고 볼 수 없다.[2] 그러나 도일자의 수치와 주요 거주지, 대표적인 인물들에 대해서는 대체로 언급되어 있다고 할 수 있다.

필자는 기존의 재일조선인사에 대한 연구와 재일제주인의 민족운동에 대한 연구에 기초하여 단체운동이 가장 활발했던 시기 재일제주인의 모습을 그려보고자 한다. 그것은 집단 이주가 본격화된 초기 제주인의 한 모습을 보기 위한 시도이다. 재일제주인은 그 어떤 지역 출신보다 동향의식이 강했고 그것은 집단거주로 나타났다. 본고는 여기에 주목하면서 1920년대 후반 오사카지역에서의 그들의 모습을 반일투쟁을 고리로 하여 정리해 보겠다. 어디까지나 이것은 재일조선인사의 일부로 제주 출신, 재일조선인의 위상을 자리매김하는 데 일조하기 위한 것임을 미리 밝혀 둔다.[3]

---

[2] 주요 관련 글은 다음과 같다. 조맹수, 「재일동포」, 『제주도지』(2권), 제주도, 1993; 김창후, 「재일 제주인의 항일운동」, 『광복50주년기념 제주지방독립운동사 학술회의』(발표문), 제주도사연구회, 1995.10; 김창후, 「재일제주인과 동아통항운동」, 『제주도사연구』(4), 1995.12; 김창후, 「재일제주인들의 항일운동」, 『제주항일독립운동사』, 제주도, 1996; 김창후, 「일제하 재일 제주인의 운동, 민족운동으로 볼 수 있는가?」, 『제주 역사의 쟁점』(제1기 금요 역사 교실), 제주4·3연구소, 1996.

[3] 필자의 본고는 김창후의 선행 연구 그리고 정혜경의 미간행 오사카지역에 대한 초고에 일정하게 의존하고 있음을 미리 밝혀 논문 내용에 대한 이해를 돕고자 한다. 아울러 별도의 주가 없이 다음의 글을 참조했다. 김인덕, 『식민지시대 재일조선인운동 연구』, 국학자료원, 1996; 梁永厚, 『戦後·大阪 朝鮮人運動 1945~1965』, 未來社, 1994; 高鮮徽, 『在日濟州島出身者の生活過程: 關東地方を中心に』, 新幹社, 1995; 趙孟洙, 『在日濟州人: 고난과 극복의 歷程「거류1世紀」』, 제민일보사, 1993.

2. 1920년대 후반 재일조선인 민족운동

1) 1920년대 후반 재일조선인의 존재형태

일제시대 재일조선인의 대다수는 京都, 大阪, 神戸지역에 거주했다. 이 지역에 재일조선인이 많이 거주하는 원인은 조선에서 가까운 최대의 상공업 중심지로 노동력의 수요가 많았기 때문이었다. 1920년대 중반이 되면 大阪, 東京 중심으로 인구 집중현상이 보인다. 大阪과 東京지역은 일본 경제의 중심지역으로 노동시장의 요구가 일본 내에서 가장 높았던 곳이다. 도일한 조선인이 이 두 지역으로 몰리게 되는 것은 자연스러운 현상이었다.

1920년 재일조선인은 일본인이 싫어하는 토목, 광업, 운수업 부문에 주로 종사했다. 1920년대 조선인 노동자들은 직공과 광부, 토건인부가 되었다. 전술했던 1926년에 완성된 阪神國道 보수공사에는 연인원 백수십만 명이 동원되었으며 그중 1/3은 조선인이었다. 특히 실업구제사업이 실시됨에 따라 도시에 집중되어 있던 재일조선인 노동자가 지방의 토목공사장으로 이동하여 노동했다.[4] 1930년의 경우는 불황과 재일조선인의 숫적 증가도 1920년에 비해 상대적으로 복잡해졌으나 취로 중심은 공업, 거의 실업자에 가까운 토목, 건축분야였다. 이와 함께 조선인 노동자들이 건강하다는 미명 아래 광산에서도 가장 힘들고 어려운 채탄작업에 집중·배치되었다.

불경기가 심화되는 1928, 29년 시기 조선인 실업자의 비중이 높아지는데 그것은 실업구제사업에서 조선인 노동자의 비중이 높아지는 것으로 확인할 수 있다. 특히 1930년도 실업구제 토목사업에 동원되는 일용노동자의

---

4) 『치안상황』(1933), 202쪽 참조.

절반 이상이 조선인이었고 지역적으로는 大阪을 비롯한 5대 도시에서도 마찬가지였다.

조선인 마을이 조성되기 시작한 것은 이주자가 급속히 늘어난 1920년 전후인 것 같다. 조선인 마을은 조선인에 의한 自衛의 장소로 성립 경위는 ① 飯場, 회사의 사택에 거주하기 시작하여 이곳을 거점으로 조성된 경우, ② 토지 소유자가 명확하지 않은 저지대, 습지대, 하천부지 등에 자력으로 임시가건물을 지으면서 조성된 경우, ③ 일본인이 주거하지 않는 집에 거주하면서 형성된 경우, ④ 아파트, 연립주택 등을 빌어 집단으로 거주하면서 형성된 경우 등이 있다.

재일조선인 노동자는 위험하고 불결하며 굴욕적인 노동부문에서 일본인보다 낮은 임금으로 취업하여 임시적으로 노동하는 것이 보통이었다. 일본 노동시장의 최하층에서 일본인 노동자가 기피하는 노동을 잦은 해고, 위험한 노동환경 속에서 고통스럽게 수행해야 했다.

조선인 노동자는 이민 현상이 야기하는 보편적인 내용, 즉 이민이 가능한 국가의 경제적 요구에 기초해 도일했다.[5] 1920년대 전반에 형성된 재일조선인 노동자계급은 일본자본주의의 요구에 따라 조선인의 노동 이민이 전면화되면서 양적인 증가를 보이다가 노동자계급으로 계급적 자각과 전국적 조직을 갖고 재일조선인 민족운동의 구심이 되어 갔다. 재일조선인에게는 굶주림과 민족적 멸시만이 존재했고 투쟁과 굴종 가운데 하나를 선택해야 하는 입장이었다. 따라서 재일조선인은 출신 성분을 불문하고 반일투쟁에 나가게 되는 것이다.

---

[5] 도일에 대한 최근의 성과로 다음의 글 참조. 金廣烈,「戰間期日本における定住朝鮮人の形成過程」, 一橋大學校博士學位論文, 1997.

2) 1920년대 재일조선인 운동의 성격

재일조선인 민족운동사에서 1925, 26년은 조직의 발전과 함께 전일본지역으로 운동이 확대 발전했던 시기이다. 이 시기에는 다양한 형태의 재일조선인 민족운동 조직이 병존하면서 투쟁이 진행되었다.

재일본조선노동총동맹, 동경조선무산청년동맹회, 학우회, 신흥과학연구회, 일월회 등은 조직적으로 긴밀한 관계를 갖고 연대 투쟁을 계속 전개했다. 일월회의 구성원은 재일노동, 청년, 학생 조직에서 성장기의 재일조선인 민족운동을 주도했다. 1925, 26년 시기 재일조선인 민족운동은 대중단체 연대에 기초하여 연설회와 대중집회를 통해 투쟁을 전개했다. 주로 강연회, 연구회, 운동회, 웅변대회, 환영회, 환송회, 축하회 등을 통해 대중교양과 계몽활동을 전개하여 반일투쟁사상을 선전, 선동했다.

계기 투쟁으로 3·1운동 기념투쟁, 메이데이 투쟁, 관동진재 조선인학살 추도회, 국치일 투쟁, 小樽高等商業學校 軍事敎育事件 反對運動 등이 있었다. 이상과 같은 일상적인 투쟁과 함께 1926년에는 三重懸 학살사건 반대 투쟁이 있었다. 이 투쟁은 재일본조선노동총동맹, 일월회, 삼월회, 조선무산청년회 등 재일조선인 민족운동단체들이다. 연대에 기초하여 조·일 연대를 투쟁 속에서 실현했던 것이다.

재일조선인 민족운동사에서 1927년은 조선공산당 3차당 일본부의 활동이 본격화된 시기이다. 일본부 중심으로 대중단체의 조직과 확대가 진행되었고 이에 기초하여 투쟁이 이전 시기보다 풍부해졌다.

일본이라는 지역적 특수성에 따라 재일조선인 민족운동 조직 특히 조선공산당 일본부와 신간회 東京지회는 국내 운동에 대해 문제제기를 단절적이지만 계속 했다. 그러나 조선공산당 일본부의 조선공산당 3차당 중앙에 대한 비판은 당내에서 수용되어 분파적 내용을 갖지 못했다. 1927년은 조선민족운동사에서 전 민족적 단일운동체를 결성하기 위해 투쟁한 해이다. 일본에도 그 영향은 미쳐 조선공산당 일본부의 지도로 신간회와 근우회 일본지역가 결성되었다. 신간회 東京지회는 신간회 본부보다 계급적 성향이 강한 조직이었다. 그것은 1927년 말에서 1928년 초에 있은 내부 논전에서 확인된다. 그것은 신간회 본부의 대회 금지에 대한 타협적 자세를 비판하는 가운데 분명했다. 이후 東京지회는 비판적 시각을 견지했고 계속적으로 정책 대안을 제기했다. 그러나 이러한 문제 제기는 東京지회가 본부와 괴리되어 있었기 때문에 현실화되지 못했다.

일본부의 지도를 받던 재일본조선노동총동맹도 일상적인 투쟁과 계기투쟁을 지속적으로 전개했다. 특히 대중교육을 통해 조직원의 교육과 조직의 확대를 도모했으며 공동투쟁도 우의단체와 계속적으로 수행했다. 이와 함께 조·일 연대투쟁을 1927년 시기에는 일본 내 정치상황의 변화에 따라 능동적으로 전개했다.

재일조선인 민족운동에서 1927년은 본격적으로 공동투쟁으로 나아간 해이다. 재일조선인은 3·1운동 기념투쟁, 메이데이 투쟁, 국치일 투쟁, 관동진재 기념투쟁과 조선총독 폭압정치 반대운동, 조선공산당 비공개공판 반대운동, 치안유지법 철폐운동, 삼총해금운동, 조선증병, 대지간섭 반대운동, 相愛會 박멸운동, 일본좌익 단체지지운동 등을 주로 전개했다. 이 시기 재일조선인 투쟁에서 주목할 것은 조선공산당 일본부 → 신간회 동경지회 → 조선인단체협의회 → 조선총독 폭압정치반대 관동지방동맹으로 이어지는 지도선에 따라 전개된 조선총독 폭압정치 반대운동이다. 조선총독 폭압정치 반대 연설회는 조·일 연대의 장이 되었다. 이와 함께 조·일 연대투쟁은 對支非干涉運動, 재일본조선노동총동맹의 일본노동조합평의회와의 공동투쟁 그리고 일본의 무산정당 가운데 일본공산당의 지도를 받던 노동농민당을 성원, 지지했던 것 등을 통해 확인할 수 있다.

재일조선인 민족운동사에서 1928년은 조선공산당 일본부가 일본총국으로 위상이 강화되면서 일본총국의 조직 활동에 따라 투쟁이 고양되던 시기였다. 일본총국은 민족운동에서 프롤레타리아의 헤게모니 확립과 신간회를 통한 대중투쟁의 고양이 요구되는 시점에서 야체이카와 플랙션을 통해 대중단체를 지도했다. 특히 실천투쟁에 일본총국은 플랙션을 통해 전면적으로 나섰던 것이다.

재일조선인 민족운동이 고양되었던 1928년에는 협의회적 성격의 대중조직의 강화가 이것을 지탱해 주었다. 신간회 및 근우회 일본지역 지회와 조선인단체협의회, 삼총해금관동동맹이 그것이다.

1928년은 재일조선인 민족운동의 중앙인 조선공산당 일본총국의 지도 아래 단체 연합과 연대가 활발했다. 4대 기념투쟁인 3·1운동 기념투쟁, 메이데이 투쟁, 國恥日투쟁, 관동진재 기념투쟁과 함께 1927년부터 계속된 조선총독 폭압정치 반대운동을 비롯한 삼총해금운동, 치안유지법 개악 반대운동, 조선증병 반대운동, 중국출병 반대운동 등을 전개했다. 특히 지역단위 투쟁에서는 경제적인 요구를 내건 투쟁에서부터 반민족세력인 상애회 박멸 투쟁에 이르기까지 다양한 양상을 띠었다. 재일조선인 민족운동사에서 재일본조선노동총동맹 중심의 노동운동은 국내와 일본의 노동운동사에서 보이는 것 같은 경제적 요구를 중심으로 하는 투쟁보다는 민족적 성격이 강한 정치적 투쟁이 우선적이었다.

조·일 연대투쟁도 국제연대에 기초해 계속되었다. 재일본조선노동총동맹은 신노농당 조직준비회 응원운동 등을 주도하며 일본 사회운동세력과 지속적으로 연대를 도모했다. 이러한 국제연대가 일본 사회운동 발전의 한 계기가 되었다. 진정한 국제연대는 공산주의자들과 노동운동 단체들 중심으로 원론적 수준에서만 논의, 전개될 것이 아니라 노동 대중 사이에서 광범위하게 진행되어야 했다.

국제혁명운동의 중심이었던 코민테른은 1928년 「12월테제」와 이후 조선공산당에 내린 문건에서 조선에서 노동자, 농민 대중에 기초한 볼세비키당 조직의 재건을 지시했다. 재일조선인 민족운동을 지도해 온 조선공산당 일본총국에게 「12월테제」와 일국일당주의는 지상명령이었다. 즉 코민테른과 프로핀테른의 지침은 곧바로 조선민족운동의 지도 이론으로 반영되었고, 일본지역에서 활동하던 재일조선인에게도 굴절되어 적용되었다.

방향전환으로 재일조선인 노동운동을 몰고간 재일본조선노동총동맹의 해체논의는 일본지역 대중단체에게 직접적인 영향을 미쳐 재일본조선청년동맹, 학우회도 해소를 결정했다. 이와 함께 신간회 東京지회도 자연소멸되었다. 대중단체가 해체되는 과정에서 조직의 실체가 불분명했던 조선공산당 일본총국은 일본공산당의 지도로 1931년 10월 해체를 결정했다.

해체주도 그룹에 의해 해체가 일방적으로 논의된 1929년 9월 이후에도 재일조선인의 민족운동은 조직적으로 전개되었다. 1929년은 재일조선인 민족운동에서 1927년 이래의 정치적 성격의 계기투쟁이 지속되면서 계속적으로 운동이 발전했던 해였다.

1920년대 후반 재일조선인 민족운동은 다음과 같이 그 성격을 규정할 수 있을 것이다.

첫째, 재일조선인 민족운동은 식민지시대 조선민족운동의 지역단위 운동으로 조직적인 발전이 계속되었다. 공산주의계가 주도권을 장악하고 지도한 재일본조선노동총동맹과 재일조선청년동맹의 창립과 발전은 조선민족운동과 함께하며 대중투쟁의 중심이 되었다. 아울러 일본지역에서는 특이하게 조선인단체협의회와 삼총해금동맹이 신간회 일본지회와 함께 단체연대에 기초하여 공동투쟁을 도모했다. 특히 재일본조선노동총동맹 창립 이후 조선인 노동조합의 발전은 반, 지부를 통해 활성화되었고 정치적 성격을 띤 투쟁을 강화시켰다. 중국 동북 삼성지역에서 농민운동이 대중투쟁을 주도한 것과 달리 재일조선인 민족운동사에서는 노동운동이 대중투쟁을 선도했다.

둘째, 조직의 성장과 함께 재일조선인 민족운동도 지속적으로 발전했다. 일상적인 요구에 기초한 투쟁으로부터 4대 기념 투쟁을 비롯한 계기 투쟁이 계속되었다. 그리고 돌발한 사건과 관련하여 일어난 투쟁이 재일조선인 민족운동을 보다 정치적으로 만들었다. 즉 三重懸 학살사건 반대운동, 小樽高等商業學校 軍事敎育事件 反對運動, 삼총집회금지 반대운동, 조선공산당 비공개공판 반대운동 등은 재일조선인을 보다 강하게 단결시켰다. 특히 1928년은 재일조선인 민족운동사에서 조선공산당 일본총국의 지도 아래 통일적으로 민족운동이 전개된 운동의 고양기로 재일조선인의 투쟁력이 만개했다. 지역적 특수성에 기초하여 전개된 재일조선인 민족운동은 계급적 모순이 민족 모순보다 우선적으로 작용했고 결국 투쟁도 이와 함께 강화되었던 것이다.

셋째, 재일조선인 민족운동을 한 시기 주도했던 일월회의 활동에서 알 수 있듯이 일본에서 조선인의 투쟁경험은 조선 내에 유입되어 조선민족운동의 한 토양이 되었다. 재일조선인은 크게 세 차례에 걸쳐 대거 국내로 들어와 조선민족운동에 복무했다. 그것을 시기별로 보면 첫째가 3·1운동기였고 둘째가 일월회가 국내로 진출한 1926년경이었다. 셋째로는 당재건운동기에 일부의 일본공산당 산하 구성원이 국내로 들어와 활동했던 것을 들 수 있다. 세 번에 걸친 대규모의 국내 진출과 함께 재일조선인은 계속 국내로 들어와 일본에서의 정치, 경제, 사회적 경험을 이식했다. 재일조선인 민족운동은 조선민족운동에서 운동세력 양성의 한 통로로서의 역할을 다했다.

넷째, 재일조선인 민족운동은 지역단위에서 국제적 연대를 일본공산당 및 노동운동 세력과 부분적으로 투쟁을 통해 실행했다. 선언적인 연대도

없지는 않았으나 조선과 일본노동자계급의 전위인 양국 공산당은 국제공
산당의 지부로 서로의 존재를 인정했다. 그리고 일본 내 조선공산당 지부
가 설치되는 것을 일본공산당은 잠정 승인했던 것이다. 일상적인 투쟁에
서와 함께 일본공산당의 재일조선인 민족운동에 대한 지원과 일본 내 정
치운동에 대한 재일조선인 공산주의자들의 조직적인 참가는 현실 투쟁에
서 조·일 연대를 보다 굳건하게 만들었다. 특히 부분적인 노동자계급의
연대는 '관념적인' 조·일 공산주의자 사이의 연대를 일정하게 극복하기도
했다.

3. 1920년대 후반 오사카와 재일제주인운동

1) 오사카 재일제주인 사회의 형성[6]

일제는 제주도에서 1913년부터 1916년까지 토지조사 사업을 시행하여
상당량의 토지를 국유화했다. 그 결과 일제의 가혹한 수탈에 시달리던 제
주도민들은 땅마저 잃게 되어 타지로 살길을 찾아 떠나야 하는 심각한 사
태가 벌어졌다. 일제는 1922년 12월에 한국과 일본 간에 '자유 도항제'를
실시하였다. 이어 1923년 12월 15일에는 제주와 大阪 간의 직항로를 개설
하였다. 그에 따라 제주도민들은 대거 일본으로 출가하기 시작했다. 일본
이 지리적으로 비교적 타지보다 가깝기도 했거니와 부산, 下關을 경유하던
기존 항로에 비해 시간이 절반밖에 걸리지 않았고, 뱃삯도 1/3로 절감되었
기 때문이다.

---

6) 본 절은 별도의 주가 없으면 김창후의 연구에 주로 의존한다.

1923년 당시 제주도의 총인구는 209,925명이었다. 그러나 정기항로의 개설 이후에는 감소되어 1930년에는 1995,77명으로 인구의 자연 증가율에도 못 미치고 있다.[7] 그와 반대로 다음의 표를 보면 일본에의 제주인 잔류자 수는 계속 증가하여 1926년에는 28,144명이었던 것이 1934년에는 가장 많아져서 50,045명에 이르고 있다. 이는 제주도 총인구의 약 1/4에 해당되는 숫자로 제주의 출가자들 거의 대부분이 일본으로 출가했다는 사실을 말해 주고 있다고 하겠다.

〈표 1〉 1920년대 후반 제주인 일본 도항자와 귀환자 수[8] (단위: 명)

연도	도항자			귀환자			잔류자 누계
	총수	남	여	총수	남	여	
1926	15,862	11,742	4,120	13,500	10,029	3,471	28,144
1927	19,224	14,479	4,745	16,863	12,015	4,848	30,305
1928	16,762	11,745	5,014	14,703	10,100	4,603	23,564
1929	20,418	15,519	4,903	17,660	13,326	4,334	35,322
1930	17,890	12,029	5,861	21,416	15,175	6,251	31,786

일본으로 출가한 제주인들은 제주 - 오사카 항로의 종착지인 오사카 지역에 자연스럽게 집단 거주하게 되었다. 특히 이들은 猪飼野지역에 밀집하여 살기 시작했는데, 이 지역은 현재가지도 일본 내에서 가장 제주도적인 곳이다.[9]

일본에서의 생활은 말로 표현할 수 없을 정도로 어려웠다. 출가자들은

---

7) 제주도청, 『濟州道勢要覽』, 1937, 10쪽.

8) 제주도청, 『濟州道勢要覽』, 1937, 20쪽.

9) 자세한 내용은 양영후의 앞의 책을 참조할 것. 아울러 1차 자료로 오사카지역 조선인의 실태 속에서 그 내용을 확인하는 것은 어렵지 않다. 大阪府學務部, 『在阪朝鮮人の生活狀態』(1933).

우선 동포가 운영하던 하숙집에 묵었다. 하숙집은 너무 비좁아 잠자리가 불편할 정도였지만 그래도 하숙비는 비쌌다.

아무리 비싸더라도 하숙집을 얻은 출가자들은 그래도 나은 편이었다. 하숙집을 얻지 못한 사람들은 폐가나 가축의 축사등에서 거주하여야 했다. 일본인들이 조선인들에게 방을 빌려주는 일은 거의 없었다. 가끔 지독한 일본인 집주인들은 '개나 조선인은 사절함'이라고 쓴 종이를 대문에 내붙이는 경우도 있었다.

어렵게 집을 구한 사람들은 일본인들은 기피하는 우산 제조 공장, 메리야스 공장, 유리 공장, 고무 공장, 철 공장 등에서 '아침부터 저녁가지 새까맣게 되도록 일했다. 일하는 노동 시간은 길고 임금도 적었지만 나쁜 조건이 아니면 조선인을 고용해 주지 않았기 때문이다. 이처럼 출가자들 대다수는 직업 통계에도 나타나 있듯이 70%가 소규모 공장에 다니는 직공과 인부였다.[10]

오사카에 출가한 제주인들은 수적으로 타지 출신보다 월등히 많았다. 1924년 大阪府 조사에 의하면 오사카부에 거주하는 조선인의 60% 이상이 제주인이었다. 이들은 주로 영세 가내 기업이 많은 猪飼野지역에 집단 거주하면서 노동자 생활을 했다.

이러한 제주인은 가난한 생활로부터 탈출하기 위하여 일본에 와서 갖은 고생을 하고 있었지만 고향의 가난한 육친들을 위하여 송금하였다. 1925년부터 1933년까지 8개년 간 고향에 보낸 송금액은 연평균 100만 원으로, 송금 총액은 730여만 원에 달했다. 이것은 1인당 한해에 약 40원을 송금한 것으로 미숙련 노동자의 2개월분에 해당되는 많은 금액이었고, 이들이 송금한 돈이 제주도 경제에서 차지하는 비중은 매우 높았다.[11]

10) 내무성 경보국, 『사회운동의 상황』(1929년).

한편 제주인 출가자 중에는 10대 미성년들도 많았다. 제주인들은 고향에서 배울 기회가 없었던 이들 청소년을 상대로 猪飼野지역에 '사설 야학교'를 여러군데 설립하여 한글과 한자의 보급에 노력하였다. 이들은 조선교육협회가 발행한 『노동독본』 등을 교재로 '가갸거겨'를 가르치는 것을 시작으로 하여 청소년들의 민족의식 고양에도 힘썼다. 그러나 이런 야학 운동은 일제의 지속적인 탄압을 받았다. 야간 학교가 재일 조선인의 민족의식을 고양시킴은 물론, 의식의 각성을 통해 민족운동에 청소년들을 끌어들인다는 것이 탄압의 이유였다. 특히 배움의 길이 없던 청소년들에게 가르침을 주던 야학들은 일제의 지속적인 탄압을 받고, 설립자나 교사들은 검거되기도 했지만 지속적으로 이어졌다.

猪飼野지역에 제주인들이 집단 거주하게 되자 자연히 제주도의 풍습과 관습이 유지되기 시작했다. 제주도 고유의 복장을 하고, 고향 사람끼리 결혼도 하는 등 고향에서와 다름없는 독특한 생활문자가 형성된 것이다.

제주인들의 이러한 일본 정착사에서 나타나는 여러 요인들은 그 후 항일 민족운동에도 큰 영향을 미치게 되었다. 제주인들만이 갖고 있는 독특한 공동체적 결속력에 더하여 오사카에 거주하는 제주인의 비율이 타도 출신자에 비해 상대적으로 높았다. 야학을 통하여 청소년들이 민족의식에 차츰 눈을 떠 가기 시작한 것은 일제시대 전 기간을 통하여 일본, 특히 오사카 지역의 '항일'운동에서 제주인들이 많은 역할을 하는 요인으로 작용하게 했다.[12]

---

11) 김창후, 「재일제주인들의 항일운동」, 『제주항일독립운동사』, 제주도, 1996 참조.

12) 김창후, 「재일제주인들의 항일운동」, 『제주항일독립운동사』, 제주도, 1996 참조.

2) 오사카조선노동조합과 재일조선인

재일본조선노동총동맹의 결정에 따라 오사카지역도 준비위원회를 구성
하여 재일본조선노동총동맹 관서연합회 산하 大阪조선노동조합 결성을 준
비한 결과13) 1927년 9월 1일 창립대회가 열렸다. 難破亭에서 대의원 80여
명이 참석한 가운데 열린 이 대회는 전형위원 18명을 선출하고 10개항을
결의했다(사회 안종길). 이 대회에서 채택한 결의 내용은 ① 조선총독정치
전국반대동맹조직 촉성의 건 ② 노동자 교육방침의 건 ③ 대중비간섭운동
적극적 지지의 건 ④ 신간회 지지의 건 ⑤ 공장대표자회의 건 ⑥ 조직원
양성의 건 ⑦ 실업자조직의 건 ⑧ 실업노동자 획득의 건 ⑨ 관동진재 당시
참화동포추도의 건 ⑩ 大阪경찰탄핵의 건 등이다.14) 결의 10개항은 반제
반일운동, 노동자 의식화와 조직화로 이루어져 있다.

大阪조선노동조합은 창립대회에서 본부를 西成지부에 두고 西成지부 대
표인 김달환을 위원장으로 집행위원 김한경, 김수현, 김문준, 박영근, 박영
만을 선출했다.

大阪조선노동조합은 창립대회가 끝난 직후인 3일 제1회 집행위원회를
개최하고 서무부(부장 윤동명, 부원 박영만, 강철), 정치교육부(부장 신재
용, 부원 김수현, 박영근), 조직선전부(부장 정동파, 부원 김병국, 전춘섭),
조사쟁의부(부장 남영우, 부원 東革, 沈荒波), 부인부(부장 김종업, 부원
김영하, 김현태) 등을 조직한 후 본부를 浪速區 稻河町 959번지에 두기로
했다.

大阪조선노동조합은 해산될 때까지 제3회의 정기대회를 개최했다.

---

13) 『동아일보』 1927.9.2, 「大阪勞組準會 준비위원회 개최」.
14) 『동아일보』 1927.9.8, 「在大阪조선노조 창립」.

1928년 4월 23일[15]에 열린 大阪조선노동조합의 제2회 정기 대회는 상임
집행위원장 송장복을 선임하고 상임집행위원으로 정동파, 위경룡, 윤염규
등을 선임했다.[16] 이 대회에서는 신임집행위원으로 집행위원장 송장복, 서
성지부 김영수, 동남지부 김병국, 此花지부 정광택, 동북지부 이풍기·김
상구, 북부지부 김문준·동혁야·김달환, 住吉지부 배철, 港區지부 정동
파·위경영, 港지부 추병황, 泉州지부 어파, 河泉지부 송충신, 서부지부 김
건오·윤혁제, 浪速지부 윤상규·김광을 두었다.[17] 13개 안건(① 규약개정
에 관한 건, ② 실업반대운동에 관한 건, ③ 조선인 내지도항 자유에 관한
건, ④ 조선인거주권확립에 관한 건, ⑤ 8시간노동제 확립의 건, ⑥ 일선노
동자차별대우반대건, ⑦ 건강보험법 개정운동에 관한 건, ⑧ 최저임금법
획득에 관한 건, ⑨ 부인과 유년공보호법제정에 관한 건, ⑩ 3총본부집회
금지반대운동에 관한 건, ⑪ 재만동포구제동맹 적극적 지지에 관한 건,
⑫ 신간회 지지건, ⑬ 일본무산계급과 공동전선에 관한 건)이 논의될 예정
이었으나 실제 논의된 안건은 알려져 있지 않다. 13개 항목 가운데 10, 11,
12항을 제외한 10개항이 모두 거주조선인노동자의 일상투쟁이나 권리옹호
와 관련된 내용이었다.

　1928년 신의주와 평양에서 일어난 제4차 조선공산당 검거사건으로 인해
정동파, 신재용, 위경룡이 검거되었다. 이와 함께 조합의 상임집행위원은

15) 제2회대회개최 날짜에 대해 제3회 대회의 일반정세와 투쟁의 개략내용에서는 12일로 명
　기하고 있으나 이는 誤記인 듯 하다고 정혜경은 주장한다. 『日本勞動通信』 69호는 4월
　23일에 열릴 예정이라고 보도하고 있다. 勞働問題硏究會 通信部, 『日本勞動通信』 69호,
　1928.4.24, 「內紛淸算을期し第二回大會決定す」; 日本社會運動通信社, 『日本社會運動通
　信』 48호, 1929.4.29, 「在日本朝鮮勞動總同盟 大阪朝鮮勞動組合 第三回大會」.
16) 제2회 대회에 대한 내용은 제3회 대회에 보고된 일반정세와 투쟁의 개략내용에 의거한다.
　1929.4.29, 「在日本朝鮮勞動總同盟 大阪朝鮮勞動組合 第三回大會」.
17) 『日本勞動通信』 69호, 1928.4.24, 「內紛淸算을期し第二回大會決定す」.

송장복과 윤염규만이 남아 있는 상태에서 위원장 송장복이 재일본조선노
동총동맹 전국대회가 끝난 직후인 5월에 병으로 사임하자 조직재편은 불
가피했다. 大阪조선노동조합은 6월 3일 상임집행위원 보선과 재일본조선
노동총동맹대회의 신정책과 경과를 보고받기 위한 임시대회를 열고, 집행
위원을 선출했다. 이때 선출된 집행위원은 위원장에 박영만, 서무부장 이
호석, 조직부장 김영수, 정치부장 김수현, 교육부장 김문준, 쟁의부장, 남영
우, 조사부장 정광택, 부인부장 박영만이다. 선임된 임원의 특징은 大阪조
선노동조합 탄생의 산파 역할을 한 김달환이 배제되었다는 점이다. 大阪조
선노동조합은 본부를 西城지부에 두고, 가맹조합으로 此花, 北部, 東北, 港,
西城, 堺, 泉北지부 등을 산하에 두었다.

　새롭게 개편한 진용도 문서상에서만 존재할 뿐이었다. 제3회대회 보고
에 의하면, 8월 15일 이후 정치부장 김수현이 활동하지 않고 위원장은 서
부지부를 지도하며 조직부장 김영수도 사임하고 쟁의부장인 남영우도 병
중으로 인해 활동을 하지 않았다. 이로 인해 서무부의 이동혁과 교육부의
김문준이 임시로 이동본부를 정하고 문서활동을 통해 삐라와 격문을 산포
했으나 경비부족과 교통두절로 곤란을 겪었다고 한다. 김수현과 김영수는
모두 御大典 탄압을 피해 잠적한 것으로 생각된다.

　이러한 어려움 속에서 大阪조선노동조합의 제3회 정기 대회는 1929년 4
월 16일에 열렸다. 이 대회는 지난 1928년 4월 12일 제2회 정기대회 이후
1929년 3월까지를 4기(1기: 4월 12일~6월 3일, 2기: 6월 3일 임시대회~8월
말, 3기: 9월~12월, 4기: 1월~3월)로 나누어 정세와 투쟁내용을 보고하고,
泉洲지부와 서부지부의 활동을 보고받은 후, 6개항의 결의사항을 채택하는
것으로 진행되었다.

　각 시기별 투쟁내용을 보면 1기에는 4월 25일에 제주도민대회가 열려
제주도어용공제조합에 대한 박멸을 결의했고, 5월 1일 메이데이 행사에 1

만여 명의 조선인노동자가 참석했다. 2기에는 일상투쟁 매진이라는 목표
아래 폭압반대주간투쟁, 악법반대투쟁을 전개했고, 津田법랑공장동맹파업
을 지도했다. 그 외에도 김문준이 담당한 주택쟁의의 승리와 8월 12일에
열린 조선인대회가 대표적인 투쟁내용이다. 3기에는 關東지진기념일 행사
와 국내 수해이재동포구제회 조직 활동, 오사카 지역의 여공을 대상으로
한 삐라 살포활동이 전개되었다. 4기에는 원산총파업 지원활동이 대표적
인 투쟁내용이다.

　오사카는 재일본조선노동총동맹이 전개하는 각종 반제투쟁의 실천운동
세력으로서 중심적인 역할을 담당해왔다. 그러나 오사카 지역의 재일본조
선노동총동맹 산하 조선인노동조합은 재일본조선노동총동맹 회원의 다수
를 조합원으로 보유했다. 1929년 9월말 현재 재일본조선노동총동맹의 총
수 23,530명 가운데 오사카지역의 조합원이 17,000명인데 비해, 동경지역
조합원은 3,140명이었다.[18] 운동지도층의 다수가 이론가가 아닌 운동가라
는 점과 오사카조선인으로서 국내운동세력과 교류가 활발하지 못한 점, 거
주 조선인의 다수가 노동자라는 점 등으로 인해 비록 독자적인 운동의 방
향을 제시하지는 못했으나 재일본조선노동총동맹본부의 입장에서 볼 때,
중요성이 높은 지부였다.

3) 동아통항조합의 자주운항운동

　오사카 제주인이 중심이 된 제주를 위한 독자적인 운동으로 동아통항조
합의 자주운항운동을 들 수 있다.
　1923년 12월 15일 제주와 오사카 간의 직항로가 개설되었다. 이에 따라

---

18) 김정명편, 『朝鮮獨立運動』 4, 955~956쪽.

제주인들은 대거 일본으로 출가하기 시작했다. 제주인 출가자는 해가 갈수록 증가했다. 특히 1930년을 전후한 시기에는 오사카항을 이용하는 도항자와 귀환자 중, 제주인들이 부산, 목포 등 제주도 이외 지역 13개 항구에서 왕래하는 자들보다 그 수가 10배 이상에 달했고, 이들 제주인 도항자와 귀환자를 합하면 해마다 4만 명을 넘었다. 자연히 제주와 오사카 간의 항로는 선박업자들에게는 황금 항로로 인식되었다.

이 황금 항로는 직항로가 개설된 이래 朝鮮郵船과 尼崎汽船 등이 독점적으로 운항하고 있었다. 그런데 1928년에 들어서자 이들 선박업자들은 뱃삯을 전격적으로 대폭 인상하였다. 뱃삯 인상은 제주도민들에게 큰 위협이 되었다. 도민들은 같은 해 4월 자유 도항과 선임 인하를 요구하는 대회를 열고 뱃삯을 내려 주도록 두 선박 회사에 요구했다. 그러나 그들은 '새가 아닌데 날아갈 것인가, 고기가 아닌데 헤엄쳐 갈 것인가' 조롱하면서 뱃삯 인하 요구를 거절했다. 그러자 신간회 오사카지회가 같은 해 4월 오사카 천왕사 공회당에서 제주도민 대회를 열고 뱃삯 인하와 승객에 대한 대우 개선을 요구하는 결의를 했다. 그리고 실행위원을 선출하여 교섭케 하였으나 이 역시 기선 회사 측의 거부로 무산되었다.

한편 제주도민들의 뱃삯 인하 움직임을 감지한 고순흠은 동지들과 상의한 후 자주운항 운동을 전개하기로 하였다. 그들은 같은 해 12월에 '제주항해조합'과 '기업동맹기선부'를 설립하였다. 그리고 두 기선 회사의 횡포에 보다 적극적으로 대처하기 위하여 제주와 오사카 간의 독립 항로를 개설하겠다는 입장을 천명했다.

고순흠은 1928년 12월 1일부터 임대한 第二北海丸을 첫 출항시켰다. 그러나 고순흠은 곧 경영난에 빠지고 말았다. 가맹원이 16명, 출자액 3백 원의 약소한 조직으로 두 선박 회사에 대항하기에는 역부족이었던 것이다. 그는 1929년 3월부터 鹿兒島郵船會社 소유 순길환의 하객취급 대리점 운영권을 인수받아 운영했다. 고순흠은 이 사업으로 후술할 동아통항 측과 승객 유치 문제로 많은 반목을 벌이기도 하였다. 그 후 그는 운항사업에서는 점차 멀어져갔다.

고순흠과는 달리 제주도민들을 조합원으로 하는 소비조합을 만들어 조합이 직접 선박을 운영할 것을 계획한 사람은 이미 앞에서도 거론했던 오사카지역 제주인의 중심 김문준이었다. 그는 1929년 4월 제주도민 유지 간담회를 열고 제주통항조합준비회를 조직할 것을 가결했다. 그러나 그는 재일본조선노동총동맹에서의 활동 관계로 제주통항조합준비회의 일에서는 곧 멀어졌다. 그 후 김문준의 뒤를 이은 것은 재일본조선노동총동맹에서 활동하다 재일본조선노동총동맹이 전협으로서의 해소 후 전협에 가맹치 않았던 文昌來, 金達俊, 玄錫憲, 玄吉弘, 金東仁, 成子善 등이었다. 그들은 '우리는 우리 배로' 라는 구호를 걸고 조합 결성을 위해 활동하며, 1930년 3월 25일에는 「제주동아통항조합 뉴스」 창간호(500부)를 발행하기도 하였다.

오사카의 제주인 4,500명(1주 30전의 조합비를 내는 조합원)을 조직한 준비회 측은 1930년 4월 21일, 오사카의 中之島공회당에서 421명의 대의원과 2,000여 명의 방청객이 참여한 가운데 창립대회를 열었다. 대회에서 조합의 명칭을 제주통항조합에서 동아통합조합(조합장 문창래)으로 바꾸는 한편, 강령으로 '① 경영상의 기술과 방침의 정제, ② 민주적 자치적 운영, ③ 도항의 자유 획득, ④ 무산계급 운동의 지지'를 내걸고 동아통항조합을 힘차게 출발시켰다.

동아통항조합은 창립대회 후 개인 가입 방식으로 바꿨다. 그 결과 120개 지구가 참가하였고 조합원도 점차 늘어 10,000명에 달하게 되었다.

이렇게 1920년대 중후반에도 제주인은 독자성을 확보하며 경제적인 실리 추구에 나섰다. 이러한 모습은 국내 다른 지역 출신에게서는 찾아보기 힘든 집단적인 움직임이었다. 1930년대 이들은 보다 강력한 조직적 기반 아래 추동력 있게 움직이게 된다.

5. 맺음말

본고는 1920년대 후반 재일 제주인의 민족운동의 내용을 당시 주요 운동단체와 절대 다수의 제주인이 존재했던 오사카를 축으로 해서 살펴보았다. 머리말에서 확인할 수 있듯이 이미 재일 제주인에 대해서는 선행의 연구가 있어 인물을 중심으로 하는 연구나 한 지역을 중심으로 하는 연구가 새로운 느낌을 주기에는 곤란한 것 같다. 이에 본고는 대표적인 운동 단체 속의 재일제주인을 선택적으로 기술하여 그 내용의 한계를 극복하고자 했다. 아울러 현재도 절대 다수의 제주인이 거주하고 있고 이에 대한 연구도 축적되어 있듯이 오사카지역을 한 사례로 파악했다. 물론 여기에는 선행연구가 주로 토대되어 있음은 재론하지만 재일오사카인의 '제주성'이라고 할까 그것은 분명 오늘날에도 이어져 옴을 재차 확인할 수 있었다.

재일제주인은 일단 1920년대 후반에도 교통의 편리함으로 인해 그 어느 지역에서 보다 쉽게 도일할 수 있었다. 그리고 이들의 도일은 곧바로 민족운동의 주요한 골간이 되었다. 그들은 집단적인 거주를 통해 재일조선인사회에서 독자적인 아이덴터티를 형성, 발전시켜 갔다.

오사카의 경우 일본의 제주였다. 재일조선인은 제주인이 오사카에 있었기 때문에 존재가치가 보다 분명했던 것 같다. 특히 이곳의 조선인은 대중적 요구에 강한 대중조직을 필요로 했고 정치적 성격은 민족문제를 통해 우선적으로 발산되었다.

그런가 하면 일본의 자본의 논리에 정면으로 그것도 직접적인 경제적 상황을 극복하는 모습으로 운동을 전개했던 자주운항운동은 우리의 운동 사에 있어 찾아보기 힘든 독특한 경제투쟁의 특별한 한 예이다.

1920년대 후반 오사카의 제주 출신 제주인의 운동은 민족운동의 한가운 데 개인적, 집단적으로 존재했다. 그들은 부분적이나마 제주 출신이라는 사실에 기인하여 조직과 활동을 전개하기도 했다. 이렇게 재일제주인은 보 편적인 민족운동의 전개 과정에서 그 특수성을 일정하게 가져가기도 했다.

특히 오사카 재일제주인은 1920년대의 계속성상에서 1930년대에도 다양 한 지영에서 운동의 고삐를 늦추지 않았다.

제3장

제3장

/

재일조선인의 일상 보기

먹거리를 중심으로

1. 머리말

오사카시 이쿠노(生野)구나 가와사키시 가와사키구, 시모노세키시처럼 야키니쿠(燒肉) 점포군이나 상점가를 중심으로 '코리아타운'은 형성되었다.

실제로 조선인의 정주 공간인 코리아타운, 조선촌은 일본인의 눈으로 보면 그야말로 더러운 곳이었다. 그러나 사고나 질병으로 어려움에 처하면 치료도 받을 수 있고, 여비를 마련할 수 있는 공간, 해방의 공간이었다.[1] 이렇게 조선촌은 단순히 주거문제만을 해결하는 데 의미가 있었던 것은 아니었다. 이와 함께 민족의 지로를 고민하며 함께 꿈을 꾸며, 단체를 만들어 적극적으로 활동을 전개했던 정치적 중심이기도 했다.[2]

---

[1] 樋口雄一, 「在日朝鮮人部落の積極的役割について」, 『在日朝鮮人史研究』1, 1977, 28~29쪽.

[2] 김인덕, 『재일조선인사와 식민지 문화』, 경인문화사, 2005, 114쪽.

재일조선인의 일상에 대한 선행 연구에서는 주거, 집거지에 대한 연구가
진행되어 있다. 이에 비해 식문화와 관련된 연구와 복식, 문화 생활에 대해
그리 많은 연구는 없다고 할 수 있다. 정대성[3]의 먹거리 연구가 주목된다.
그는 전근대 고대부터 조선시대를 망라하면서 조선 식문화의 일본 전파를
역사적으로 접근하고 있다.

최근에 발간된『재일코리안사전』(선인, 2012)에는 다음과 같은 용어가
정리되어 있다.

> 식문화: 식문화란 인간이 자신이 처한 자연환경, 사회환경 속에서
> 살아가기 위해 만들어낸 식생활 내용을 가리킨다. 한반도와 일본열도
> 는 자연조건에 별로 큰 차이는 없지만, 식문화의 차이에는 사회 환경
> 의 차이에서 기인한 영향이 크다. 이러한 다른 식생활 문화를 습득한
> 재일 1세들의 생활이 일본의 식문화에 최근 수십 년 동안 적잖은 영
> 향을 주었다. 야키니쿠(燒肉: 불고기) 요리, 김치, 냉면, 비빔밥 등 이
> 제는 '일본요리'화되었다고 보아도 될 것이다. (강조: 필자)

현재 재일조선인의 식문화, 즉 먹거리는 재일조선인의 생활공간에서 넘
어, 확대되어 일본의 새로운 식문화로서 뿌리내리고 있다. 먼저 거론할 수
있는 것이 김치의 문화이다.

김치는 일본 음식이 되었다고고도 할 수 있을 정도인데, 정대성에 따르면,
"재일코리안의 생활력이 초래한 결과라는 것을 보여주는 좋은 예"라고 했
다. 전후(戰後)에 일본에서 널리 퍼지기 시작한 상품 김치는 '조센즈케(朝

---

3) 鄭大聲 著,『食文化の中の日本と朝鮮』, 講談社, 1992; 鄭大聲 著,『朝鮮の食べもの』, 築
  地書館, 1984(정대성 저, 김경자 역,『우리 음식문화의 지혜』, 역사비평사, 2001). 鄭大聲
  著,『朝鮮食物誌: 日本とのかかわりを探る』, 柴田書店, 1979; 정대성 저, 김문길 역,『일
  본으로 건너간 한국 음식』, 솔출판사, 2000; 정대성,『우리 술의 역사와 문화 그리고 지혜:
  재일교포가 찾아낸』, 이화문화사, 2006.

鮮漬: 조선절임)' '아리랑즈케(아리랑절임)' 등으로 불렸는데, 1981년에 재일의 모란봉 주식회사의 TV 광고에 '김치'가 등장했다. 김치는 단순한 채소절임이 아니라, 사람의 건강에 도움이 되는 건강식품 그 자체로 마늘과 고추를 즐기지 않는 일본의 기호를 변화시킨 것은 전적으로 재일조선인들의 식생활에서 시작된 것이었다고 한다.[4]

이 김치 가운데 주목되며 최근에도 널리 알려진 것이 깍두기이다. 깍두기는 무를 깍둑썰기 해서 담은 김치를 말한다. 재일조선인들은 '까쿠테기'라고 부른다. '깍'이라는 것은 '각'을 의미하고 깍둑썰기한 데서 붙은 이름으로 보인다.

조선의 식문화의 대중성은 냉면에서도 확인된다. 냉면은 한국음식점의 대표적인 메뉴이다. 모리오카 냉면이 잘 알려져 있다. 1938년에 24세 때 함흥에게서 도일한 '식도원(食道園)' 점주인 아오키 데루히토(靑木輝人, 민족명 양용철(楊龍哲))이 모리오카에서 야키니쿠와 함께 냉면을 먹도록 하는 데서 알려지게 되었다.

야키니쿠는 '조선'을 대표한다고 할 수 있다. 소, 돼지 등의 이른바 육류를 직접 불에 굽는 방법으로 조리하는데, 일본에 이 요리법이 보급되어 정착한 것은 전후의 일로 재일코리안이었다. 1955년을 경계로 야키니쿠점은 외식산업으로서 급성장했다.

한류의 영향으로 마늘에 대한 인상이 일본 내에서 변했다. 그러나 일본에서는 마늘을 요리에 많이 넣는 재일코리안에 대해 '마늘 냄새 난다'는 차별적인 용어를 쓰던 시절이 있었다. 마늘이 건강하게 좋다면서 적극적으로 이용되고, 한국 요리나 재일조선인의 식생활에 대한 관심도 높아져, 건강식품으로 높은 평가를 받았다. 그러나 이런 변화도 우경화의 물결에 또 다

---

[4] 『재일코리안사전』, 선인, 2012.

른 변화의 물결을 맞이하고 있는 것이 현실이다.

재일조선인 사회에서 주요 먹거리는 역사성과 현재성이 있다. 여기에서 주요한 것은, 야키니쿠와 호르몬, 비빔밥, 막걸리, 명태, 옥돔, 자리 등이라고 할 수 있다.

본고는 재일조선인 문화를 식문화의 내용을 갖고 고찰하고자 한다. 이를 위해 재일조선인의 역사 속 절대 다수가 살고 있는 오사카 조선촌을 통해 주목하겠다. 이 공간의 먹거리가 어떻게 건너갔고, 먹었으며, 지금도 남아 있는지를 역사적으로 살펴보겠다. 그리고 각각의 먹거리의 의미를 일본 문화 속 재일조선인 문화의 또 다른 모습이라는 전제 아래 살펴보겠다.

2. 일제 강점기 오사카의 먹거리

1) 오사카 조선촌

의식주는 생활의 가장 기본적인 요소이다. 그 행위는 주로 조선촌에서 이루어졌다. 특히 먹거리는 조선촌이 중심이었다. 단순한 조선의 공간에서 일본 문화를 편안히 향유하는 공간이기도 했다. 조선촌의 조선인은 생활 속에서 일본문화와 만났다. 술 먹고, 옷 입고, 자는 것에서 일본과 충돌했다. 조선촌에서 해방을 만끽했다. 막걸리도 먹고, 한복을 입으며, 온돌을 만들어 사용했다.[5] 물론 일상적으로 정종을 마셨고, 우동을 먹었으며, 기모노를 입었다. 고다츠를 사용하며. 일본말을 쓰고, 조선말도 썼다. 자연스럽게 일본문화가 수용되었던 곳이 또한 '조선촌'이었다.

---

5) 김인덕, 『재일조선인사와 식민지 문화』, 경인문화사, 2005, 114쪽.

1920년대의 경우 시간이 지나면서 조선촌 내에는 조선음식점6)과 재료
가게가 생겨났고, 조선어만으로도 충분히 생활이 가능하게 되었다. 1930년
대에는 공장의 직공으로 가게의 점원으로 돈을 모아서 공장을 차리거나 장
사를 시작하기 시작했다.7)

재일조선인 사회가 형성되던 1920년대 중반까지 「그들은 내지에 있는
재료로 가능한 조선식 요리를 만들고 있다」, 「그렇기는 하나 조선 고추는
內地시장에 나타나지 않는다, 그들은 너무 매운 內地 고추에 만족하지 못
했지만 어쩔 수 없었다8)」고 하는 상황에 반해서 1930년대에는 한반도와
마찬가지의 식재료를 구비하는 상황이(적어도 조선인 인구가 많은 도시에
서는) 출현하고 있었던 곳이 조선촌이었다.

조선촌에는 빼 놓을 수 없는 존재가 엿장수이다.9) 조선에서는 사탕이
들어오기 이전에는 감미료로서 가정에서 엿을 만드는 풍습이 있었고, 또
이러한 엿을 행상하는 엿장수가 있었다. 목에 건 평평한 상자에 엿을 넣고,
큰 가위로 소리를 내면서 돌아다니는 엿장수의 모습은 당시의 민속화에도
그려져 있다. 이러한 엿장수 문화가 일본으로도 들어온 것이 아마도 재일
조선인이 처음 했던 장사였던 것 같다. 그 시작은 오래 되었는데, '병합' 전
부터 고베나 오사카, 도쿄, 오카야마 등에서 엿장수의 존재를 확인할 수 있
다. 단 고베나 오사카, 오카야마의 엿장수는 본국의 엿장수 모습과는 달리,
천으로 된 지붕을 덮은 포장마차 같은 상자를 짊어졌다. 일본에서 생겨난
판매 방식으로 추측된다. 포장마차 같이 생긴 상자를 멨는지 여부는 알 수
없으나, 재일조선인의 수가 늘어남에 따라 조선 엿장수는 전국적으로 퍼져

6) 外村大, 『在日朝鮮人社會の歷史學的硏究』, 早稻田大學 博士論文, 89쪽.
7) 高權三, 『大阪と半島人』, 東光商會, 1938년.
8) 大阪市 社会部 『朝鮮人労働者問題』 弘文堂, 1924年, 단 『集成』 第Ⅰ卷, 381쪽.
9) 고물상을 하던 사람의 다수가 이 직종에 종사했다.

나갔고, 직업의 하나로 이후에까지 계속되었다. 경기가 좋을 때는 노동자가 되었다가 일이 없으면 엿 장사를 하는 경향도 나타났다. 미야자와 겐지(宮澤賢治)의 작품에 철도공사가 끝나서 엿 장사를 하는 조선인 노동자에 착목한 「고자(鼓者)」라는 시가 있다.

2) 외식문화의 일상

재일조선인의 먹거리는 가정과 가정 밖에서 존재했다. 가정 밖에서의 식사로는 오늘날 일본에서 대중적이 된 조선요리의 루트를 갖는 야키니쿠집이 이미 1930년대 후반에 존재했다는 것이 확인된다. 오사카 시에는 「숯불구이고기집(焼肉屋), 처녑집(センマイ屋) 등이 도처에 있고 이런 곳에 가서 그날 하루의 피로를 잊고 가는 일도 적지 않다」고 했던 것이다.

물론 1930년대의 재일조선인의 식생활에 일본내지의 문화가 반영되었던 것도 보인다. 『조선일보』에 게재된 명함광고에서 확인할 수 있는 조선인이 경영하는 음식점 중에는 「関東煮」[10] 가게를 2건 확인할 수 있고,[11] 동시대의 사회조사 보고서에 게재된 사진에 찍힌 조선인이 경영한다고 보이는 식당의 메뉴에는 「朝鮮関東煮」라는 글자도 보인다.[12]

그리고 경찰당국은 1930년대 중반에는 조선인을 대상으로 식료품을 판매하는 조선시장과 조선인 요릿집, 음식점의 단속 방침을 내세우고 있다.[13] 그러나 1930년대 말에도 그것이 철저하게 지켜지지는 않았다는 것

[10) 어묵국의 오사카 사투리이다.
[11) 『조선일보』 1935년 1월 1일자 및 1938년 1월 3일자 「명함광고」.
[12) 大阪市 社会部『毛馬都島両橋間に於ける家舟居住者の生活状況』大阪市 社会部, 1937年, 13쪽. 朝鮮関東煮가 무엇을 의미하는지, 요리명이라면 어떠한 것이었는지는 확실하지 않다.

은『조선일보』의 명함광고 등에서도 분명히 알 수 있다.

1939년이 되면 이곳은 200여 개의 생활필수품 가게가 있어, 명태, 고춧가루를 비롯해 혼례품 등까지 판매했다.[14] 猪飼野의 조선촌은 조선 문화 그 자체였다.

猪飼野에는 명태, 돼지고기, 내장, 돼지머리 등을 팔고, 잡화점, 생선가게, 정육점 등의 각종의 가게가 있었다. 처음에는 노점상을 하다가 가게를 얻어 장사를 하는 경우가 많았다. 이곳은 公設市場이 아니고, 1920년대 초 처음 여기에 시장이 섰을 때, 경찰이 길을 더럽히고 교통에 방해를 준다고 하여 시장 형성을 반대했다. 이와 비슷한 시장이 今宮, 森町, 中道 등지에 있었다.[15]

1930년대 중반 小林町에도 조선촌이 있었다.[16] 이곳에는 쌀가게, 야채가게, 잡화점, 건어물상, 조선옷 가게 등이 있었다. 그리고 막걸리, 조선식 떡, 조선식 김, 묵, 김치, 콩나물을 전문적으로 재배해서 파는 사람이 있었다. 특히 생선·건어물 가게에서는 갈치, 가오리, 조기, 청어, 명태 등을 팔았다.

오사카의 조선인의 생활을 기록한 崔碩義의 경우, 즐겨 먹던 음식이 가오리회, 소곱창, 씨레기국, 깍두기, 물김치, 비빔밥 등이었다. 물론 당시 일본에서는 빵이나 카레, 고로케가 유행이었다.[17] 오사카에서는 1942~43년 경부터 八尾, 西成, 生野 등지에서 조선인을 대상으로 하여 소규모의 김치 장사가 시작되었다.[18]

13) 「大阪府の在住鮮人同化方策に就て」, 『特高月報』 1936年 6月.
14) 杉原達, 『越境する民 近代大阪の朝鮮人史研究』, 新幹社, 1998年, 167쪽.
15) 高權三, 『大阪と朝鮮人』, 東光商會書籍部, 昭和13年, 35쪽.
16) 崔碩義, 「大阪, 小林町朝鮮部落の思い出」, 『在日朝鮮人史研究』(20), 1990年 10月, 49~50쪽.
17) 崔碩義, 「大阪, 小林町朝鮮部落の思い出」, 『在日朝鮮人史研究』(20), 1990年 10月, 59쪽.

그런가 하면 김장철을 맞이하여 大阪消費組合 東部支部는 배추(白菜)의
공동 구매를 통해 양질의 물건을 싼 가격으로 구입하고자 적극 활동했다.
김장은 재일조선인에게도 중요한 연중행사의 하나였다. 다른 어떤 珍羞盛
饌보다도 김치 깍두기가 밥상에 올라야 밥맛이 나는 것이 조선의 情緖, 입
맛이었다.[19)

또한 金光園에서는 忘年會와 新年宴會를 적극 유치하는 廣告를 신문
에 내고도 있다.[20) 實際 民衆時報社의 廣告로, 新年大懇親會를 金光園에
서 開催한다는 記事가 있는데,[21) 1936년 1월 19일에 懇親會는 성황리에
열렸다.[22)

『民衆時報』에는 당시 조선인이 하던 상업활동의 내용을 확인할 수 있는
데, 下宿집, 韓藥房, 製藥業, 종이상, 쌀집, 電波商, 蓄音機商, 飮食店, 古物
商, 病院, 理髮館, 印刷所 등을 했다.[23) 1936년경, 오사카의 조선옷을 취급
하는 가게는 120여 개소, 한약방은 370여 개소였다. 그리고 조선요리점이
많아서 여급이 2,700여 명이었다.[24)

---

18) 鄭大聲, 「日本の食文化と「在日」」, 『環』(11), 2002年 秋, 276쪽. 西成에서는 현재의 丸全
　　食品의 祖父가 시작했다고 하는데 3대째 이어지고 있다.
19) 『民衆時報』昭和10年 11月 15日, 김치말고 일본에서 널리 알려진 조선 음식이 카라시멘타
　　이고(辛子明太子), 즉 명란젓이다. 명란젓은 원류가 釜山으로 明太를 갖고 만든 음식인
　　데, 18세기부터 유명했다. 이것을 부산의 일본인이 일본에 소개했고 전후에 博多에서 만
　　들었다(鄭大聲, 「日本の食文化と「在日」」, 『環』(11), 2002年 秋, 282쪽). 물론 재일조선인
　　은 이주와 함께 이것을 일본 내에 갖고 들어와서 먹기 시작했다.
20) 『民衆時報』昭和10年 12月 15日, 이밖에도 조선요릿집은 東萊亭, 慶花館, 玄風館, 達城館
　　등의 이름이 보인다(『民衆時報』昭和11年 1月 1日). 이 가운데 達城館의 主人 金文圭는
　　土木請負業도 함께했다.
21) 『民衆時報』昭和11年 1月 1日.
22) 『民衆時報』昭和11年 1月 21日.
23) 『民衆時報』昭和10年 6月 15日, 昭和11年 9月 21日.
24) 「京阪神朝鮮人問題座談會」, 『朝鮮日報』, 1936年 5月 1日.

특히 제약업자 가운데는 판매업을 겸하면서 조선의 처방과 일본의 전문가들의 자문을 받아 10년 동안 연구하여 '우리 藥'을 제조했다고 선전하고 있다.[25] 朴彭禧 和漢藥房은 鍼術도 겸해서 診療했다.[26]

일부의 在日朝鮮人은 朝鮮料理店에 가서, 朝鮮에서 받은 돈이나 번 돈을 遊興費로 蕩盡하는 이른바, 花柳病에 걸려 健康을 잃은 경우도 있었다.[27]

3) 야키니쿠

재일조선인이 운영하는 음식점의 핵심은 야키니쿠이다. 이곳의 요리에서 내장인 호르몬이 핵심 재료임은 잘 알려져 있다. 역사적으로 볼 때 호르몬이라는 말은 이미 1941년부터 있었다.[28] 오사카 난바(難波)의 양식점 '홋쿄쿠세이(北極星)'의 경영자 기타하시 시게오(北橋茂雄)가 '호르몬니'라는 상표를 등록했다.

1936년 大阪府警察部는 지도의 방침으로, 조선인을 대상으로 하는 식료품을 판매하는 시장의 신설을 인정하지 않고, 조선시장을 폐지시키며, 돼

---

25) 『民衆時報』昭和10年 7月 15日.

26) 『民衆時報』昭和11年 2月 21日.

27) 「京阪神朝鮮人問題座談會」,『朝鮮日報』, 1936年 4月 29日.

28) 나라현(奈良縣) 부락해방연구소 노비 쇼지가 『부락해방』에 연재된 「음식을 둘러싼 부락사, 각서(1)」(1991년 7월)에서 『차별, 그 근원을 묻다』(朝日新聞社, 1977)라는 대담집에 실린 재일조선인 시인인 김시종(金時鐘)의 발언에 "이른바 호르몬 요리, 이것은 결코 영어가 아니라 … 오사카사투리 '호루몬'이 정착한 '조선인의 말'입니다"라고 한 것이 시작이라고 지적했다. 이처럼 활자화된 것이 확산된 것이다. 필자는 1941년 11월에 요리연구가가 보낸 그림엽서에 '호르몬 요리'라고 쓰인 것을 입수, 신문·TV 등의 매스컴에서 다루었다. 이렇게 '호르몬', '호루모노'는 화제가 되어 기타하시 시게오의 상표 등록과 당시의 사진 등 많은 구체적 자료가 표로 나오게 되면서 다시 주목받았다. 체력 보충에 좋은 원기가 나는 음식 '호르몬'이라고 하는 것이 옳다. 지금도 야키니쿠집 대부분은 대장 등의 내장을 호르몬이라고 부르고 있다(『재일코리안사전』, 선인, 2012, 484쪽).

지머리, 내장 등의 판매는 다른 직종으로 전업을 시킬 것을 생각했다. 그리고 조선인 요리점은 엄중히 감독하여 '악질적인 자'에 대해서는 영업정지 처분을 내리고, 동시에 송환을 고려했다.[29]

1930년대 후반에는 일본 정부에 의해 의복·음식·생활습관·관혼상제 등에서 일본화가 보다 적극적으로 강요되었다. 전시하의 강제적인 정치체제를 생각하면, 이와 반대로 조선문화를 유지하는 것이 곤란했던 것은 쉽게 이해할 수 있다.[30]

3. 역사적으로 보이는 재일조선인 먹거리

1) 주류

일본에서 재일조선인의 상징적인 술은 막걸리이다.[31] 물론 동동주, 소주, 인삼주 등의 여러 종류의 한국 술이 존재해 왔지만 그 가운데 주목되는 것이 막걸리이다.

일본인 세계에서 떨어진 조선촌에는 막걸리가 일상적으로 존재했다. 막걸리, 곧 탁주라고 하는 것은 ドブロク(濁酒)로, にごりさけ(濁り酒)라고 한다. 집 한쪽 구석에서 간단히 만들 수 있었다.

막걸리에서 막은 한국어로 '거칠다'라는 의미의 접두어이며, 걸리는 '거르다'여서 막걸리는 거칠게 걸러낸 술이라는 뜻이다.[32] 한국에서는 농민들

---

29) 「うめくさ」,『特高月報』1936년 11월.
30) 外村大,『在日朝鮮人社會の歷史學的研究』, 早稻田大學 博士論文, 227쪽.
31) 김인덕,『재일조선인사와 식민지 문화』, 경인문화사, 2005, 115쪽.
32) 『재일코리안사전』, 선인, 2012, 141쪽. 이하의 페이지는 본 사전의 것이다.

이 즐겨 마셨기 때문에 농주(農酒)라고도 한다. 일본의 도부로쿠와 비슷하지만 쌀누룩이 아니라 밀누룩을 사용하기 때문에 맛이 다르다. 조선인들의 일본 유입이 늘어나면서 그 집주지역이 확대됨에 따라 고향에서의 생활습관들도 일본에 들어오게 되었는데 막걸리도 그중 하나이다. 3~4일의 양조로 간단하게 만들 수 있기 때문에 조선인이 많이 살고 있는 지역에서는 수요가 많아졌다. 그러나 공적기관의 허가를 얻을 방도가 없었기 때문에 막걸리 주조는 밀조(密造)라 하여 주세법 위반으로 적발되었다. 막걸리 적발은 1925년경에는 아직 "조선인의 드문 범죄"라고 신문에 보도되었지만, 시대가 흐름에 따라서 일상다반사처럼 되었고, 대규모 밀조 적발이 신문을 떠들썩하게 장식했다. 또 패전 직후에는 밀주 적발이 조선인운동의 탄압에도 이용되었다.

막걸리는 상징적인 의미가 있다. 재일조선인이 많아짐에 따라서, 조선인이 사는 부락이 형성되고, 거기에서 판매되었던 것이 이 탁주였다. 발각되지 않으면 주세가 부과되지 않았기 때문에, 비교적 싸게 만들어졌다. 재일조선인은 여러 가지로 차별을 받아 고통을 당하고, 격렬한 노동을 했는데, 탁주는 적어도 한 가지 즐거움이 되었다. 탁주의 제조는 금지되어 있었지만, 범죄로 재제의 대상이 된 것은 파시즘체제 아래의 재일 조선인에 대한 「생활쇄신」과 「생활개선」이라고 하는 이름의 황민화정책 아래에서였다. 濁酒 密造와 관련해서 각 부락에서 검속되는 사람이 나타난 것은 협화회가 대부분의 재일조선인을 조직했던 1939년경이었다.[33] 재일조선인의 회고는 당시의 생활을 잘 표현하고 있다.

밤은 별세계였다. 밀조한 막걸리가 있고 마늘과 고춧가루를 넣은

---

33) 樋口雄一, 『協和會: 戰時下朝鮮人統制組織の研究』, 社會評論社, 1992 참조.

김치가 있고 술이 취하면 고향의 민요가 흘러 나왔다. 일본의 학정을
한탄하는 청춘가가 나오면 아리랑, 도라지, 노들강변, 소상팔경, 춘향
가 등 아는 노래 전부가 흘러 나와 저녁 여섯시부터 시작된 술자리가
새벽 두세 시까지 이어지는 일도 많았다.[34]

2) 식사류

전통적으로 한국 음식은 다양한 음식 재료를 갖고 요리하는 것이 특징
적이라고 할 수 있다. 비빔밥은 여러 조리 음식물을 섞어 만드는 독특한
한국 음식이다. 최근에는 재일조선인 뉴커머에 의해 대규모로 일본 사회
속으로 깊이 진출해 있다.[35]

비빔밥은 두 가지의 유래가 있다. 하나는 섣달 그믐날 남은 반찬을 해를
넘기지 않고 다 먹는 관습이 무엇이든 전부 섞는 비빔밥을 만들어냈다고
생각되며, 한자 표현으로 골동반(骨董飯)이라고 한다. 또 한 가지는 조상
제사에 올림 음식을 나누어 먹을 때 한데 섞어 먹은 데서 왔다. 특히 뜨거
운 돌솥비빔밥의 역사는 짧다. 한국에 프로판가스가 보급되고, 돌솥이 널
리 이용되게 된 1960년대 이후이다.

경상북도 안동 지방에는 비빔밥을 '헛제삿밥', 즉 거짓 제삿밥이라고 한
다. 맛있는 비빔밥이 먹고 싶어 제사가 아닌데도 제사라고 하면서 비빔밥
을 만들었다는 것이다. 비빔밥의 가치는 밥, 어육류, 나물 등이 균형 있게
조합을 이루어 이것만으로 충분한 영양을 섭취할 수 있다는 것이다. 숟가
락으로 섞어 먹는 숟가락문화 요리이다.

---

34) 金鍾在述, 玉城素編, 『在日韓國人一代』, 圖書出版社, 1978, 104쪽.
35) 이런 내용은 박양기(오사카 재일한인연합회의 전 회장)의 구술에 따른다(2013년 2월 13
일, 오사카 시내 식당). 그는 10여 개의 비빔밥 집을 개장하여 성황을 이루고 있다.

한국의 음식으로 냄새를 통해 그 맛을 먼저 알리는 것 중의 하나가 지짐이이다. 한국관광공사의 조사에서는 외국인 여성 관광객의 선호도의 1위는 녹두 지짐이 빈대떡이었다. 지짐이라는 명칭은 '지지다', 부치거나 조리는 요리법의 명사형이다.

재일조선인들도 일본에서는 유사한 파전과 빈대떡이라는 것과 구별하지 않고 사용하고 있다. 밀가루와 파를 이용해서 일본의 오코노미야키 풍으로 만든 것이 파전이다. 이것을 지짐이라고도 부침개라고도 부른다. 이에 반해 녹두 가루에 돼지고기, 도라지 뿌리, 고사리 등을 섞어서 반죽하여, 기름으로 구워 낸 것이 '녹두 지짐'로 통칭 빈대떡이라고 부른다.

'빈대떡'이란 '빈자(貧子)의 떡'이라고 불렸던 것. 이 재료의 조합이 다를 뿐, 만드는 방법은 가루와 채소류, 육류를 섞어서 기름으로 지지듯이 구워 내는 점은 같다. 채소에 파든 부추든 쉽게 구할 수 있는 것을 이용해서 자기 기호에 맞게 만들기 때문에 지짐이 요리는 다양화하고 있다. 일본의 오코노키야키가 비슷하지만 같지는 않다.

3) 생선류

정대성의 연구에 주목되는 생선으로 명태와 명태의 부산물이다.[36] 그리고 지역성에 기초해 오사카의 경우는 제주도의 생선이 직접 공수되어 국제시장과 조선시장을 차지하고 있다.

명태는 한반도 동해안 북부에서 잡히는 한대성의 회유어(回游魚)로 명태의 호칭은 다양해서, 동태, 강태, 선태, 건태, 북어 등이 있다. 알려져 있

36) 정대성 저, 김경자 역, 『우리 음식문화의 지혜』, 역사비평사, 2001; 정대성 저, 김문길 역, 『일본으로 건너간 한국 음식』, 솔출판사, 2000; 정대성, 『우리 술의 역사와 문화 그리고 지혜: 재일교포가 찾아낸』, 이화문화사, 2006.

듯이 함경도 명천군을 시찰한 관리가 '태(太)'라는 어부가 잡은 생선이 맛있어서 '명태(明太)'라고 이름 지었다. 겨울인 11월경부터 명태는 큰 무리를 이루어 몰려든다. 너무 많이 잡아 남은 생선들을 해안이나 그 근처에 방치하면 밤에는 얼었다가 낮에는 말라다가를 반복하면서 '건조 명태'가 나온다. 보존이 용이한 건조 명태가 내륙 지역과 남부지방에 상품으로 유통된 것은 18세기경부터이다. 단백질이 많고 지방질이 적은 명태는 건조되면서 보존성이 높은 귀중한 동물성 식품이었다. 건조 명태를 '북어(北魚)'라고 부른 것은 남부지방에서였다. 말린 명태의 껍질을 벗겨 살을 찢어 먹는 법, 양념하여 굽는 방법 등 북어요리 문화가 발달했다. 건조시키기 전에 내장과 알을 빼내는데, 그 알로 만든 젓갈이 '명란젓', 이것이 '가라시멘타이코(辛子明太子)'이다. 일본의 가라시멘타이코의 유래는 한반도로 규슈의 제조업체가 전쟁 중에 부산에서 생활한 경험을 바탕으로 전후(戰後)에 일본에서 상품화한 것이다.

옥돔의 경우 재일조선인이 즐겨 먹는 생선이다. 일본에서는 지방에 따라 몇 가지 이름이 있다. 오사카에서는 구즈나, 교토에서는 구지, 산인(山陰)에서는 고비루, 시즈오카에서는 오모쓰다이 등으로 불린다.

한국 남해, 즉 부산·제주도 근해에서 잡히는 물고기로 일본 중부지역에서 남중국해 근처에까지 분포하고 있다. 경상도, 제주도에서 많이 먹는다. 일본어로는 아마다이라고 한다. 일본에서 재일코리안들이 많은 오사카의 쓰루하시(鶴橋) 등에서는 상품으로써 옥돔을 말린 것을 빼놓을 수 없게 되었다. 육질이 부드럽고 사후경직(死後硬直)도 연화(軟化)가 빨라 비린내가 쉽게 나기 때문에 회로 먹기에는 적당하지 않다. 이 때문에 구워 먹는데, 말린 것이 선호도가 더 높다. 지방이 적어 기름에 구우면 풍미를 한층 더 느낄 수 있다. 경상도, 제주도 이외의 지역에서는 거의 식용하지 않는데, 옥돔죽은 고급요리로 알려져 있다. 생선살을 간장 맛 육수로 하여 쌀을 넣고 죽을 끓인다.

자리는 제주도를 상징한다. 이른바 자리돔을 말하며 일본의 혼슈 중부 이남에서 중국의 광동성(廣東省)까지의 바다에 분포하는 물고기이다. 성장이 끝나도 전체 길이 18㎝ 전후의 작은 물고기로 어릴 때는 다갈색, 크면 보라색이 도는 흑색이다. 제주도 근해에서 많이 번식하는 물고기여서 제주의 향토요리에 자리가 많이 쓰인다. 오사카의 쓰루하시, 이카이노(猪飼野)의 코리아타운에서는 초여름부터 시장에서는 없어서는 안 되는 것이 이 자리돔이었다. 먹는 법은 회 말고도 굽는 방법도 있지만, '자리회'가 더 인기가 있다. 크기가 작아서 뼈를 발라내어 손질하기가 어려워서 뼈째로 잘라 초고추장에 찍어 먹는 경우가 많다. 뼈째로 먹음으로써 칼슘 섭취에 효과적이다. 회 요리법은 두 가지가 있는데, 오이, 부추, 파를 다져서 된장으로 맛을 내고 식초를 뿌린다. 여기에 물을 붓는 것이 '물회'이다. 술의 안주로는 '강회', 밥에는 '물회'가 어울린다. 자리회는 제주도의 식도락 요리이다.

4. 재일조선문화 속의 오사카 조선촌의 식문화

1) 문화 공간 오사카 조선촌

조선촌의 안과 밖에서는 다양한 재일조선인의 문화적 활동이 전개되었다. 그것은 단순한 생활의 문제나 삶의 질의 향상의 차원을 떠나, 보다 근본적인 민족문제나 계급문제에 관련되어 있었다. 그 내용을 정리해 보면, 첫째, 정치적 투쟁적 문화가 존재했다. 둘째, 생활 속의 동화적 문화가 존재했다. 셋째, 예술활동 속의 민족문화가 존재했다. 넷째, 재일조선인의 문화·예술 활동은 유학생의 역할이 컸다. 재일조선인의 문화는 조선촌과 조선촌 밖의 일본 사회 속에서 다른 양상을 보였을 것이다.

이카이노에 있던 조선시장은 1930년대 후반에는 다음과 같은 상황을 보여주었다.

> 그들은 부락을 만들어 생활하고 있고, 그 생활방식은 전부 조선에서 하던 그대로라고 합니다. 그리고 거기에서는 무당, 점쟁이도 있는가 하면, 약국, 빈대떡, 순대를 파는 곳이 있고, 공장, 의원, 포목(조선옷감)점 등이 있는 곳도 많다고 합니다. 우리는 조선인 부락 중 한 곳인 猪飼野町를 한 바퀴 돌았는데, 시장이 열려 있고, 두부, 무, 배추, 삶은 순대, 콩나물 등도 조선옷을 입은 조선부인들이 팔고 있는 것을 보았습니다.[37]

> 기자가 실제로 답사한 東成区 猪飼野町의 조선인시장은 조선인의 생활용품을 판매하는 상점으로만 200호, 여기에서는 명태, 고춧가루 등의 식료품이 있는가 하면, 비녀, 가락지, 심지어는 혼례용품인 족두리까지 놓여 있었다. 한약방도 여기저기 있고, 어떤 젊은 여성은 「毛紗」를 사고팔고 있었다. 어디를 보더라도 고향 생활의 연장이라고 할 수 밖에 없다.[38]

오사카는 민족적 수요에 맞춘 다양한 물자를 다루는 시장이 있고, 나아가 각종 조선인을 대상으로 하는 서비스업이 이루어지고, 조선인이 경영하는 공장이 존재했다.

실제로 1920년대부터 1930년대에 걸친 재일조선인의 의식주를 보면 주택은 어떻든 간에 식사와 복장에서는 일본의 문화에 동화되었다고 할 수 없다. 그리고 그러한 조선문화의 유지는 조선인의 수요에 맞춘 식료품점,

37) 『조선일보』 1939.5.6.
38) 『조선일보』 1939.7.6.

음식점, 옷가게 등의 존재에 의지한 면도 컸다. 물론 일정하게는 식당도 그 역할을 했음은 부정할 수 없다.

2) 오사카 조선촌의 먹거리

전전 재일조선인은 정치 · 경제적 어려운 속에서도 다양한 문화활동을 전개했다. 이들의 활동은 단순한 대중문화적 양상을 띤 것에서 정치적 성격을 띤 것 등 존재 위치에 따라 일본과 만났다. 따라서 그들의 문화적 활동은 민족적, 동화적 양상을 나타냈고, 정치적 성격이 내재되어 있었다. 개인과 조직의 차이가 있겠지만 재일조선인의 문화는 투쟁적, 생활적인 모습을 띠고 있었다. 그래서 어떤 때는 퇴폐적인 일본 문화의 양상을 띠고, 어떤 때는 본국보다 더 민족적이었는지도 모른다.

재일조선인은 단순히 제국주의에 대항해 투쟁만 하지 않았다. 돈만 벌지도 않았다. 일본 사회에서 일본 문화 속에서 살았다. 일본 속에서 살았기 때문에 상층문화도 만나고 하층문화도 만났고, 다양한 일본인과 만났을 것이다. 재일조선인의 문화는 단순한 정치적 선택과 달리 생활 속에서 규정되어, 자주적인 동화도 있었고, 타의적 순응도 있었다.

이와 함께 재일조선인의 형성은 분명히 문화적 욕구에서 자생된 것은 아니었다. 그러나 투쟁과 돈벌이, 공부 등을 통해 문화적 현상을 창출했다. 재일조선인은 다양한 문화활동을 할 수밖에 없었고, 자연스럽게 일본문화와 만났던 것이다. 국가 권력의 힘에 의해서, 만남과 충돌은 그 속도가 점차 빨라졌다.

이러한 전전 재일조선인의 문화는 「민족」 · 「공생」 · 「동화」라는 개념 속에서 보면, 「민족」 · 「동화」적인 요소가 중첩되어 있었다. 지배와 피지배의 문화적 양상이 개별적으로 활동 공간에서 나타나기보다는 혼재되어 있었다. 따라서 철저한 투쟁적 문화와 다양한 일본 문화가 재일조선인에게 나타나고, 그것이 만나는 공간이 바로 재일조선인 사회였다. 그리고 그 한가운데 조선촌이 있었다. '저항적 문화공간'이면서 동시에 일본 사회 즉, 조선촌 밖으로 나가는 준비공간으로서의 역할을 했던 곳이 조선촌이었다. 이곳을 통해 조선인은 문화 충돌의 첫 경험을 하게 된다.

첫째, 오사카 조선촌은 조선식 먹거리의 유입 통로였다. 1920년대 이후 형성되어 온 이곳은 각종 조선 물건이 사람의 이동과 함께 들어갔다. 따라서 자연스럽게 이곳에 각종 조선의 먹거리가 들어가는 당연했다. 재료가 조선촌의 형성과 함께 직접 판매되는 형성이 나타났다. 그곳이 바로 조선시장이다.

둘째, 오사카 조선촌은 조선의 식재료와 식당이 존재했고 그 역사가 이어지고 있다. 단순한 유입구에서 조선의 식문화가 유지되는 공간이 조선촌이었다. 이곳에는 지금도 작종 한국의 음식과 식당, 재료가 보다 더 풍부하게 유입되고 한국의 식문화를 형성하는 기능을 절대적으로 지속하고 있다.

셋째, 오사카 조선촌 먹거리는 한국 음식의 원류적 기능이 부여되고 있다. 다른 지역과 달리 오사카 이쿠노구의 조선촌은 움직이는 식문화 공간으로 태초성을 유지하기도 하고 있다. 올드커머의 식당에서 뉴커머의 식당 그리고 제3세계 출신이 운영하는 식당 등이 존재하지만 발신지로서의 역할을 하는 공간을 그대로 유지하고 있다. 츠루하시역은 곧바로 야키니쿠의 본고장으로서의 기능을 냄새를 통해서도 기능하고 있다.

넷째, 최근 일본 먹거리의 공간으로 자리매김이 되어 가고 있다. 단순한 한국 식문화의 공간에서 일본 먹거리와 공존하면서 식문화의 공생을 유지하는 기능도 조선촌은 하고 있다. 본질적으로 한국의 식문화는 일본 식문화 속에서 존재하는 불가피성을 근본적으로 부정할 수 없다고 생각된다.

5. 맺음말

오사카 조선촌은 재일조선인 문화 속 식문화의 중심적 역할을 하고 있다. 그것은 역사성과 현재성에서 확인된다고 할 수 있다. 재일조선인의 다문화공생적 요소는 식문화 가운데, 특히 조선촌에서 나타나고 있다.

역사적으로 보면, 오사카 조선촌 중심의 조선 문화가 일정하게 일본 내에서 형성되는 것을 존중해야 한다고 생각하고, 일본 정부가 이를 정책적으로 지원하여 조선시장을 공설시장으로 만들 것을 주장한 경우도 있었다. 역사주의적 관점에서 보면 재일조선인의 삶은 코리아타운인 조선촌으로 대변할 수 있다. 재일조선인이 조성한 조선촌은 조선의 '해방구'였다. 일본어도 제대로 모르는 채 낮 동안의 노동에 시달린 조선인이 밤이 되어 돌아왔을 때 아무 거리낌 없이 쉴 수 있는 곳이 바로 조선촌이었다. 고춧가루, 김치, 조선말(조선어)이 있어 그 가운데만 있어도 위안이 되는 장소였다. 조선촌에서는 지연과 혈연적 상호부조가 잘 이루어졌으므로 취직 등 생활상의 편의를 쉽게 얻을 수도 있었다.

전전의 일본 정부가 파악하듯이, 재일조선인은 일본에 와 있는 동안에는 무엇보다 돈(金)이 중요했기 때문에, 먹을 것이나 위생, 생활의 즐거움에 대해서는 무관심했을 가능성이 없지 않다. 식사는 주로 밥과 소금, 야채로 해결하고, 부식은 장, 츠케모노(漬物), 생선 말린 것 등이 전부인 생활도 했다.

전후의 조선촌의 기능은 전전적 요소와 함께 정주의 과정을 통해 극복해야 할 요소를 자기 소화하는 공간으로 기능하는 역할도 부여되었다. 특히 조선의 음식은 삶 그 자체였다. 다음의 기사는 그 내용을 반증한다.

〈김치 이야기: 재일 어머니의 근성을 본다〉

일본의 츠케모노(漬物: 절임)로 오해받을 정도로 시민권을 얻은 김치. 마늘 냄새로 경원시된 조선 김치의 시대를 아는 사람에게 있어 서는 바로 격세지감이 들 것이다. 2살에 일본에 건너온 어머니가 쿄 토에서 김치를 담가서 파는 것을 생업으로 죽을둥 살둥 살아온 45년 이라는 세월을 엮었다.

아이가 있는 재일여성이 할 수 있는 일이란 거의 없었던 1950년 대. 김치를 담가서 파는 일이라면 혼자서도 오늘부터라도 시작할 수 있다고만 생각하고, 담가서는 보도 알지도 못하는 만물상에 뛰어드는 행상을 시작했다. 호의적으로 놓게 해주는 가게가 있는 한편, 매몰차 게 거절당하는 경우도 있었다.

돌격세일즈가 효과를 거둬 쿄츠케모노(京漬物)의 대기업으로부터 도 부름을 받게 됐다. 장사는 조금씩 궤도에 오르기 시작했지만 다음 으로 문제가 된 것은 돈 마련이었다. 재일동포에게 융자하는 은행은 당시도 없었다. 이 위기를 구한 것이 동포 어머니들에 의한 계, 소위 '수제은행'이다.

지금은 계에 대하 이야기를 들을 일이 적어졌지만 동포끼리의 연 대강화의 중요함을 잊지 않기를 바란다고 저자는 강조한다.

강력한 라이벌사의 출현으로 한때는 장사를 포기할까 고민한 적도 있었지만 김치에 담긴 정열이 이를 단념시켰다. 4명의 아이들을 기르 는 데 김치가 밑거름이 된 것이다.[39]

이 내용은 자이니치 2세 할머니 이연순(李連順)과 그의 책인 『김치 이야 기』(북촌, 2004)에 대한 소개이다. 재일조선인에게 상징성이 있는 김치와 그리고 각종 한국 음식은 먹거리이면서도 생존의 중요한 요소가 되었다. 결국 취업의 장벽이 곧바로 음식과 그와 관련된 일을 하면서 재일조선인이 돌파해 갔던 것도 사실이다.

---

39) 『민단신문』 2008년 12월 17일.

한류 열풍과 함께 한국의 식문화가 일제강점기의 역사성을 가고 조선촌을 중심으로 확산되고 있다. 발신의 역할을 식문화를 통해 한국 문화가 되고 있는 것은 널리 알려진 사실이다. 본질의 내용 규정을 사실의 인과 관계 속에서 고찰하는 것은 역사주의 전제이다.

제4장

제4장

/

1930년대 중반
오사카(大阪) 재일조선인의 삶과 상호부조

『민중시보』의 기사를 중심으로

1. 머리말

식민지시대 재일조선인의 역사는 국내와 여러 측면에서 다른 내용이 확인된다. 이 가운데 오사카 지역의 경우는 절대 다수가 살면서 일정한 공간에서 마을을 형성해 살았던 사실은 잘 알려져 있다.

오사카(大阪)의 재일조선인은 반일적 모습을 견지하면서도 일상 속에서 자신들의 권리와 생활 문제에 주목하기도 했다. 그리고 이를 위해 일본 사회와 연대를 도모하기도 했다.

이런 가운데 『민중시보(民衆時報)』는 주목되는 간행물이다. 이 신문은 1935년 6월에 창간되어, 1936년 9월 21일 폐간되었다. 당시 대표적인 오사카의 재일조선인 지역 활동가였던 김문준이 주도한 것은 잘 알려져 있다. 『민중시보』는 『조선연구자료총서(朝鮮硏究資料叢書)』(5)(朴慶植 編, 三一書房, 1983)에 실려 있다. 이 신문과 관련해서는 주요 기사가 『특고외사월보(特高外事月報)』(1936.11), 『동아일보』[1] 등 여러 곳에서 확인된다. 오사카의 재일조선인의 지역 신문이지만『민중시보』는 전국을 전망했다.

이 신문에 대해서는 여러 연구가 있다. 그 가운데 먼저 정혜경의 연구에 주목한다. 그는 1935년 6월 15일 오사카에서 재일조선인을 대상으로 창간한 한국어 신문으로 지역 재일조선인의 구심체로서 역할을 담당했다. 특히『민중시보』는 단체 활동이 실질적으로 봉쇄되고, 일제의 통제정책이 강화되는 시기에 민족공동체 의식을 강화하고 결속을 돈독히 하고자 했다는 점에서 그 의미가 크다고 했다.[2]

아울러 도노무라 마사루(外村大), 양영후(梁永厚), 김찬정(金贊汀)의 연구가 있다.[3] 도노무라 마사루는 운동사적 의미에 주목했고, 양영후는 지역의 언론으로서의 역할론에 서술의 많은 부분을 할애하고 있다. 특히 김찬정은『検証・幻の新聞「民衆時報」~ファシズムの台頭と報道の原点~』에서『민중시보』에 대해 1935~36년 동안 오사카에서 재일조선인의 권리옹호와 생활개선을 주장하는 한글신문으로, 논지는 민족주의적인 입장을 견지했다고 평가한다. 아울러 국제정세의 동향에 대해서도 여러 내용을 보여준다고 지적하고 있다.

이상의 연구는 주로 김문준과 신문에 주목했다. 그리고 반일운동적 모습에 주로 주목하고 있다. 본 신문의 특징이 갖고 있는 여러 모습이 잘 보이지 않는다고 생각된다. 당시 관서지방에 거주하는 재일조선인들은 민족

---

1) 『동아일보』 1935년 6월 29일, 7월 28일, 10월 22일, 11월 16일, 1936년 1월 5일, 3월 13일자 등에서 확인된다.

2) 정혜경, 「일제하 재일한국인 민족운동 연구: 大阪을 중심으로」, 한국정신문화연구원 한국학대학원 박사논문, 2000 참조.

3) 外村大, 「一九三〇年代中期の在日朝鮮人運動－京阪神地域『民衆時報』を中心に－」, 『朝鮮史研究会論文集』第28集, 1991年3月, 梁永厚, 「1930年代の在阪朝鮮人のジャーナリズム(1)(2), 『民衆時報』を中心に」, 『戰爭と平和』(9), (10), 2002, 金贊汀, 『検証・幻の新聞「民衆時報」~ファシズムの台頭と報道の原点~』, 三五館, 2001.

문제와 아울러 생활상의 문제에 대해서도 집중적인 관심을 기울였다. 이것
은 정주하는 재일조선인이 늘어나면서 일상적인 여러 문제 즉, 취업, 주택,
교육 등의 문제가 무시될 수 없었기 때문이다.

본고는 선행 연구에 기초하여『민중시보』의 생활과 관련한 기사를 통해,
1930년대 중반 오사카 재일조선인의 모습, 일상과 상호부조 관련 내용을
확인해 보고자 한다. 반일과 다른 별도의 지형에서 권리옹호와 생활문제에
주목하면서 재일조선인의 일상을 살펴보는 것이 본고의 목적이다. 이를 위
해 먼저『민중시보』간행의 의미를 발행 취지와 강령, 주요 기사 내용을
서술하고, 이에 기초하여 일상적 기사 내용과 상호부조와 관련한 기사를
통해 재일조선인의 또 다른 모습을 살펴보도록 하겠다.

2. 『민중시보』의 간행

1) 일반

전국적 전망을 갖고 있던『민중시보』는 오사카에 기반하고 있었다. 따
라서 사무실은 오사카에 있었다. 김필원[4]의 동서의약합자회사 내에 있었
다. 발간 당시 주소는 오사카시 히가시나리구(大阪市 東成區 東小橋南之町

---

[4] 김필원(1900~1954)은 1919년 3월 21일 조천리에서 만세운동을 주도했다. 동지 13명과 함
께 조천리 미밋동산에서 결의를 다짐하고 만세운동 계획에 참가했다. 미밋동산으로 가서
5백여 명의 시위대를 이끌어 제4차 시위를 주도하여, 독립만세의 당위성을 설명했다. 조
천에 이어 신촌, 함덕 등지에서도 만세운동의 계획을 알리면서 서당 생도와 함께 보통학
교 학생들까지 동원하는 데 힘썼다. 일본경찰에 체포되어 1919년 4월 광주지방법원 제주
지청에서 소위 보안법 위반으로 징역 8월을 받아 공소했으나 당해 5월 29일 대구복심법
원에서 기각, 형이 확정돼 옥고를 치렀다. 1995년 광복절 기념일에 독립유공 대통령표창
을 추서했다(『제주일보』 2008년 9월 2일).

3-85)였다. 발간 동인은 대표간사로 김문준(金文準)이었다.[5] 그리고 김경
중(金敬中),[6] 김광수(金光洙), 김달환(金達桓), 김정국(金廷國), 정태중(鄭
泰重), 정재영(鄭在英), 이호태(李鎬泰), 박윤석(朴尹錫), 박봉주(朴鳳柱),
홍순일(洪淳日)이 함께했다.[7] 월 2회 발간되었고, 4×6판 8면으로 가격은
10전이었다.[8] 그러나 7월부터 발간 회수는 월 3회로 늘어났다.

〈8면〉으로 간행될 때는 1면 사설, 2면 국제정세, 3면 국내 상황, 4, 5,
6면 재일조선인 상황, 7면 법률상담, 한담, 8면 소설, 문답으로 구성되었다.
그리고 〈4면〉으로 간행될 때는 1면 사설, 2면 국제정세, 3면 재일조선인
상황, 4면 재일조선인 상황, 면담으로 구성되었다.

배포 부수는 약 2,500부이며, 게이한신(京阪神) 일대에 지국과 판매소가
설치되었다.[9] 배포처는 본사가 있던 오사카 시 이외에 사카이(堺)시, 교토
(京都)시, 고베(神戶)시, 와카야마(和歌山) 등이었다.[10]

『민중시보』에 다음과 같은 「발행취지 및 강령」이 존재한다. 그 내용은
다음과 같다.

[5] 중심인물은 김문준이다. 오사카지역에서 조선인노동자들과 함께 쟁의를 주도하고 노동
조합운동을 전개한 김문준은 히가시나리구(東成區)지역의 고무공총파업을 주도하다가
검거되어 투옥생활을 한 이후 합법운동의 한계를 절감하고 민족운동의 방법으로 언론활
동을 택했다(정혜경, 「일제하 재일한국인 민족운동 연구: 大阪을 중심으로」, 한국정신문
화연구원 한국학대학원 박사논문, 2000, 198쪽 참조).
[6] 김경중(1985~?)은 1930년 2월 오사카조선노동조합 서부지부에서 활동했고, 분파주의자로
제명되었던 인물이다. 이후 아마가사키(尼崎)에서 니시무라코세이(西村好成)와 조선인소
비조합의 조직화를 도모했다. 1931년 3월 한신소비조합을 조직, 1936년 2월 제6회 대회
이후 이사장으로 활동했다(近代日本社會運動史人物大事典編纂委員會 編, 『近代日本社會
運動史人物大事典』(2), 日外アソシエ-ツ, 1996, 337쪽).
[7] 朴慶植 編, 『朝鮮問題資料叢書』第5卷, アジア問題硏究所, 1983, 531쪽.
[8] 『민중시보』(1) 1935년 6월 15일.
[9] 국제고려학회 일본지부 '재일코리안사전' 편집위원회 편찬, 정희선 외 역, 『재일코리안사
전』, 선인, 2012, 168쪽.
[10] 內務省 警保局, 『社會運動の狀況』, 1935, 1598쪽.

현재 일본 내에 거주하는 조선인은 게이한신 지방만으로도 30만 명을 헤아리고 있다. <u>언어·습속의 차이와 무지, 문맹, 빈곤, 분산, 무권리(無權利)의 특수성이 가져온 생활문제로부터 조선인 자신들의 언론기관을 요구하는 절실함은 누구나 다 긍정할 것이다.</u> 그러나 그 출현은 항상 자력(資力)의 결핍으로 제약되고 있다. 이에 대해서 우리 동인 일동은 좌기(左記)의 강령 하에서 미충(微衷)을 경도(傾倒)하여, 본보(本報)를 발행하려고 있다. 다행이 만천하의 민중의 절대(絶大)한 지원과 편달이 있기를 바라는 바이다.

1. 우리는 일본 내에 거주하는 <u>조선인 민중의 생활 진상과 여론을 보도하는 불편부당적(不偏不黨的) 언론기관으로서 존립과 성장발전</u>을 기한다.

1. 우리는 일본 내에 거주하는 <u>조선인 민중의 생활 개선과 문화적 향상의 촉진</u>을 기한다.

1. 우리는 일본 내에 거주하는 <u>조선인 민중의 생활권 확립과 그 옹호·신장에 이바지할 것</u>을 기한다. (강조: 필자)[11]

이렇게 『민중시보』는 재일조선인의 생활, 생활권의 확립과 옹호 그리고 문화적 향상을 촉진하고자 그 강령에서 피력하고 있다.

1936년 5월 22일 김문준이 사망하자 이후에는 『민중시보』 기자였던 이신형(李信衡)이 운영을 맡았다. 그 뒤 4개월 이후 1936년 9월 25일 일본의 특고경찰은 '좌익조선인의 지원 아래 운영되며, 민족운동의 지도적 역할을 담당하고, 민족운동의 주체를 결성하는 데 광분'한다는 이유를 들어 『민중시보』의 주간인 이신형과 한진섭(韓辰燮), 이민호(李眠鎬)를 비롯한 기자들을 체포하고 9월 21일자, 제27호로 폐간 처분했다.[12] 『민중시보』의 폐간

---

11) 朴慶植 編, 『朝鮮問題資料叢書』 第5卷, アジア問題研究所, 1983, 531쪽.

12) 『민중시보』의 폐간 이후, 한국인의 단합과 이익을 도모하는 여러 단체에 대한 탄압도 이어져 이후부터 한국인의 자주적 활동은 불가능하였다(外村 大, 「1930年代 中期の在日朝鮮人運動」, 『朝鮮史研究會論文集』 28, 1991년, 108쪽).

이후, 재일조선인의 단합과 이익을 도모하는 여러 단체에 대한 탄압도 이어졌다.

2) 주요 기사 내용

선행 연구에서 보면,『민중시보』는 도항문제, 차가문제, 기타 내선교풍회의 동화정책의 폭로, 민족주의단체를 결성함과 동시에 한신소비조합, 노농구원회 등을 통해 대중을 획득을 하고, 이를 반일운동에 결집하고자 했다.[13] 이런 기사를 통해 보면,『민중시보』는 근저에 민족의식을 깔고 있었다고 언급할 수 있다.[14]

구체적으로 주요 기사를 보면, 첫째, 일상과 관련해 각종 기사가 보이고, 특히 정주 재일조선인의 생활권을 옹호하기 위한 내용이 확인된다. 도일 후 일자리와 주택을 구하는 문제부터 공동구매 요령, 소비조합 이용법, 법률문제, 건강 상식 등 일본에서 생활하는 데 필요한 여러 사항을 문답식이나 기고의 형식을 통해 상세히 보도했다. 특히 주택분쟁에 대해서는 상세한 보도기사를 통해 일본당국과 일본인에게 반성을 촉구했다.[15]

둘째, 고국소식[16]과 재일조선인에 대한 일본당국의 탄압을 고발하는 내용도 빠지지 않았다.[17]『민중시보』에서는 물론 재일조선인사회 내부의 여러 단체들의 움직임과 그에 관한 논설이 지면의 많은 부분을 차지했는데,

---

13) 『特高月報』 1936년 11월, 553쪽.

14) 정혜경, 「일제하 재일한국인 민족운동 연구: 大阪을 중심으로」, 한국정신문화연구원 한국학대학원 박사논문, 2000, 223~224쪽.

15) 구체적인 내용은 3장에서 후술한다.

16) 『민중시보』(1) 1935년 6월 15일, 『민중시보』(2) 1935년 7월 15일.

17) 『민중시보』(6) 1935년 9월 15일, 『민중시보』(7) 1935년 10월 1일, 『민중시보』(20) 1935년 4월 11일.

한편으로는 일반적인 사회 정세에 관한 기사도 게재하고 있었다. 그중 사회 정세에 관한 기사는 역시 한반도의 동향을 전하는 것이 많았다. 그 내용은 실업, 저임금, 농촌경제의 악화, 이민의 증가 등과 농민운동, 공산당사건 관계의 재판 등에 대한 보도가 확인된다.

셋째, 한국인의 대동단결을 도모하는 데 큰 비중을 두었다.[18] 국제난도 한국인에게 사회인식을 심어주는 데 역할을 했다.[19] 나아가 반봉건적 유습 철폐 등과 관련한 미신 타파와 조혼 금지 등에 관한 글도 실려 있다.

당시 『민중시보』의 활동으로 인해 재일조선인의 단결이 공고화되는 결과를 낳았으므로 일본당국의 탄압을 피하기 어려웠다. 한글신문인 『민중시보』가 재일조선인 어린이에게 한국어를 가르치는 효과를 가져왔다. 결국 『민중시보』의 발간은 내선융화를 지향하는 일본당국에게는 제거의 대상이 되었던 것이다. 여기에는 일제의 동화정책을 주도하는 융화단체의 비리를 고발하고 강조하는 동화정책에 직접적으로 위배되는 기사를 실었던 것도 작용했을 것으로 추측한다.[20]

3. 『민중시보』의 기사의 일상 보기

재일조선인의 일상과 관련해서 『민중시보』는 다양성을 보인다. 위생, 의복, 차가문제 등에 많은 기사를 할애했다. 아울러 반일적 모습을 보이면서

---

18) 『민중시보』(13) 1936년 1월 1일. 여기에 「각계인사의 연두소감」에서 확인.

19) 『민중시보』(2)부터는 국제난을 두어 코민테른 소식, 프랑스 인민전선운동 등을 비롯해 일본공산당 검거사건과 일본쟁의 상황 등이 보도되었다(『民衆時報』(2) 1935년 7월 15일).

20) 『민중시보』(6) 1935년 9월 15일, 『민중시보』(8) 1935년 10월 15일, 『민중시보』(13) 1936년 1월 1일.

도 교육문제 등에도 주목하고 있다. 주요 기사는 다음과 같다.

〈표 1〉『민중시보』의 일상 관련 주요기사

호수	기사
2호	화장을 '려행'하자
2호	주택난문제 대하야: 브로커 구축하자
2호	공장 일상
2호	침수 후의 위생
2호	이혼상담
3호	조선시장폐지설
6호	동황야학 해산
6, 7호	원정해녀군의 직업전선담
7호	돌연한 퇴거명령: 주택대부는 부로커 간책
7호	이혼상담
10호	차별정책과 주택문제
12호	동성진료소 개축기념축하거행
14호	(사설) 절제 있는 생활을 하자
15호	아들 자살 위협, 내버려두세요. (문답)
16호	(사설) 주택난과 보호시설

주요한 항목을 중심으로 그 내용을 정리해 보면 다음과 같다.

1) 의복과 주거문제

여러 지면에서 『민중시보』는 민족의 정체성 관련 기사가 보이는데, 『민중시보』는 '조선옷'의 민족성에 주목했다. 『민중시보』(8) 1935년 10월 15일자 사설은 '있는 의복을 버리고 새로운 의복으로 바꾼다는 것이 경제적으로 불가능한 것은 너무나도 명백한 것이 아닌가'라고 하면서 '요즘 위정자들은 일부 어용단체를 통하여 조선옷을 버리고 일본 옷을 입으라는 제창과 강제를 하고 있다'는 것이다. 이것은 기괴천만(奇怪千萬)한 정치적 현상이 아닐 수 없다고 지적했다.[21]

『민중시보』도 일상의 주택문제에 주목했다. 『민중시보』(20) 1936년 4월 11일자 「이 위기를 관철하라!」는 차별정책으로 인해 강제송환, 주택난, 인권유린에 직면하여 강제적 동화를 수행하고 민중의 진보적 동향을 말살하는 반동세력에 싸울 것을 천명했다.[22] 여기에서도 생활권익 옹호의 중요성은 재차 확인되고 있다.[23]

1930년대 재일조선인은 차가도 힘들고 집을 지을 때도 구하기 어려웠다. 일본인 집주인들이 집을 빌려주지 못하는 이유는 공중생활의 도덕을 잘 지키지 않아 이웃사람들이 꺼려하기 때문이라고 했다. 실제로 일본인 무산계급도 차가문제가 있으나 재일조선인과 같지는 않다고 하면서 주택난의 문제에는 주택브로커가 협잡을 하여 생긴 일이 많았다고 했다. 이들이 집세를 받아서 중간에서 가로채고 집주인에게 묵묵부답으로 일관했던 일도 있었다.[24]

『민중시보』는 주택문제와 관련한 사기사건도 보도했다. 실제로『민중시보』(7) 1935년 10월 1일자 기사[25]에는 이장호라는 인물에 주목하고 있다. 한신아마가사키정류장 북측에는 약 30호 정도의 재일조선인 거주지가 있는데, 원래 이곳은 5년 전에 아마가사키경지조합의 공사가 있어 이곳에 휴식소가 있어 여기에 자리를 잡게 되었다. 그리고 당시 200명 정도가 살고 있었다. 문제는 한신전철회사와 아마가사키시경지정리조합이 합동으로 건축법 위반을 들어, 즉시 이곳에서 나갈 것을 요구한 일이다. 여기에 시와 교섭 역할을 하던 이장호가 입퇴승인서를 갖고 와서 10월까지 입퇴하는 사

21) 『민중시보』(8) 1935년 10월 15일 1면.
22) 『민중시보』(20) 1936년 4월 11일 1면.
23) 「이 위기를 관철하라!」, 『민중시보』(20) 1936년 4월 11일 1면.
24) 우은동천인, 「주택난문제에 대하야: 브로커를 구축하자」, 『민중시보』(2) 1935년 7월 15일 7면.
25) 『민중시보』(7) 1935년 10월 1일 8면.

람은 시가 주택을 대부해 준다고 하여 사람들은 승인 날인을 했다. 그런데 주택대부는 브로커의 수작이었고, 이장호는 시로부터 14원의 보수금을 받고 도망갔던 것이다.[26]

당시 차가문제의 본질적 해결의 방식은 재일조선인에 대한 차별정책의 철폐이라고 할 수 있다.[27] 민족적 차별에 더하여 집을 빌릴 때 재일조선인은 차별을 당했던 것이다. 실제로『민중시보』는 16호 사설에서 재일조선인의 문제 중에 가장 근본적인 문제가 주택문제, 차가인 문제라는 것이다. 평소에도 위협적인 요소라면서 무산대중을 위한 법규와 시설이 요청되었는데, 특히 주택난에 대해서도 보호시설을 두는 것이 우선이라고 했다.[28]

2) 생활과 위생

『민중시보』에는 일상의 위생과 관련해서 침수 이후 대처 방식에 대한 교육홍보용 기사가 보인다. 여기에서는 습기를 방비하는 것을 중요하게 여겼다.[29] 구체적인 방법으로 햇빛을 잘 받아 건조시켜 질병이 유행하지 않도록 주의해야 한다는 것이다. 더러운 돗자리는 세균의 온상으로, 다다미 소독을 철저히 하고 마루 밑에는 침수 후는 톱밥 뿌릴 것을 권하고 있다. 침수된 곳의 음식은 절대 먹지 말라고 했다. 음식물을 넣었던 그릇도 양잿물을 넣어 끓일 것과 변소와 집 주위에 풀과 석회를 섞어 뿌려 둘 것을 권했다. 그리고 모기와 파리 박멸도 주의해야 한다고 했다.

특히 1935년 조선시장 이전문제와 관련하여 위생문제와 소비자 일반의 편

---

26)『민중시보』(7) 1935년 10월 1일 8면.
27)「(사설) 차별정책과 주택문제」,『민중시보』(10) 1935년 11월 15일 1면.
28)「(사설) 주택난과 보호시설」,『민중시보』(16) 1936년 2월 1일 1면.
29)『민중시보』(2) 1935년 7월 15일 8면.

의, 시장 상인의 취업 등을 고려해야 하는 문제로 간단히 처리할 문제가 아니었다. 그런데 문제는 시장 폐지가 논의되고 새로운 시장은 건설이 준비 중인데, 아파트식으로 사설시장의 형태를 취하고 있다고 보도되었던 사실이다.[30]

한편 1935년 당시 재일조선인의 사회에서는 화장이 사회적 문제가 되었다. 현실적으로 땅값이 비싼 일본에서 토장(土葬)을 하는 것은 경제적인 타격으로 국내로 토장을 위해 가는 것은 특수한 섬사람 이외에는 불가능 일이었다. 현실적으로 장사를 치르러 고향에 갔다가 일터를 잃어버리는 경우, 다시 일본으로 돌아가지 못하는 경우도 발생했다.[31]

그런가 하면 1930년대 오사카에는 재일조선인의 진료소가 있었다. 동성진료소(東成診療所)의 경우 이카이노에 있었는데, 1935년 12월 14일 개축 기념으로 무료 진료를 하기도 했다.[32]

『민중시보』에는 흥미로운 기사가 있다. 신문을 통한 독자의 질문에 답하는 문답코너에서 이혼상담 내용이 있다. 17년 동안 결혼 생활한 부인이 남편이 개가를 권한다는 말에 고민을 털어놓는다. 여기에 대해 서로 이해하도록 노력하라고 권하면서 이것을 조혼으로 인한 희생으로 표현하고, 결혼 당시로 돌아가서 생각해 보고 당신의 남편이 아주 당신이 싫었으면 지금까지 살지 않았을 것이라면서 당신의 남편에게 성의를 다하면 남편도 이해할 것이라고 하는 결론을 내리고 있다.[33]

또 다른 문답코너에서는 횡포한 남편 길들이기 즉, 술먹고 '계집질'하는 남편에 대한 대처법으로는 '단연코 이혼'을 권하고 있다.[34] 이런 일을 묵인

30) 「조선시장폐지설」, 『민중시보』(3) 1935년 8월 1일 4면.
31) ps生, 「火葬을 勵行하자」, 『민중시보』(2) 1935년 7월 15일 1면.
32) 『민중시보』(12) 1935년 12월 15일 3면.
33) 「딱한 사정」, 『민중시보』(2) 1935년 7월 15일 8면.
34) 『민중시보』(7) 1935년 10월 1일 4면.

하면 남편을 방탕하게 만들고 색마로 만든다는 것이다. 이 일은 가정에서
만 멈추지 않고 사회적으로도 영향을 미친다고 했다. 따라서 남편에게 정
확히 잘못된 점을 말하고 깨닫지 않으면 이혼하라고 강권하고 있다.

청년 아들 교육과 관련해서는 흥미로운 기사도 있다. 자살 위협하는 청
년 아들이 대응하기 힘든 과부 어머니에게 적극적으로 대할 것을 권하고
있다. 절대로 이런 청년은 죽지 않을 것이라고 했다.[35]

3) 아동교육과 한글교육

『민중시보』에서는 교육에 주목하는데, 특히 재일조선인 아동 교육과 관
련하여 주목되는 내용도 있다. 체류신고를 제출하지 않았고, 언어 소통이
안 된다는 것 등을 이유로 소학교 입학 거부나 학교에서의 교원에 의한 조
선인 아동에 대한 차별에 대해『민중시보』는 적극 비판했다.[36] 그리고 그
연결선에서 한글교육이 적극 추진되었다.

한글교육과 관련해서『민중시보』(3) 1935년 8월 1일자「가정과 부인 여
름철과 아동」는 주목된다. 여기에서『민중시보』는 어린이를 일정 장소에
모아서 학과를 복습시킴과 함께 각각의 부락 내에 있는 중학교 이상의 학
력을 가진 사람에게 부탁하고, 특히 조선인이기 때문에 '조선국문'만이라도
이러한 휴일을 이용해서 가르치지 않으면 안 되며, 앞으로 조선으로 돌아
가서 생활할 사람은 한글교육을 반드시 받아야 한다고 했다. 그리고 이 땅
에서 이대로 일생을 보내려는 사람이라도 조선인과의 접촉으로부터 떨어
질 수 없으며 조선인의 환경을 떠날 수 없기 때문에 '조선국문'은 절대적으

---

35)『민중시보』(15) 1936년 1월 21일 4면.
36)「(사설) 조선인 아동과 신학기」,『민중시보』(17) 1936년 2월 21일 1면.

로 필요하다고 했다.[37)]

『민중시보』(13호)(신년특집 1) 1936년 1월 1일자에 게재된 「각계 인사의 신년 소감」은 조선인소비조합 간부와 종교단체, 친목단체의 지도자 등의 기고로 구성되었다. 여기에서는 '조선어는 조선민족이 있는 한 없앨 수 없는 것이다', '조선민족이 있는 장소에는 조선정신이 있는 것처럼 조선인의 감정에 맞는 의복은 조선옷이다', '(야학 등에 대한 탄압이) 앞으로 조선인으로 하여 그 민족의 독특한 언어까지 잃어버리게 한다는 허튼소리도 있지만, 피가 혈관을 통하고, 숨이 조선인의 콧구멍을 통하는 이상, 간단하게 이룰 수 있는 것이 아니라는 것은 과거의 모든 민족의 역사가 잘 증명하고 있습니다. … 그러나 우리들은 이 문제에 무관심하지 말고 … 조선어교육에 진력해서 일상생활의 벗으로서 실무에 지장이 없도록 하는 것이 무엇보다도 우선 급무라고 생각합니다' 등의 내용이 보인다.[38)]

나아가『민중시보』는 야학을 통한 재일조선인 교육에 적극적이었다. 오사카시 동성구(東成區)의 김현배, 최명학, 홍성하는 자녀 교육을 위해 1935년 5월부터 동황야학소(瞳曠夜學所)를 설치, 운영했다. 월사금은 10전으로, 학생이 늘어나서 교육공간을 이전하여 가르쳤는데 8월 23일 갑자기 경찰이 해산을 명령하여, 50여 명의 학생을 갈 곳이 없게 되기도 했다.[39)]

이렇게『민중시보』는 재일조선인 일상의 모습을 의복과 주거문제, 생활과 위생, 그리고 다양한 방식의 재일조선인 교육 등을 통해 확인하게 한다. 1930년대 재일조선인의 일상적인 모습은 반일적인 모습과는 또 다른 보편적 삶의 모습도 갖고 있었다.

---

37) 『민중시보』(3) 1935년 8월 1일 8면.
38) 『민중시보』(13)(신년특집 1) 1936년 1월 1일 2면.
39) 『민중시보』(6) 1935년 9월 15일 3면.

4. 『민중시보』의 기사의 상호부조 보기

재일조선인의 삶에서는 보편적인 일상과 반일, 동화 등의 문제가 공존했
다. 그 가운데 보편적인 일상은 상호부조와 유기적인 관계를 갖고 있었다.
상호부조와 관련해서 『민중시보』는 소비조합, 친목회 등의 조직상황과 일
상적인 활동을 구체적으로 보여주고 있다. 이와 관련한 주요 기사를 보면
다음과 같다.

〈표 2〉 『민중시보』의 상호부조 관련 주요 기사

호수	기사
1호	대판식료품소매상조합
2호	한신지방 동포애
2호	대동친목회 창립
2호	동인협회 출현
2호	사룡친목회 창립
3호	성동소비조합 수재구원금품
3호	나고야형제 구원금
4호	(사설) 조선인 아동 입학 거절
4호	물건을 헐케 사려면: 소비조합
6호	지방적 차별 관념 타파하자
8호	동대판소조 창립 2주년
8호	경도조선인친목회
10호	백채 공동구입
10호	갱생한 중앙보육원: 친목회 동지와 유지의 협력으로
10호	운전수친목회의 미거
12호	신호노인회의 미거: 효부, 효자를 표창
13호	동대판소조 유지위원회 결성
13호	한신동화자치회(阪神東華自治會): 제6회 총회
13호	(신년특집(2)) 민중적 교양기관의 합법성을 획득하자
15호	동대판소조 정기총회 금지
16호	재경도조선인자동차운전수친목회 제4정기총회
18호	한신소비조합(阪神消費組合) 제6회 정기총회
27호	대동소조[40] 활동

주요한 항목인 재일조선인의 생활권 문제와 노동일상, 소비조합, 소비조합의 의연금 모집 활동, 친목회 등을 중심으로 그 내용을 정리해 보면 다음과 같다.

1) 운동을 넘어 일상으로: 생활권 문제와 노동일상

(1) 생활권 문제

일상의 문제를 『민중시보』 창간호는 배성룡의 「대중의 생활권 옹호와 그의 신장에 분투하라」는 글을 통해 확인하게 한다. 여기에서 배성룡은 '동인의 희생적인 노력으로 생활권 옹호에 적극 나서 효과가 있기를 기대한다'고 자신의 견해를 피력했다.[41]

실제로 『민중시보』에는 생활권의 확립에 관한 기사나 논설을 적극 게재했다. 처음부터 『민중시보』에서는 생활권의 확립이 '요령'에 있었다. 일본 내지에서의 생활권의 확립을 위해서는 우선 여러 차별의 시정, 폐지가 요구되었다. 당시 '조선인'은 '조선인'이기 때문에 공장 등에서 고용이 거부되고, 일자리를 얻으려고 해도 민족차별 임금을 강요당했다. 나아가 '조선인'이라는 사실이 알려지면 집을 빌릴 수가 없고, 게다가 행정당국은 '조선인'에 대해서 집을 빌려주지 말 것을 결정했던 가주협회에 추수적 태도를 취했다.[42] 당시에는 '조선인'의 거주권을 지켜주는 법규나 보호시설이 없었던 것이다.[43] 문제는 도항에서부터 존재했다. 일찍이 1920년대 중반에도

40) 대동소비조합이다.
41) 『民衆時報』(창간호), 朴慶植 編, 『朝鮮問題資料叢書』 第5卷, アジア問題研究所, 1983, 532쪽.
42) 「(사설) 차별문제와 주택문제」, 『민중시보』(10) 1935년 11월 15일 1면.
43) 「(사설) 주택난과 보호시설」, 『민중시보』(16) 1936년 2월 1일 1면.

재일조선인은 밀항으로 온 경우에는 영장 없이 호출하여 강제송환되거나, 만약 정세가 불안하여 경계가 필요한 때 일본 경찰은 반드시 '조선인'에 대한 가택수사와 예비검속을 자행했다. 결국 '현해탄'은 국경이 되어버려 도항 저지가 보편적이었고, 결국 일시 귀선증명은 쉽게 얻을 수 없었다.[44]

당시 재일조선인은 생활권 문제와 관련해서 현명했다. 스스로의 생활을 다져가기 위해 필요하다고 생각할 수 있었던 것은 행정당국이나 일본인에 대한 비판만이 아니었다. 이와 함께 재일조선인 자신의 자조 노력과 의식의 근대화를 포함하는 문화적 향상에 의해서도 생활문제의 해결을 도모해야 한다는 것이 촉구되었다.[45] 물론 다른 관점도 보인다.『민중시보』에 게재된「각계 인사의 신년소감」에서는 '경제적 권리와 정치적 자유가 있다면 다른 이야기이지만, 아무 것도 갖지 못하고 맨손으로 풍습과 언어가 다른 이역만리에 있는 우리들은 누구에게 의뢰하고, 누구를 신뢰할 수 있는 것인가'라고 전제하며, 사회적 역량을 집중하고 서로 옹호하고 구제하는 방법에 의의와 의미가 있다고 했다. 한신소비조합장 김경중은 조선인 유지는 계급의 차이와 사상의 좌우를 불문하고 조선인 전체의 발전을 도모하며, 일본의 전조선인의 사회적 세력 획득에 궐기하지 않으면 안 된다고 천명했다.[46]

(2) 재일조선인 노동자의 일상

1930년대 중반 재일조선인 공장 노동자의 생활은 먼저 유리공장의 경우를 통해 확인할 수 있다.[47] 구체적으로 보면, 공장에서는 아침 6시부터 저녁

---

[44] 「조선인에 대한 강제송환을 단연 폐지하라!」,『민중시보』(6) 1935년 9월 15일 4면.
[45] 도노무라 마사루 지음, 신유원, 김인덕 옮김,『재일조선인 사회의 역사학적 연구』, 논형, 2010, 318~319쪽.
[46] 『민중시보』(13)(신년특집 2) 1936년 1월 1일 2면.

5시까지 11시간 가운데 45분의 점심시간 이외에는 일을 해야 했다. 임금은 초급이 70전, 1년이 넘어도 1전도 오르지 않았다. 공휴일 임금도 8, 9개월이 넘어 노동자가 요구해야 주는 식이었다. 작업의 과정에서 병을 깨뜨리면 인간 이하의 대접을 받는데, 특히 조선인 견습공은 함부로 다루어졌다.[48]

실제로 재일조선인 청년들은 일본에서 밤이 늦도록 음주하는 분위기도 있었다. 이에 대해 일상생활의 절제의 의미를 왜 일본에 갔는지 그 이유를 물으면서, 조선에 있는 부모님과 계속되는 조선의 흉년, 그리고 국제 정제 등을 거론하면서 자숙을 유도하기도 했다.[49]

또한 당시 관서지역에서 재일조선인 여성노동자 문제는 재일조선인 해녀로 확인된다. 재일조선인 해녀가 일본에 들어간 것은 1931년부터라고 한다.[50] 문제는 생산된 수확물의 1/4도 주지 않는 임금의 현실이 문제였다. 실제로 천초[51]의 시세가 좋은 1935년에도 가격을 10전으로 정해 놓고 1전도 올려주지 않겠다고 했다. 50명의 제주 해녀들은 중간 관리인격인 주재원을 통해 이 문제를 제기했고, 15일 기다려 1전을 올려준다는 통고를 받았다.[52] 이에 대항하여 제주해녀들은 이 가격으로 일을 할 수 없다고 했고 파업을 단행했다.

문제는 이런 사실이 지역의 동사무소에 보고되었고, 결국 이들도 제주해녀에게 압제를 가하자 제주해녀는 귀향을 선택했다. 이렇게 되자 다시 논의의 장이 마련되었고, 마침내 제주해녀는 승리를 할 수 있었다.[53] 일상적

---

47) 최창선, 「우리의 공장생활」, 『민중시보』(2) 1935년 7월 15일 8면.
48) 최창선, 「우리의 공장생활」, 『민중시보』(2) 1935년 7월 15일 8면.
49) 「(사설) 절제 있는 생활을 하자!」, 『민중시보』(14) 1936년 1월 1일 1면.
50) 일해녀, 「원정해녀군의 직업전선담(1)」, 『민중시보』(6) 1935년 9월 15일 8면.
51) 우뭇가사리를 말한다.
52) 일해녀, 「원정해녀군의 직업전선담(1)」, 『민중시보』(6) 1935년 9월 15일 8면.
53) 일해녀, 「원정해녀군의 직업전선담(2)」, 『민중시보』(7) 1935년 10월 1일 4면.

으로 재일조선인 해녀도 노동자로서의 모습을 보이면서 단결을 통해 승리를 획득할 수 있다는 인식을 갖게 되었다.

2) 상호부조의 조직과 활동

(1) 소비조합

재일조선인 소비조합 관련해서는 한신지역의 재일조선인 소비조합 조직이 확인된다. 『민중시보』에는 오사카소비조합(大阪消費組合)[54] 산하로는 히가시오사카지부(東大阪支部)와 관련해서 1935년 10월 1일 지부 설립 2주년 행사를 했다는 기사가 보인다.[55] 구체적인 내용을 보면, 창립 2주년 대의원대회를 열었는데, 이 자리에서는 신광원이 사회를 보고, 신대유가 좌장을 맡았다. 경제적 생활의 향상을 도모한 이 조직은 조직 확대와 기금 마련에 성공한 경우라고 평가된다.

또한 히가시오사카소비조합(東大阪消費組合)과 관련한 내용은 히가시오사카소비조합유지위원회(東大阪消費組合維持委員會)가 권상익, 김수명, 권중옥, 박대용 등이 유지위원으로 1935년 12월 13일 결성되었던 내용이 확인된다.[56] 이 조직에서는 결의사항으로 유지방침 확립의 건을 결의했는

---

[54] 오사카소비조합은 일소연(日消連) 산하의 소비조합이다. 1934년 당시 오사카의 주요 소비조합은 다음과 같다. 大阪消費組合, 大同消費組合, 権愛消費組合, 東大阪消費組合(以上日消連系) 栗本共益社, 錦支部消費組合, 大阪陶業労働組合事業部, 北栄社(以上總同盟系) 南恩加島支部購買組合, 大阪運輸交通消費組合, 港南消費組合, ミナト消費組合(以上全労系)(『大阪毎日新聞』1934년 10월 4~6일.
　　오사카의 소비조합사는 다음의 논문을 참조. 杉本貴志, 「大阪, 日本, そして世界の消費者運動と協同組合運動」, 『都市經濟の諸相』, 2011年; 杉本貴志, 「Ⅶ 大阪における消費者協同組合運動の展開(1)」, 『關西大學經濟政治研究所 第185會産業セミナー』, 2010年 6月).

[55] 『민중시보』(8) 1935년 10월 15일 2면.

데, 그 내용은 '실천적 일상생활을 통하여 각 층 각 방면으로 유지회원을 획득하는 동시에 그 유지회원의 기능을 통하여 일반 민중의 사회적 신념을 집중하고 회원 각자로부터 월정회비를 징수하여 기본적립금을 적립하도록 하고 소비조합의 유지에 노력함은 물론 일반 근로민중의 비상적 구제에도 충당하기로함'이다.[57] 이렇게 히가시오사카소비조합은 기본적인 적립금을 통해 조직의 유지에 노력했는데, 소비조합 유지를 위한 유지위원회를 통한 방식을 채택했다. 반일적인 투쟁으로 히가시오사카소비조합은 정기총회가 금지되는 일도 있었다.[58]

그런가 하면 소비조합운동은 재일조선인에게 주요한 음식인 김치를 만드는 일인 김장에 주목했다. 오사카소비조합(大阪消費組合) 동부지부(東部支部)에서는 백채(白菜)공동 구입을 계획하여 적극적으로 활동했다.[59]

전술했던 야학의 경우 한신소비조합(阪神消費組合)[60]이 운영한 경우도 확인된다. 한신소비조합 아오키출장소(靑木出張所)의 경우 1935년 1월 야

56) 『민중시보』(13) 1936년 1월 1일 2면.
57) 『민중시보』(13) 1936년 1월 1일 2면.
58) 『민중시보』(15) 1936년 1월 1일 2면.
59) 『민중시보』(10) 1935년 11월 15일 3면.
60) 한신소비조합은 1931년 3월 효고현(兵庫縣) 아마가사키시(尼崎市)에서 결성된 재일조선인의 좌익적 성격의 소비조합, 생활협동조합이라고 할 수 있다. 일본에서는 1920년대 중반 이후 노동운동의 일환으로서 소비조합운동이 활발했는데, 한신소비조합은 이에 더해 효고현 조선노동조합의 해소와 그 조합원의 일본노동조합전국협의회(전협) 가입을 배경을 설립되어 전협에 가담하지 않은 조선인들을 조직했다. 중심인물은 김경중으로 아마가사키시 쓰키지(築地)에 본부를 두고, 니시미야(西宮), 나루오(鳴尾), 아시야(蘆屋), 아오키(靑木) 등에 지부를 만들었다. 전성기에는 450가구가 가입했다. 일상 활동은 쌀, 된장, 간장, 명태, 고추 등을 시가보다 20~30% 싸게 파는 것이지만, 『한쇼(阪消)뉴스』를 발행하거나 야간부를 마련해서 문자의 보급 활동 등도 펼쳤다. 또한 1934년의 무로토(室戸) 태풍으로 인한 재해, 1936년의 한반도 남부 수해 등에 대하여 적극적인 구호활동을 벌였다. 아마가사키의 융화 단체인 내선동애회(內鮮同愛會)와 대립했다(국제고려학회 일본지부'재일코리안사전' 편집위원회 편찬, 정희선 외 역, 『재일코리안사전』, 선인, 2012, 473~474쪽).

학부를 창립하여 운영했다. 책임자는 김병선으로 80명 명의 학생이 공부하고 있었다.[61] 이 야학은 많은 기금을 모금한 것도 확인된다.

1936년 2월 22일 한신소비조합은 정기 총회를 열었다. 이 조직은 일본소비조합연맹(日本消費組合聯盟) 가맹 단체[62]로 슬로건으로 '1. 일소련(日消聯) 깃발 밑으로, 1. 한신소비조합 확대 강화, 1. 미수를 청산하자!, 1. 조선인에게도 주택을 빌려주라!, 1. 조선인조합이라고 산업조합의 인가를 주지 않는 현당국의 차별 철폐 반대!' 등을 내걸었다.[63]

한편 소비조합 관련 흥미로운 기사는 재일조선인 소매상인의 움직임이다. 오사카 거주 조선인의 일반 식료품을 취급하는 소매상인은 오사카식료품소매상조합협우회선인지부(大阪食料品小賣商組合協友會鮮人支部)로 가입해 오사카식료품소매상조합협우회(大阪食料品小賣商組合協友會)에서 활동을 했다. 그 내용은 1935년 6월 20일 창립총회를 연다고 하는 기사로 확인되는데, 당시 100여 명이 모여 창립 준비 모임을 통해 조직을 준비하고 있었다.[64]

특히 경제적인 어려움을 극복하는 데는 낭비를 줄여야 하고, 일상의 일용품과 식료품을 싸게 사는 것이 중요하다면서 그 역할을 소비조합이 할 수 있다고 했다. 실제로 공동으로 구입하고 물건을 나누는 일이 번거롭기 때문에 그 역할을 소비조합에서 해 줄 것을 요구했던 기사가 『민중시보』에서는 확인된다.[65] 외상 거래를 철저히 막는 것을 거론했다.

---

61) 『민중시보』(10) 1935년 11월 15일 4면.
62) 『민중시보』(18) 1936년 3월 1일 3면.
63) 『민중시보』(18) 1936년 3월 1일 3면.
64) 『민중시보』(1) 1935년 6월 15일 6면.
65) 『민중시보』(4) 1935년 8월 15일 8면.

그런가 하면 재일조선인의 경우 소비조합의 활동 가운데 상호부조적인 모습으로 특기할 만한 내용은 구원금 모집 활동이다. 재일조선인은 조선 내의 재해와 일본에서의 재해에 대해 적극적으로 대응했다. 특히 한신연선(阪神沿線)의 나루오(鳴尾)에 수재가 발생하여 사람들이 갈 곳이 없어지자, 이용숙, 변상준, 임명률, 안창언이 이재민을 각자의 집에서 숙식하게 했다.[66]

성동소비조합(城東消費組合)은 1935년 6월 서일본일대의 수재 이래로 관서지방의 수해로 이재를 당한 사람을 대상으로 대동소비조합(大同消費組合)을 통해 이재민들에게 구원금품을 전달해 달라고도 했다. 이 조직은 일본소비조합연맹 산하 관동소비조합연맹 산하 조직이었다.[67] 당시 수재에 나고야지역의 재일조선인 '동포'는 수재의연금을 모아서 교토의 이재 재일조선인에게 보내기도 했다.[68] 실제로 당시 수재로 인한 학교의 개축 공사와 관련하여 재일조선인의 기부가 없게 되자 재일조선인 자녀에 대한 교육의 기회가 분리되기도 했다.[69]

그런가 하면 대동소비조합은 이사회를 열고 1936년 8월 26일 조선 수해에 대한 대책을 수립하고 수집위원을 통해 돈을 모금하고 뉴스를 발행하여 이를 적극 홍보하기도 했다.[70] 당시 이사회는 김경중이 주도했다.[71]

---

[66] 「폭우중 판신지방의 동포애」, 『민중시보』(2) 1935년 7월 15일 4면.
[67] 『민중시보』(3) 1935년 8월 1일 4면.
[68] 『민중시보』(3) 1935년 8월 1일 4면.
[69] 「사설 조선인아동 입학거부에 대하야」, 『민중시보』(4) 1935년 8월 15일 1면.
[70] 『민중시보』(27) 1936년 9월 21일 2면.
[71] 이 김경중은 한신소비조합 이사장을 맡기도 했다(『민중시보』(18) 1936년 3월 1일 3면).

2) 친목회

재일조선인 사회의 다양한 지역의 친목조직으로는 친목회, 자치회, 향후회 등이 조직되었다. 친목회는 상호부조의 다양성을 확인하게 만드는 구체적인 단체이다. 다양한 형태의 친목회가 『민중시보』에서 확인된다.

1935년 7월 7일 오사카시 히가시나리구(東成區 大今里町 339번지) 김진규의 방에서 대동친목회(大同親睦會)가 창립되었다. 43명의 회원으로 출범하여 회장은 강남섭이 맡았다. 조직의 목적을 상호친목과 인격향상, 생활개선에 두었다.[72]

동인협회(同人協會)는 1935년 7월 8일 3백여 명의 회원을 모아 조직되었다. 이 조직은 공제 협동의 조직으로, 문맹 타도, 민중교육을 내걸었다. 현실적인 문제에 주목한 것으로 평가되는 조직이다. 회장은 배기문이 맡았다.[73]

그런가 하면 경상남도 사천 출신의 모임으로 사룡친목회(泗龍親睦會)가 1935년 7월 7일 창립되었다. 120여 명의 회원이 모여 의장 설동찬의 사회로 열렸다. 주요 의안으로는 애경상조(哀慶喪弔)이고 회장은 정규찬이 맡았다. 아울러 김해친목회 창립 예고 기사도 보인다.[74]

당시 재일조선인 사회도 지역감정이 존재하여, 이런 상황을 타파하는 것이 절실했다. 실제로 일본 내에 거주하면서 남도 놈, 북도 놈, 전라도 놈, 경상도 문둥이, 제주도 놈, 육지 놈 등의 용어를 쓰고 있는데, 지역적 차이로 선악을 나누는 것은 무의미한 일이었다. 이것은 재일조선인 사회를 파

---

72) 『민중시보』(2) 1935년 7월 15일 4면.
73) 『민중시보』(2) 1935년 7월 15일 4면.
74) 『민중시보』(2) 1935년 7월 15일 5면.

별로 인도하는 일로, 오직 단결만이 살길이라는 것이다.[75] 여기에 기초하여 친목단체를 해소하거나, 연합체를 구성할 것을 제안하기도 했다.[76]

한편 동일 직종의 재일조선인 친목회의 경우 흥미로운 기사도 보인다. 교토조선유치원(京都朝鮮幼稚園)은 고광모가 주도하여 운영되는 조직으로 문제는 경영난이 발생하여 어려움을 당했던 일이 있었다. 이때 재교토조선인자동차운전수친목회(在京都朝鮮人自動車運轉手親睦會)의 지원으로 장소도 옮기고 이름도 재교토조선중앙보육원(在京都朝鮮中央保育院)으로 개명했다. 그리고 유지회를 통해 1천 원의 기금을 마련하여 운영하고 있다. 여기에 중요한 역할을 했던 재교토조선인자동차운전수친목회는 조선인 자동차운전수의 실업 구제, 취직 알선, 사고 조정 등에서 차별 대우를 받지 않으려고 출범했다. 이와 함께 각종 재일조선인의 사회문제에도 주목했다.[77] 정기적으로 모임을 통해 조직을 개편하기도 했다.[78]

고베노인회(神戸老人會)의 경우 50세 이상의 재일조선인인 가담한 조직으로 청년들의 지조 강화와 일반 민중생활에 기여하는 것을 목적으로 활동했다. 특히 1935년 11월 27일 효부, 효자상을 수여하는 행사를 통해 재일조선인 사회의 미풍양속을 유지 존속시키고자 노력하기도 했다.[79]

한편 한신동화자치회(阪神東華自治會)가 1935년 12월 8일 제6회 정기총회를 열어 임시집행부를 조직하여, 의장 이기홍, 부의장 김병선, 서기 이동섭을 선정하고 회의를 통해, 회장 이체원, 부회장 이상환을 선임했다. 아울러 야학 확장의 필요와 소비조합의 유지 문제 등에 대해 결의했다. 구체적

75) 김미동, 「지방적 차별 관념을 타도하자」, 『민중시보』(6) 1935년 9월 15일 1면.
76) 김미동, 「지방적 차별 관념을 타도하자」, 『민중시보』(6) 1935년 9월 15일 1면.
77) 『민중시보』(10) 1935년 11월 15일 4면.
78) 『민중시보』(16) 1936년 2월 1일 4면.
79) 『민중시보』(12) 1935년 12월 15일 3면.

으로는 민중교육의 필요성을 재차 천명하고 야학 내용의 충실을 도모하고 노동아동과 문맹 교육에 주목할 것도 거론했다. 소비조합 문제에 대해서는 일반 소비대중이 주목하는 '생산업자로부터 직접 소비대중에게'라는 표어는 아래 생활비 팽창을 완화하기 위해 우선 한신소비조합의 지지, 원조를 결의하는 모습도 확인된다.[80]

이상과 같이『민중시보』는 재일조선인 일상의 또 다른 모습으로 상호부조적 내용이 확인된다. 1930년대 중반 상호부조와 관련해서는 재일조선인의 소비조합, 친목회 그리고 소비조합의 구원금 모금 활동을 다각적으로 확인할 수 있었다.

5. 맺음말

결론적으로『민중시보』는 1930년 이후 재일조선인의 일상의 삶과 상호부조적 모습을 확인하게 해 주었다.

기본적으로『민중시보』는 생활의 근대화, 합리화를 추진할 것, 각종 지식의 보급 등 근대적 주체·합리적 정신을 확립해야 할 것을 보도했다. 그리고 실천을 독자들에게 호소하는 논설이 게재되어 있었다. 아울러 공동구매에 주목했고, 문맹퇴치 사업과 야학 등을 설치하여 운영했으며, 나아가 애경사에 적극적인 동참을 피력했다. 유치원 교육에도 주목하는 모습을 확인할 수 있었다.

구체적으로『민중시보』는 반일적 성격에서 나아가 일상의 삶은 의복과 주거문제, 생활과 위생, 그리고 교육활동 내용 등을 확인하게 했다. 실제로

---

80)『민중시보』(13) 1936년 1월 1일 2면.

노동자로서 재일조선인은 보편적인 삶의 양태를 일본 사회 속에서 가져갔다. 그 모습은 보편적인 재일조선인의 삶 그 자체였다.

나아가 『민중시보』의 또 다른 모습은 상호부조적 모습으로 확인했다. 상호부조와 관련해서는 먼저 재일조선인의 생활권 문제와 노동자의 일상, 소비조합, 친목회 그리고 소비조합의 구원금 모금 활동이 적극 서술되었다. 여기에서는 민족성을 그대로 표출하고 있다고 보인다.

물론 『민중시보』는 재일조선인의 1930년대 중반 이후 모습을 반일운동에 토대가 된 대중조직을 갖고, 일본사회에서 일상을 그리고 있었다. 그 가운데는 자주적, 진보적인 상호부조적 모습을 보이기도 했다.

권력이나 자본의 억압에서 벗어나 인간의 자율과 연대를 지향하는 가치나 원리 그리고 이를 실현하기 위한 조직과 실천 활동을 연구하는 것은 절대 쉬운 일은 아니다. 특히 국가 중심적 사고에서 벗어나 로컬 삶의 현장에 기초한 조직이나 활동에 주목하여, 그 의미와 로컬리티로 이어지는 계기와 가능성을 탐구할 것은 새로운 연구의 지형을 형성하는 일이다.

이런 차원에서 재일조선인의 로컬리티와 관련해서 일상의 삶과 상호부조적 내용은 로컬이 한편으로는 자본이 추구하는 이윤 논리와 권력의 위계 논리가 가장 철저하게 관철되는 현장인 동시에, 다른 한편으로는 대면적 상호관계와 생활의 공동성 등을 토대로 인간성 회복을 위한 자율적 연대가 싹틀 수 있는 터전임을 확인하게 해 준다. 이런 측면에서 오사카의 재일조선인의 삶과 상호부조의 모습은 유의미한 일이라고 할 수 있다.

제5장

제5장
/
오사카 재일조선인 고권삼(高權三)

1. 머리말

일제강점기 오사카(大阪) 조선인의 모습을 그려 온 여러 사료들이 있다. 특히 신문에 많은 기사가 일본과 한국에서 확인된다. 그 가운데 르포 형식으로 사실을 구성하는 단행본은 거의 없는데, 『오사카와 반도인(大阪と半島人)』(東光商會, 1938)은 그 어떤 책보다 주목된다. 이 책은 일제강점기 신문, 잡지가 갖지 못한 강점을 지닌 사료로, 당시 상황을 또 다르게 묘사하고 있다. 특히 오사카를 배경으로 한 재일조선인[1]의 여러 계층을 이해하는 데 주목된다.

저자는 고권삼(高權三)이다. 와세다대학(早稻田大學)을 나온 지식인으로 조사를 위해 오사카에 거주하면서 이카이노(猪飼野)를 사실적으로 기록한 것이 『오사카와 반도인』이다.[2]

---

[1] 필자는 본고에서 1945년 이전 오사카의 조선인을 재일조선인으로 주로 칭하고, 원문이나 필요에 따라 조선인, 반도인, 자이니치 등의 영어를 채용하겠다.

그런데『오사카와 반도인을 통해 이카이노의 일상생활과 문화적 현상을 복원하는 일은 그리 쉽지 않다.『오사카와 반도인』은 그 어떤 책보다 사실적으로 이카이노를 그리고 있다. 이 책에 대해서는 도노무라 마사루(外村大)가 소개한 일이 있는데,[3] 그는 여기에 대해 국지적인 다문화주의라는 관점을 제기하기도 했다.

필자는 이카이노의 사실 복원은 재일조선인의 생활 문화의 원형을 밝히는 일이라고 생각하고 본서를 검토하고자 한다. 이를 위해 먼저 고권삼의 개인적 배경으로 학문적 경험을 살펴본다. 동시에 그의 황도철학도 검토하겠다. 이와 함께『오사카와 반도인』의 내용 검토와『오사카와 반도인』을 통해 이카이노 재일조선인의 일상을 살펴보겠다. 여기에서 필자는 다문화론적인 접근이 아닌 실체에 대한 복원을 생각하면서 고권삼과 그의 저서 『오사카와 반도인』을 통해 오사카의 재일조선인을 살펴보겠다.

2. 이카이노(猪飼野)와 고권삼(高權三)

1) 이카이노의 이미지

이쿠노(生野)지역 코리아타운은 시간적으로 볼 때 1950년대부터 1960년

---

[2] 이밖에도 고권삼의 주요 저서는 다음과 같다.『朝鮮近代政治史』(鋼鉄書院, 1930年),『近世朝鮮興亡史』(考古書院, 1933年),『朝鮮政治史鋼』(永田書店, 1933年),『極東の危機直面』(1937年),『大阪と半島人 内鮮同胞よ!』(東光商會書籍部, 1938年),『朝鮮政治史』(朝鮮新報社, 1947年),『朝鮮政治史』(乙酉文化社, 1948年),『わが国の政治史』(三洋文化社, 1961年).

[3] 도노무라 마사루 저, 김인덕・신유원 역,『재일조선인 사회의 역사학적 연구』, 논형, 2010. 고권삼의 주장을 도노무라 마사루는 국가적인 차원의 귀속의식이나 문화를 전제로 하지 않는 국지적인 다문화주의였다는 시각을 갖고 있었다고 한다.

대까지 돼지 삶는 냄새, 마늘, 김치 냄새가 뒤섞여 독특한 냄새가 나서 '더럽다', '냄새가 난다', '어둡다'라는 것 이 당시 '조선시장'의 이미지였다.[4] 1960년대에서 1970년대까지 정월과 추석, 설날에는 제사 물품을 구매하고자 하는 재일조선인으로 번성했다. 그러나 1980년대에 들어서면서 급격하게 한산해졌다. 우선 JR 쓰루하시역(鶴橋驛) 주변의 국제시장으로 손님이 몰리기 시작하면서, 접근이 불편한 조선시장까지 손님이 찾아오지 않게 되었기 때문이다.

일제강점기부터 이쿠노 코리아타운은 형성되어 있었다. 그리고 이 가운데 재일조선인은 생존해 왔다. 단순히 재일조선인의 모습을 더럽고 냄새나는 존재라는 것은 지나친 확대 해석이고 그 주체는 일본인, 일본사회였던 것은 사실이다.

이쿠노지역에서 생활상의 차별은 절대적으로 주택문제가 중요하게 작용했다. 일제강점기 재일조선인은 집을 구하기 위해 일본인의 이름을 차용하거나, 일본인보다 높은 집세와 임대조건을 수용했다. 그리고 일본인 집주인은 집단 합숙, 건물의 지저분한 사용, 임대료의 체납, 계약위반 등을 들어 임대를 거부하고 퇴거를 원했다. 이에 따라 주택쟁의는 끊임없이 발생했다. 또한 조선인촌의 토대인 저지대·습지대·하천부지 등이 대부분 시유지였기 때문에 시당국과의 분쟁도 불가피했던 것이 사실이다. 이러한 현상은 전후에도 일정하게는 유사한 부분이 없지 않았다. 물론 최근의 현상으로 확대 해석하기에는 한계가 있다. 이쿠노지역 집거지의 재일조선인의 존재는 새로운 모습으로 형성되기 시작한 부분이 있기 때문이다.

오사카시의 경우 1970년대까지 시영주택에 외국인들의 거주를 배제해

---

4) 김인덕, 「최근 주거·집거지역의 특성과 사회·경제적 상황: 시론: 역사적으로 보는 生野지역 재일코리안 연구」, 재일코리안연구소, 『재일코리안의 이주와 정주』, 선인출판사, 2013.

왔다. 따라서 재일조선인은 공공임대주택 거주 비율이 매우 낮고, 민영임
대주택에 의존하는 비율이 높다. 재일조선인은 주거유형 별로는 동일주택
에 부모와 자녀가 함께 거주하는 경우가 많고, 직업 역시 차별구조의 영향
을 덜 받는 영세자영업 종사자가 많다고 할 수 있다.

전체로서의 재일조선인 주거지역의 전형적인 모습은 최근까지 집거지의
경우 나가야(長屋)의 밀집, 대로변이 아닌 뒷골목, 영세공장과 주택이 혼용
된 거주형태로 상징된다.

그런가 하면 재일조선인 사회는 세대가 1세에서 2세, 3세, 4세·5세로
교체되면서 변해 왔다. 전통적인 제사와 명절은 간소화되거나 지내지 않고
있다. 따라서 시장의 구조는 여기에 따라 변해 새로운 점포로 바뀌는 현상
이 나타났다.

특히 1948년 남북한에 정권이 수립되면서 또 다른 현상이 이곳 이쿠노
지역에서 나타났다. 남북분단으로 인해 재일조선인끼리 반목하게 되는 현
상이 나타나고 '조선시장'을 비롯한 이곳 집거지역을 급격히 변하게 만들었
다. 아울러 남북분단의 영향은 1965년 체결된 한일기본조약 이후 현저해졌
다. 한일기본조약에 따라 남쪽에 고향을 둔 재일조선인은 고향으로 왕래가
가능하게 되었다.

1985년 국적법 개정 이후 일본국적을 가진 자녀들이 증가하고 있다. 이
러한 재일조선인의 상황 개편과 세대교체는 조선인의 생활 문화를 전면적
으로 후원하고, 이 일을 생업으로 해온 '조선시장'의 재일조선인에게 방향
전환을 요구했다.

1980년대 이후 미유키모리(御幸森)상점 자체에도 변화가 나타났다. 대
형점포인 대규모 슈퍼마켓이 진출함으로써 일본 각지의 상점가는 쇠퇴했
고, 이 영향은 '조선시장'에도 나타났다. 마침내 1993년 미유키모리상점의
핵이었던 쓰루하시 공설시장이 폐지되었다. '조선시장'은 1920년대 일본어

를 구사하지 못하는 여성들이 근처에서 야채와 미나리 등을 뽑아 양념을 하여 맛을 낸 반찬을 노천에서 팔기 시작한 것이 시초였다. 그러나 그 모습은 잘 기억되지 않는 것도 현실이다.

한편 해방 이후 암시장으로 출발해서 성장한 쓰루하시국제상점가는 한류를 비롯한 한류스타와 음식, 먹거리 등의 제품을 파는 가게 등이 계속해서 생겨났다. 이마자토신지(今里新地) 일대는 일본 내 최대의 여성 불법체류 지구라고 추정하기도 한다. 유흥업소를 이용하는 손님과 점주들이 대부분 '한국인'으로 일본어를 전혀 몰라도 일하는 데 불편함이 없기 때문이다. 이것이 오늘날 집거지 재일조선인의 또 다른 모습니다.

이쿠노지역은 1945년 해방 이후도 재일조선인 집거지역으로 일본 경찰의 눈에 거대한 그레이존과 같은 지역이었다. 전전 이후 경찰이 위조한 외국인 등록증을 가진 불법체류자를 밝혀내려고 해도 이곳에 잠적하면 찾아내는 것이 매우 어려웠다. 밀항자들이 친척이나 고향사람의 집에 은신하기도 했고, 최근에는 밀항으로 들어오는 사람보다는 단기비자로 입국해서 불법 체류하는 경우도 많아졌다.

2) 『오사카와 반도인』의 저자 고권삼

고권삼은 도노무라 마사루에 따르면 생몰년 미상이다.[5] 1945년 해방 전 일본에서 조선정치사와 재일조선인에 관련된 일본어 저작을 출판했다. 1927년에 와세다대학을 졸업한 뒤에, 다시 같은 대학에서 정치철학을 전공했다. 제주도로 가서 제주공립농업학교와 국방청년학교에서 교편을 잡았다.

---

5) 국제고려학회 편, 정희선·김인덕·신유원 역, 『재일코리안사전』, 선인출판사, 2012. 앞으로 『재일코리안사전』만 표기한다.

고권삼은 양반 집안 출신으로 판단된다. 일본에 가기 이전에 이미 제주
도에서 활발한 지역운동을 했던 것으로 보인다.[6] 특히 와세다대학 시절에
는 다카노 후사타로((高野房太郎)[7]와 직공의우회(職工義友會)를 조직했던
양복직공이었던 사와다 한노스케(澤田半之助)의 도움을 받았다. 이때 현실
노동문제에 많은 관심을 갖게 되었을 것으로 추측해 본다.

한편 고권삼의 주변 관련해 아들[8]의 행적을 볼 필요도 있다. 아버지의

[6] 형 고권삼은 제주도 성산읍의 대표적인 항일운동가이다. 본관은 제주(濟州)이며, 출신지
는 제주도 성산읍(城山邑) 온평리(溫坪里)이다. 어렸을 때부터 일본배가 와서 제주도를
수탈하는 것을 보고 분개했다. 1921년 성산포(城山浦)를 중심으로 영주소비조합을 창설
하여 민족자본의 토대를 구축하고 동포의 권익을 보호하려고 했으나 3년 만에 해산되었
다. 1922년 2월 정의교육기성회를 설립하여 성산공립보통학교를 설립하는 데 이바지했
다. 1925년 성산면 청년회 대표로 제주청년연합회에 가입하여 집행위원으로 활동했다.
1927년 1927년 5월 16일 정의면 청년회가 주관한 제주 성산면 체육대회에서 씨름 대회가
열렸는데 때마침 입항한 일본인 선원 및 이들에게 고용된 타지 사람 등 200여 명이 구경
하다가 일본인 선원이 대전을 청하여 수락했다. 대전 결과 일본인 선원은 패했으며, 재대
전을 요구하자 '규칙상 불가하다'는 이유로 거절당했다. 이에 일본인 선원이 심판원 박규
언의 뺨을 친 것을 시작으로 조선인 청년과 일본인 선원들 간에 싸움이 벌어졌고, 평소
일본인에 불만을 품은 사람들의 감정이 폭발하여 집단싸움으로 번졌다. 일제는 이것을
기회로 항일적인 청년들을 체포했으며, 당시 정의면 청년회장을 맡고 있던 고은삼도 이
에 포함되었다. 그는 1927년 광주지방법원에 회부되어 징역 3년이 선고되었으며, 공소
결과 대구복심법원에서 무죄가 되어 풀려났다. 1945년 8월 해방 후에 초대 성산면장(聖
山面長)이 되었고, 1947년 7월 독립촉성회총성화국민회 제주도지부 부위원장에 선출되었
으나, 그해에 순직했다(한국역대인물종합정보시스템 참조).

[7] 다카노 후사타로(高野房太郎, 1869.1.6~1904.3.12)는 메이지시기 일본의 노동조합운동의
선구자이다. 나가사키현(長崎縣)에서 태어났다. 사회통계학자인 다카노 이와사부로(高野
岩三郎)는 동생이다. 고등소학교를 졸업한 이후 1886년에 도미하여 미국에서 1891년에
직공의우회를 결성한 미국노동총동맹(AFL)의 회장인 사무엘 곤파즈의 영향을 받았다. 사
무엘 곤파즈는 다카노 후사타로를 AFL의 오르그로 임명했다. 귀국한 이후에는 가타야마
센(片山潜) 등과 노동조합기성회를 결성했다. 일본의 생활협동조합운동의 선구자이기도
했다. 중국의 칭따오(靑島)에서 사망했다(法政大学大原社会問題研究所 大原デジタル
ミュージアム, 高野房太郎と労働組合の誕生 참조).

[8] 확인되는 자녀들로는 고태길, 고태보, 고박, 고수남, 고태붕, 고복형, 고덕형, 고태염, 고
수형, 고옥경이다(고박 인터뷰, 2013.2.22, 오사카시 쓰루하시역 2층 커피숍). 이 가운데
고박은 오사카경제법과대학 교수이다.

뒤를 이어 학자의 길을 갔던 고태보가 있다. 아들 고태보에 대한 행적을 정리해 보면, 형이 고태길이다. 그는 1939년 7월 25일생이다. 영화로도 만들어진 소설 『피와 뼈(血と骨)』의 무대였던 오사카시의 히가시나리구(東成区)에서 일본의 5형제 중의 차남으로 태어났다. 작가 양석일(梁石日)과 이웃에 살았다. 이로 인해 어머니의 일상의 모습이 『피와 뼈』에 묘사되어 있는 것은 유명하다. 아버지 고권삼과는 잠시 살았던 것 밖에 없었다고 한다. 아버지가 한국에 돌아가고 형이 일찍 사망하여 어머니와 남은 일본의 형제와 살았다. 극빈한 생활을 하여 어머니가 자는 모습을 한 번도 본 적이 없었다고 한다.

고태보는 교토대학(京都大学) 농학부에서 공부했고 육종학의 전문가이다. 그는 1970년대 초에 재일조선인 농학박사로는 처음으로 제3세계를 경유하여 불가리아에서 열린 국제학회에도 참가한 경력을 갖고 있다. 정력적으로 학술활동을 전개하여 일본 각지를 비롯해 한국, 북한, 중국, 러시아, 유럽, 미국의 연구 현장과 학회에 참가했다. 그 가운데 세계 각지의 한국인 학자들과 교류를 증진하고 남북이산가족 재회사업에도 적극 관여했다. 1996년 열린 세계 한민족 과학기술자 종합학술대회에도 참가했다. 죽기 전에 그는 국민에게 제일 중요한 것은 정치라고 했다. 최고의 과학기술도 뛰어난 지식도 정치에 의해 비로소 그 빛을 발하게 된다는 것이다. 죽을 때까지 일본 국적을 취득하지 않았다.[9]

이런 고태보는 국제고려학회, 한국학에 주목하여 그 의미를 규정하고 있다.[10] 먼저 국제고려학회는 코리아(Korea)에 대한 활발한 연구와 이를 통한 학자들 사이의 교류를 목적으로 한다면서 여기에서 코리아(Korea)학에

---

9) 「고태보항」, 일본어 위키피디아 참조.
10) 高泰保, 「「Korea学」を考える」, 『日本支部通信』 第6号, 1996.6 참조.

대한 개념을 규정했다. 그는 코리아학은 조선학, 한국학이라면서 "조선(반
도)와 조선민족의 문화양상의 역사적 소산을 검증, 종합하고 그 성과에 기
초하여 문화의 존재 양상과 같은 것에 관한 현재와 미래의 문제를 논하는
학술적, 종합적인 학문이다."고 했다. 그리고 코리아학에서는 해외의 조선
족 이른바 한민족의 연구자가 가장 중요한 역할을 할 것이라고 했다. 이렇
게 고태보는 한국학의 새로운 개념을 통해 한민족 연구의 지형을 넓히고
새로운 분야를 개척하는 데 기여했던 것이다.

3) 고권삼의 황도철학

(1) 아이롱주의

고권삼은 실제로 아리랑에 대한 학설을 갖고 있는 사람이다. 이른바 그
는 아이롱(啞耳聾)설을 주장했다. 회고에 따르면 그는 일제강점기 아이롱설
에 대한 저서를 여러 차례 출판하려고 시도했으나 검열에 걸려 출판할 수
없었다. 1947년 조선신보사(朝鮮新報社) 출판으로 『조선정치사』[11]의 제4
편에서 이것을 공간할 수 있었다.

그는 아이롱설에서 아리랑은 조선시대 초에 발생했다는 견해를 제시했
다. 그것은 유럽의 르네상스운동이 한반도까지 보급되었다고 하는 독자적
인 시점에서 출발했다. 그리고 아리랑은 민족의 저항정신을 주장하는 가곡
이라는 것이다. 고권삼은 고려왕조의 멸망부터 조선이 개국하는 시대에 많
은 피가 흘렀던 역성혁명의 반골정신이 아리랑의 어원이라고 했다.

이 아이롱설은 살기 힘든 세상을 살아가기 위해서 말하지 않고 듣지 않

---

11) 『조선정치사』 을유문화사, 1948.

는다는 의미를 갖고 있다고 했다. 특히 아리랑에서 나오는 고개는 역사적으로 곤란함을 상징하고 아이롱주의는 이 곤경을 극복하기 위한 현실적 행동원칙이었다고 한다. 고권삼은 아이롱주의가 인도 간디의 무저항주의와 동일하지 않다면서, 아이롱주의에는 적극성이 있고 그 상징이 3·1독립운동과 같은 실질적인 행동과 연계되어 있다는 것이다. 나아가 아이롱주의는 비폭력, 비공동(非共同) 그 이상으로 정치적 가치가 있고, 문화적으로도 진보하면 할수록 더욱 빛을 발한다는 것이다. 정치상 위대한 존재가 아이롱주의로 조선정치사를 보다 더 진화시킨 문화적 요소라고 했다. 평화 없이는 건설이 없고, 건설 없이는 문화가 없고 문화 없이는 행복이 없다면서 한국 국민은 진정한 평화의 사도로 인류 평화의 지도자라고 했다. 결론적으로 '아이롱주의 철학은 평화주의 철학이다'라고 했다.

(2) 황도철학

일제강점기 고권삼 사상을 확인할 수 있는 지점이 왕도철학, 황도철학에 대한 입장이다. 그는 1941년 『동아신문(東亞新聞)』에 실은 글을 통해 왕도철학의 본질과 황국신민으로서의 역할, 나아가 아시아 민족의 황도철학에 대한 검토를 권하고 있다. 이런 내용은 본문에서 자세히 살펴보겠다.

고권삼의 황도철학은 「왕도철학과 황도철학」을 통해 확인해 볼 수 있다.[12] 그는 대동아공영권건설운동이 동방 도의문화의 기초에 있다는 전제 아래 자신의 논리를 전개하는데, 동방 전통문화의 기초가 동양철학이고, 동양철학에는 '황도철학'과 '왕도철학'이 있다는 것이다. 그리고 그는 '황도'

---

[12] 고권삼은 이 글을 5회에 걸쳐 『동아신문』(1941.10)에 연재했다(『친일반민족행위관계사료집』 XI, 선인, 2009. 이하 『친일반민족행위관계사료집』 XI로 표기한다).

와 '왕도'를 구별하는 것은 양자의 상이점의 본질을 분명히 하는 것이 아니라면서도 양자의 상이점에 대해 다음과 같이 얘기한다.

> 나는 일본 민족이 그 견확한 민족의지력으로 생성발전, 만유화육의 역사철학으로 황도를 완성한 사실과 왕도사상이라는 것이 지나민족의 민족의지력의 종합을 저해하는 역할을 한 점에 양자의 차이를 찾는다.[13]

부언하기를 '황도'는 '실천철학'이고 '왕도'는 '자연철학'이라면서 "일본 군인이 죽임에 임하여 천황폐하 만세를 외치고 환희 가운데 숨을 거두는 것은 그 생명을 천황폐하에게 귀일시키는" 천황을 통한 도덕적 신앙에서 나온다고 억지 논리를 만들어 냈다. 즉, 자연철학의 논리를 천황 중심의 황도철학, 이른바 천황 숭배를 당연한 사실로 논리를 만들어 내고 있다.

고권삼은 손문의 경우도 민족주의를 중시한다고 하고, 손문은 삼민주의로 왕도철학의 결함을 보충하려 한다면서, 삼민주의는 해방된 경우는 죽은 것이나 다름없다고 했다. 그리고 진정한 민족정신, 민족 생명은 황도정신으로 영원히 사는 것이라고 했다.

조선과 관련해서는 조선 민중이 일본의 황도철학을 이해하지 못해 진정한 정신적 결합이 아직도 이루어지지 못했다는 황도철학 절대주의를 강변하고 있다. 이른바 만주사변 이후 조선민중이 황도철학의 진리를 파악하고 애국운동을 전개하고 있다는 것이다. '애국심 격발시대'를 맞이한 것은 '조선 민중'의 사상적 변천과 애국운동의 큰 길이라고 규정했다. 고권삼은 역사적 사실로 조선의 병합을 인정한 전제 아래 조선 민중이 전쟁에 참가하는 것을 애국심, 황도철학의 발로라는 비약을 거듭하고 있다.

---

13) 『친일반민족행위관계사료집』 XI, 1002쪽.

결론적으로 윤치호, 신흥우, 최린, 이광수, 장덕수 등이 임전보국단을 조
직하여 '애국운동'에 나서는 것이 "반도 동포의 애국심이 이제 완전히 성숙
한 증좌이다"고 했다. 마지막으로 고권삼은 황도철학으로 '애국운동'으로
나가는 것을 조선과 일본 민중의 큰 발걸음이라고 왜곡된 민중동원론을 표
출하고 있다. 나아가 대동아공영의 전제로 황도철학을 상정한 것으로 보인
다. 그 내용은 다음과 같다.

> 조선반도에서 반도 동포의 애국운동은 형식적인 일시적인 것이 아
> 니고 황도철학사상에 기초를 둔 진지하고 영렬(英烈)한 운동이 된 것
> 을 알 수 있다. 이제 내선의 1억 국민은 황도철학에 기초한 황도낙토
> 를 동아시아에, 아시아에, 지구상에 건설하고자 발걸음을 내디뎠다.
> 이렇게 왕도철학사상의 반도동포도 비약적으로 전진하여 황도철학
> 사상에 실제로 돌아 올 수 있었다. 나아가 다른 동아 제민족도 아시
> 아 제민족도 황도철학에 새로운 검토를 요망해 온 것이 아닐까.[14]

3. 고권삼의 『오사카와 반도인』

1) 1934년 오사카와 『오사카와 반도인』

1934년 고권삼이 『오사카와 반도인』을 쓴 시기는 협화회가 조직된 이
후이다. 그러나 조직에 대한 통제는 쉽지 않았다. 이에 따라 새로운 재일
조선인의 집거지가 형성되었다.[15] 실제로 1934년은 재일조선인에 대한 일
제의 내선융화사업이 본격적으로 시작된 해이다. 1934년 10월 「조선인이

---

14) 『친일반민족행위관계사료집』 XI, 1003쪽.
15) 정혜경선생님의 교시에 기초한다(2014.6.14, 한일민족문제학회 발표회, 숙명여대).

주대책요목」16)이 각의에서 결정되어 2년 뒤인 1936년부터 전국에서 협화
사업이 시작되었다.17) 1934년 5월 16일 오사카부내선융화사업연맹이 내
선협화회, 상애회 오사카본부, 제주공제회 오사카지부의 3개 단체로 구성
되었던 것이다.18)

이에 앞서 실제로 오사카부 내선융화사업조사회(이하 조사회)가 고안한
방침은 이후 협화회 활동의 기본노선이 되는데, 이 조사회는 1934년 4월
13일자로 오사카부고시로 설치되었다.19) 목적은 "오사카 거주 조선인의 보
호와 내선융화방책에 관한 중요한 사항을 조사, 심의"한다고 되어 있었다.

실제로 절대 다수의 재일조선인 살고 있던 오사카에서는 다른 지역보다
일찍이 협화사업이 실시되었다. 1934년부터는 교풍회라는 이름 아래 지역
마다 10세대에서 30세대씩 조선인 세대를 묶어 경찰과 오사카부사회과가
관할했다.

특히 교풍회의 제5분과위원회는 1934년 7월에 개최되어 결의사항에서
생활개선조합 조직 결성의 필요성이 제기된 이후, 결성작업에 들어가 1934
년 9월에 결성되었다. 이 교풍회는 오사카부 내선협화회의 조직으로서 이

---

16) 주요한 내용은 "조선인이 내선인 간에 사건을 일으키고 내선융화를 저해할 뿐만 아니라
치안상에도 우려할 만한 사태를 발생시키므로 조선인을 조선 내에 안주시킴과 동시에 인
구가 조밀한 지방의 주민을 만주로 이주시키고 도항을 한층 감소하도록"한다는 것이었다
(內務省 警保局, 「特高警察通牒」, 朴慶植 編『在日朝鮮人關係資料集成』3, 12쪽). 특히 조
선인이주대책요목 가운데 이후에 조선인정책에 가장 큰 영향을 미친 방침이 된 것은 제4
항이다. "내지에서 조선인의 지도향상 및 내지융화를 도모할 것: 첫째, 조선인보호단체의
통일강화를 도모함과 동시에 그 지도, 장려, 감독의 방법을 강구할 것. 둘째, 조선인밀집
지대의 보안, 위생 그 외 생활상태의 개선향상을 보도할 것. 셋째, 조선인을 지도교화하
여 내지에 동화시킬 것."이 제4항이 이후 재일조선인정책의 기본노선이 되었다(히구치 유
이치 저, 정혜경 외 역, 『협화회』, 선인출판사, 2013, 34쪽).

17) 정혜경, 「일제하 재일한국인 민족운동의 연구: 大阪지방을 중심으로」, 한국정신문화연구
원 한국학대학원, 1999, 223쪽.

18) 姜徹 編著, 『在日朝鮮·韓國人史綜合年表』, 雄山閣, 2002, 100쪽.

19) 히구치 유이치 저, 정혜경 외 역, 『협화회』, 선인출판사, 2013, 35쪽.

마미아(今宮), 쓰루하시, 이즈오(泉尾)지역에 설치되었다.[20] 이를 통해 민족적 관습의 폐지, 일본식 복장착용 보급, 일본어와 일본 국가 부르기 지도, 국체 관념 보급 등을 주로 진행하고자 했다. 그리고 사업의 성과를 위해 조선요릿집이나 식당에 대한 감시를 철저히 하기도 했다.

그런가 하면 1930년대 중반 오사카의 고바야시쵸(小林町)에는 조선인 마을이 존재했다. 이 시기에 집주한 재일조선인은 1천여 명에 이르렀는데, 출신지는 영남인이 주류를 이루었다. 마차 하역업, 재제소 일꾼, 토목노동자가 많았다. 이 지역은 목재 집산지로서 재제소가 많았으므로 이와 관련한 직종이 많았던 것이다.[21]

이런 오사카지역의 상황에서 고권삼의 시점은 왜곡된 관점 속에서 그의 지향점만 확인된다고 보인다. 그는 외형적인 일상만을 보고 있다.

전술했듯이 당시 '조선시장'의 활황을 묘사하는 등 일단 흥미롭다. 정치적으로는 민족독립을 확실하게 내세우지 않고 오히려 일본제국의 시책을 기본적으로 긍정하는 입장을 주장했다. 단 식민지 하에서도 조선민족의 독자성을 부정하려 하지는 않았다. 여기에서는 일제도 그것을 인정해야 한다고 주장했다. 저서를 세간에 내놓은 동광상회(東光商會)는 오사카시 이카이노 3-4에 소재하는 이른바 조선인 집주지 속에 있는 전문적인 출판사가 아닌 재일조선인을 대상으로 하는 상점이었다.[22]

본 도서는 총 21개 주제를 선정해 서술하고 있다.[23] 기본적으로 '반도인'이라는 용어를 통해 내선융화적 입장을 견지하면서 서술을 전개하고 있다.

---

20) 히구치 유이치 저, 정혜경 외 역, 『협화회』, 선인출판사, 2013, 50쪽.

21) 崔碩義, 「私の原體驗 大阪小林町 朝鮮部落の思い出」, 「在日朝鮮人史研究」 20, 東京, 1990, 49~50쪽.

22) 『조선일보』 1934년 1월 3일자에 같은 주소의 「東光蓄音機商會」의 광고를 확인할 수 있다.

23) 『大阪と半島人』, 東光商會, 1938, 목차 참조. 앞으로 『大阪と半島人』으로 표기한다.

고권삼은 책의 목적을 "내선동포 결속에 일조하는 것"이라고 했다.

　구체적으로는 첫째, 조선인의 사상 동향을 거론했다. 오사카 조선인의 사상을 다루면서 김문준을 대표적인 인물로 거론하면서 사회주의와 공산주의 등의 이른바 '위험사상'을 갖고 있는 사람은 소수라는 것이다. 그리고 조선인 사상 전향을 거론하면서 국방헌금, 부인들의 비녀 헌납과 같은 일이 각지에서 나타난다면서 사상이 변하고 있다는 것이다.[24] 종국적 목표를 완전한 '내선동체'가 되는 것으로 설정했다.

　둘째, 오사카 조선인 사회의 규모와 구성에 대해 언급하여, 인구분포를 통해 오사카 조선인은 평양인구보다 많다는 사실을 분명히 했다. 특히 이카이노의 경우 조선인이 길을 다니는 사람 가운데 약 2/3를 차지한다는 것이다. 여기에서는 이카이노의 특수성을 주목하고 있다.

　셋째, 오사카와 조선의 역사를 언급했다. 여기에서는 1650년 전부터 온 조선인 도래인의 역사를 통해 오사카와 고대 한일 관계에 대해 서술했다. 오사카 시내 시텐노지(四天王寺)를 건립한 사람이 조선에서 온 사람이라고 했다.

　넷째, 조선인의 일상을 정리해 서술하고 있다. 특히 이카이노쵸(町)의 조선인 어린이를 언급했다. 여기에서는 다수 조선 어린이의 일본어 습득 상황, 스포츠 선수로서의 활동, 조선어 구사능력, 생활 등의 조선 어린이 일상의 모습을 구체적으로 보여 주고 있다. 고권삼은 이들의 일상에서의 빠른 적응을 다른 어떤 것보다 중시했다. 실제로 어린이의 경우 2년이 되지 않아 조선어를 잊는다는 것이다. 일본어 공부를 열심히 하는 이유는 성적 때문이라고 했다. 아울러 '조선시장'을 소개하면서 공설시장으로의 승격을 통한 내선일체의 구현, 경성의 7배 인구 거주지 상인의 박리다매로 인한 오사카의 싼 물가를 소개했다.

---

24) 『大阪と半島人』, 4쪽.

그리고 오사카 조선인의 다양한 직업으로 이사, 관리, 사무원, 상점 외판원, 생명사 외무원 등과 오사카 각종 학교의 조선인 고학생, 조선인 넝마주의, 고물상, 카페의 조선여성 등도 소개했다.

다섯째, 오사카의 일본인, 주요 조선인 인물에 대한 소개를 하고 있다. 먼저 조선경무국장 출신 이케다(池田)부지사를 소개하면서, 조선을 잘 알고 반도인을 잘 이해하는 인물로 평했다. 또한 조선인을 언급하면서 먼저 이선홍의 근황으로 중의원 의원선거에서 낙선한 사실을 들고 있다. 특히 박춘금과 대비적으로 그를 평가했다. 반도 출신의 소학교 선생님으로 쓰루하시고등소학교의 선생님 정필화(鄭畢和)를 사진과 함께 소개하고 있다. 정필화의 경우 부립이쿠노고등여학교에서 전체 수석을 했던 수재라고 소개하는데, 아버지는 정규영(鄭圭永)이라고 했다. 아울러 성공한 오사카 조선인으로 상인 정재관, 고철 상인이었던 양상림, 셀루로이드 공장주 이한명 등이 소개되고 있다.

여섯째, 오사카협화회의 융화운동을 소개하고 있다. 구체적으로는 오사카부협화회의 국어 일본어 사용 장려, 일본 옷, 신발 장려 등의 일상의 융화운동과 교풍회, 계명회 등의 단체운동, 동양철선(東洋鐵線)과 협화법랑제작소의 조선인 노동현실 등을 소개했다.

일곱째, 제주도와 오사카의 관련성에 주목했다. 필자의 고향이기도 한 제주도를 소개하고 역사적으로 1250년 전부터 제주도의 "왕족 고씨"가 오사카에 갔던 일을 서술하고 있다. 여기에서 오사카와 제주도의 관계가 시작되었다고 한다.[25] 특히 제주 여성의 왕성한 활동력에 주목하고 있다. 아울러 통항조합을 통한 제주도 사람의 활동을 거론했다.

마지막으로 오사카의 조선인이 내선동포의 선두에 서자고 하면서 제국

25) 『大阪と半島人』, 92쪽.

통치에 대한 '비애국적 행동'에 대한 응징을 거론했다.

　이상과 같이 오사카의 조선인은 다른 지역의 조선인과 달리 강한 응집력을 갖고 살았다. 그들은 지역을 대표하는 조직, 인물, 거주지를 갖은 존재였다. 이 속에서 재생산의 조선인이 교육을 통해 양성되는 모습도 확인된다. 이러한 일상을 통해 고권삼은 동화의 모습을 그리고자 했다. 문제는 고권삼의 시점에서는 전혀 『민중시보』에서 보이는 조선민족의 민족적 일상의 모습이 확인되지 않는다는 점이다. 당시 이카이노는 민중적 삶과 반일운동의 모습이 한 부분을 차지하고 있었다. 이에 대한 고권삼의 서술을 기대하는 것이 무리일지 몰라도 당시 분명한 또 다른 모습이었다. '동화'와 '항일'이 동시에 존재했다는 것을 고권삼도 잘 알고 있었을 것이다.

　2) 『오사카와 반도인』의 이카이노[26)]

　(1) 제주도식 일상

　제주도가 보이는 조선시장[27)]에 고권삼은 주목했다. 전술했듯이 1920년대 일본어를 구사하지 못하는 여성들이 근처에서 야채와 미나리 등을 뽑아서 양념을 하여 맛을 낸 반찬을 노천에서 팔기 시작한 것이 시초였다.

　고권삼은 제주도식 제사가 조상을 기리는 전통적인 유교식 행사라고 규정한다. 기제사 및 설날, 추석의 차례 등의 형식으로 지낸 것이다. 대부분의 가정에서 지키고 있다면서, 주로 도일 이후 사망한 사람의 제사를 지낸다고 했다. 이것은 동일 부계로 이어진 친척 가족이 모여 제사와 음복을

---

26) 별도의 주가 없으면 고권삼의 앞의 책을 참조한다.

27) 고정자는 최근 구술에서 일제강점기 이카이노를 아버지를 통해 얘기하고 있다. 「고정자 인터뷰」(오사카 쓰루하시 국제고려학회 사무실, 2013.2.25). 참조.

함께하는 자리이며, 친족 네트워크를 유지하고, 젊은 세대가 전통적 종교
문화에 친숙해지는 기회가 되고 있었다.

(2) 오사카 인식

'오사카의 반도인은 평양 인구보다 많다'라는 제목을 통해 보면 고권삼
은 일본 제일의 생산도시, 아니 동양 제일의 생산도시 오사카는 세계적으
로 이름이 높다고 평가한다. 이것은 고권삼의 인식의 한계를 보여주는 부
분이다. 이 오사카에서 '반도 동포'를 철수시키려고 하면 오사카의 대공장
의 기계는 거의 운전을 멈추게 될 것이라고 했다.

실제로는 1938년 시기 오사카에서는 전차 안에서도, 기차 안에서도, 또
자동차 안에서도 조선옷을 입은 동포가 보였던 것이 현실이다. 이것은 오
사카역사박물관의 최근 영상물에서 확인할 수 있다. 실제로 이카이노를 중
심으로 하는 조선인의 집거지에서는 길을 가더라도 조선옷을 입은 여자의
모습이 보이지 않는 곳은 없었다. 오사카의 히가시나리구 이카이노쵸 부근
에서는 어떤 때는 지나가는 사람의 3분의 2가 조선 사람이었다. 이것은 조
선인에 대한 경찰의 각종 자료를 통해서도 확인된다.[28]

특히 덴노지(天王寺)공원에도 양복을 입은 남자와 조선옷을 입은 여자
가 나란히 걷는 모습이 보이고, 오사카에서 조금 떨어진 다카라쓰카(宝塚)
공원의 식당 안에도 조선옷을 입은 여자가 식사하는 모습은 일상적이었다.
오사카의 1930년대 후반 조선인은 일본 사회 속 조선을 대변했다. 그럼에

---

[28] '만들어진 국민'이라는 오사카인권박물관의 2004년 전시를 통해 확인 가능하다. 아울러
당시 학예원 문공휘가 확인하기도 했다(2004.5.23, 오사카인권박물관). 현재의 일본에 있
는 야키니쿠집은 한반도의 문화에 뿌리를 두고 있었다. 일제강점기 갈비구이는 조선식당
에서 제공되었다.

도 불구하고 최근 다문화론적 관점에서 일방적으로 이들을 평가하는 역사
주의적 시점에서 보면 제한적이라고 생각된다.

  (3) 이카이노의 조선문화

  이카이노의 조선문화는 조선인 노동자가 하루 일의 피로를 푸는 야키니
쿠집이 주목된다.[29] 여기에서 식사를 해결하고 술을 마시면서 힘든 일본
에서의 삶을 달랬던 것이다.

  고권삼은 이카이노의 생활문화의 일상, 생활 물자를 얻기 위한 조선인을
위한 시장이 북적거리고 있는 것을 다음과 같이 전하고 있었다.

> 가게 앞에는 조선산 물건이 여러 가지 진열되어 있다. 특히 조선
> 인들이 항상 신는 고무신, 조선인의 식료품 중 가장 좋아하는 명태
> 더미는 그리운 조선을 생각나게 하기에 충분했다. 바깥쪽 길에는 내
> 지인의 가게도 있어 경성의 남대문시장까지는 안 될지도 모르지만 분
> 명 동대문시장 정도는 될 것이라고 생각된다. 안쪽 길에는 갓 삶아낸
> 돼지고기, 순대, 돼지머리 등이 나와 있고, 개성의 시장과 비슷하여
> 식료품뿐만 아니라 포목점, 잡화점, 생선 가게, 푸줏간 등 각종 가게
> 가 섞여 있는 것은 해주의 시장과 닮았다.[30]

  이렇게 이카이노는 조선의 일상의 상징성이 드러나는 공간이었다. 특히
명태, 돼지머리, 순대 등과 각종 생선 등의 다양한 조선 음식을 보고, 먹고
살 수 있는 공간이었다. 동시에 당시 경성 시장이라고 생각하게 하는 공간
으로, 이곳이 존재하는 것은 조선식 문화가 오사카에 정착하는 과정을 표

29)『大阪と半島人』, 92쪽.
30)『大阪と半島人』, 33쪽.

현하는 모습이라고도 할 수 있다. 고권삼은 이러한 조선인을 위한 시장을 일제 자체가 적극적으로 인정해야만 한다는 것을 주장했다. 그것은 다분히 정치적인 사고가 배태된 부분이라고 할 수 있다.

> 그들은 역시 어릴 때부터 먹어왔던 음식을 원한다, 그들은 역시 어릴 때부터 입어왔던 옷을 입어보고 싶다, 그것을 구하는 것은 이 조선시장이 아니면 용이하지 않다. 조선시장은 그들에게 있어 어디까지고 필요한 곳이다. 오사카 부 혹은 오사카 시 당국은 조선 사람의 이 시장을 어떻게 생각하고 있는지 모르지만, 나의 의견으로는 부나 시 당국이 이 시장들을 보조하든가 혹은 공설 시장으로 승격시켜서 신설하든가 해서 세계 제8위의 대 오사카의 이름에 부끄럽지 않도록 미관을 정비할 필요가 있다고 생각한다.[31]

오사카에서 조선인이 각 방면으로 진출하여 활약하고 있는 것도 고권삼은 서술하고 있다. 공장이나 상점의 경영자로서 재산을 모은 성공한 사람이 주목되기도 하고, 서비스 걸, 타이피스트, 산파, 간호부, 사무원, 교원으로서 일상의 평범한 삶을 살고 있는 조선인은 일본에 사는 조선인의 또 다른 양태이다. 그들은 활약하고 있는 여성이지만 생활인이었다.[32] 실제로 조선인으로 노동자는 오사카 경제의 골간이었다.

아울러 어린이들 중에는 전 오사카소학교 '스모대회'에서 준결승까지 진출한 조선인을 눈여겨보았다. 이것은 지금도 이어지는 조선인의 일본 사회 속 강인함을 보여주는 사실적 기술이다. 우등생도 있고, 싸움대장도 있는 것 이것은 조선의 힘이었다.[33]

---

31) 『大阪と半島人』, 36쪽.
32) 『大阪と半島人』, 45쪽, 111~122쪽.
33) 『大阪と半島人』, 27쪽.

(4) 이카이노의 고대 한일관계를 넘은 동화, 융화

고권삼은 이카이노의 고대사에 주목한다. 그는 고대에 조선으로부터 오
사카로 건너온 사람들이 많아서 오사카 출신의 사람들 중에는 조선 사람의
피를 이어받지 않은 사람은 거의 없다는 것,[34] 백제역이나 고려교 같은 '반
도귀화인'들이 살던 것에서 유래된 지명이 있는 것,[35] 시덴노지사(四天王
寺)도 조선 사람이 세운 것이라는 내용[36] 등으로 조선인의 오사카에 대한
애착의 역사성을 부여했다. 이것은 고권삼의 역사주의적 관점을 보여주는
대목으로 과거 고대사에 대한 그의 해박함에 기초한 사실적 기술이다.

고권삼의 비민족적 모습도 보인다.[37] 지연에 기반을 둔 사회적 결합과
고향의 마을에서 가져온 문화를 유지하며 살고 있는 사람들에게는 조선이
든 일본이든 추상적인 민족이나 국가는 의식화되기 어렵다는 지극히 정치

---

34) 『大阪と半島人』, 13쪽.

35) 『大阪と半島人』, 14쪽.

36) 『大阪と半島人』, 14쪽.

37) 그런데 이러한 고권삼의 다문화주의적인 주장에서는 '일본'이나 '조선'이라는 국가적인 차원
의 틀에서의 발상이 희박한 것이 특징이라고 도노무라 마사루는 본다. 제목도 그렇지만 이
제까지 살펴 본 문장으로부터도 고권삼이 의식하는 지금 있는 생활의 장=호스트사회는 「일
본」이 아니라 어디까지나 오사카인 것이다. 동시에 조선 속의 국지적인 틀에 대한 의식의
존재도 확인할 수 있다면서, 자신이 제주도 출신이기도 해서인지(물론 오사카에 제주도 출
신 조선인이 많았던 것이 주요한 이유이겠으나) 고권삼은 이 책 속에서 「제주도 출신의 이
기개」라는 항목을 두고 있다는 것이다. 거기에서는 「지금부터 약 1250년 전에 탐라국(제주
도)의 왕족 고씨가 종자와 함께 오사카에 오셨다는… 의심할 여지없는 사실」이 존재하며,
그로부터 관계가 시작되어 「오사카 사람과 제주도 사람은 특별한 친밀감을 갖고 접촉하게
되었다」고 기록되었고(『大阪と半島人』, 92쪽), 나아가 「조선팔경」을 선정하는 투표를 할
때 한라산이 제1위가 되었던 것은 오사카에 거주하는 조선인들의 노력에 의한 것이었고,
그들은 「이 기개와 이 노력으로 더욱더 제주도의 명예를 생각하고, 自重하여 모든 것에 적
용시키려 하고 있다」는 것이 소개되어 있다(『大阪と半島人』, 100~101쪽)는 것이다. 고권삼
의 주장을 도노무라 마사루는 '이른바 국가적인 차원의 귀속의식이나 문화를 전제로 하지
않는 국지적인 다문화주의였다는 시각을 갖고 있었다'고 보기도 한다(도노무라 마사루 저,
김인덕·신유원 역, 『재일조선인 사회의 역사학적 연구』, 논형, 2010 참조).

적 관점이 전제된 융화주의적 모습을 견지했다.

　그런가 하면 일제강점기 재일조선인을 평가할 때 제한적인 다문화주의적 모습을 보인다고 하는 평가는 재일조선인 사회의 본질을 축소시킨다고 할 수 있다. 사실 일부의 적응한 재일조선인에게는 합당한 표현인지는 모르겠다. 의식이 존재를 반영한다는 관점에서 보면, 고향과의 유대는 더 이상 없었다고 하나 현실은 제국의 지배보다 우선적이었다. 일본사회에서 확고한 지위를 차지하기는커녕 노골적인 배제의 대상이 되었던 재일조선인은 개인적 자아를 고민할 여력이 있지 않았던 것이다.

　고권삼은 조선인 사회의 일본화를 조선인의 아이들의 일본어 사용을 통해 확인하고자 했다. 대부분 조선어를 모르거나 잊어버리고 있다는 사실을 말하고 있지만, 그들의 귀속과 문화와 관련된 갈등에 대해 그는 그리 주목하고자 하지 않았다. 이런 부분은 그의 반민족적 인식의 제한적 관점을 보여주는 부분이라고 할 수 있다. 장혁주가 대상화하고 있었던 이러한 사람들의 고뇌를 고권삼은 시야에 넣고 있지 않았던 것이다.

　제국 일본의 권력의 존재를 앞에 두고 국지적인 다문화주의는 근본적으로 불가능했다고 할 수 있다. 1934년 오사카는 동화정책의 공간이었다.[38] 전술했듯이 당시 오사카는 오사카협화회의 주도로 구조적으로 조선옷 착용 금지, 국어인 일본어 상용 장려 등 이른바 '행정당국'에 의해 계속 지도되고 있었다. 고권삼은 '내선동포'가 정말로 자각을 한다면 옷이나 언어는

---

[38] 고권삼은 '조선시장'에 대한 원조를 주장하고 있지만, 이미 1936년에 행정당국은 「조선인을 위한 식료품을 판매하는 시장의 신설에 관해서는 이를 인가하지 않고, 기존의 조선인 시장은……이를 폐지할 것」, 「조선인들을 위한 獸肉(소나 돼지의 머리, 내장 등) 판매」는 「다른 것으로 전업시키고 앞으로 이러한 영업을 하지 못하게 할 것」, 「조선인 요릿집과 음식점은……엄중하게 단속을 하고……악질적인 자에 대해서는 영업금지처분을 내림과 함께 송환할 것」 등의 방침을 도노무라 마사루도 확인했다. 「うめくさ」(『特高月報』 1936.11)를 주목해서 보면 그 내용을 볼 수 있다(도노무라 마사루 저, 김인덕·신유원 역, 『재일조선인 사회의 역사학적 연구』, 논형, 2010 참조).

아무래도 상관없지만, 같은 국민이면서 차별 관념을 갖고 있기 때문에 협화회에서도 여러 가지 미묘한 연구와 상당한 노력을 기울이고 있는 것 같다면서 본질을 흐리는 반민족성을 드러내고 있다. 그는 과학이 아니라 정치, 융화정치를 하고자 했던 것이다.

실제로 그는 조선인에 대한 교육[39]의 본질에 대해 천착하려 하지 않았다. 현실적인 표현이라고 하지만,[40] 소학교의 교원이 된 조선인의 존재를 내선무차별의 관념의 '황도 일본'을 건설하는 데에 있어서의 의미만 강조했다.

이상과 같은 고권삼의 이카이노 일상 보기는 제국 일본의 탄압을 회피하면서 서술한 전략적인 것이었다고 해도 재일조선인 사회의 일상을 근본적으로 왜곡시키고 있었다. 책의 머리에서 서술했듯이 그의 재일조선인, 조선관은 제국 일본 안의 권력관계를 생각하면서 객관적으로 재일조선인이 일본국가로 통합해 가기 위한 과정적 역할에 충실해야 하는 존재로 생각했던 것 같다.

5. 맺음말

고권삼의 생애와 그의 재일조선인에 대한 연구는 현재적 과제라고 할 수 있다. 여러 제한적 요소 때문에 제대로 된 연구가 지금까지 진행되지 못했던 것이 사실이다.

그의 삶과 함께 주요 문건 특히, 생활문화에 주목한 책『오사카와 반도인』은 일상의 한 단면 야키니쿠(燒肉)를 통해 그 가치가 발휘되는 것은 사

---

39) 『大阪と半島人』, 49쪽.
40) 『大阪と半島人』, 36쪽.

실이다. JR 쓰루하시역에서 내려가면 맛있는 야키니쿠 냄새가 코를 찌른다.[41] 거의 배고픈 순간에는 그 부근을 그냥 지나치게 하지 않는다. 야키니쿠는 바로 이곳이 오사카에서의 발신지이다. 고권삼은 이것을 주목했다. 이를 통해 조선, 조선인 문화를 거론했던 것이다.

그러나 일상의 오사카 이카이노의 조선 사회를 왜곡시켰다. 융화, 동화, 협화가 그가 본질적으로 언급하고자 한 재일조선인, 재일조선인 사회였다.

고권삼이 본 이카이노는 분명 달랐던 것 같다. 오사카 이카이노는 지배의 대상이었다. 이를 그는 알면서도 다르게 표현하고자 했다. 고권삼이 본 이카이노는 다른 공간이었다. 민족성은 이성과 학문적 열망, 정치적 출세를 갈구하는 사람이 존재하면 다르게 극복되기도 한다. 고권삼은 정치를 극복하지 못했다. 여기에 대해 해방 이후 그는 전혀 언급한 적이 없었다.

1945년 해방은 분명 새로운 출발점이었다. 그러나 일제강점기는 재일조선인에게 새로운 출발의 전제였다. 보통 일상의 재일조선인은 출발점에서, 역사주의적 견지에서 보면 식민지민의 자신의 한계를 인정해야 했고, 여기에서 출발하는 사람이었던 것이다.

고권삼의 이카이노 보기는 오사카의 '반도인'을 보았는지는 모르지만, 자이니치(在日)가 처한 현실과 사회적 문제, 저항의 본질에 대해서는 무관심으로 일관했다. 지금은 이름도 없어진 고권삼이 본 이카이노를 통해 자이니치의 역사성에 주목해야 할 것이다. 그 이유는 간단하다. 아직도 현실의 재일조선인은 일제강점기 식민지시대의 잔영 속에 살고 있기 때문이다. 현실의 재일조선인이 직면하는 각종 트라우마와 제노사이드의 경험은 바로 식민지성이 그 단초이다.

---

[41] 최근에는 역 주변에는 야키니쿠 이외에도 김치, 김밥, 지짐이 등을 비롯한 한국 음식이 팔리고 있다. 김성재의 경우 한국에서 맛볼 수 없는 김밥을 다양하게 만들어 팔고 있다. 「김성재 인터뷰」(오사카 쓰루하시 국제시장 내 반도보리지, 2013.2.22) 참조.

—

제6장

—

김문준의 1920년대
재일본조선노동총동맹에서의 활동

1. 머리말

필자는 김문준(金文準)에 대해 다음과 같이 약력을 기술한 적이 있다.

「(재일조선노총 집행위원) 제주도 출신으로 1917년 수원농림학교를 졸업한 후 고향으로 돌아가 3·1운동에 참가했다. 이후 제주도에서 사립학교를 창설했다. 1927년 7월 일본 오오사까(大阪)로 건너가 재일본조선노동총동맹 산하 오오사까 조선노동조합 집행위원을 지냈다. 12월 신간회 오오사까지회 설립에 참여했다. 1928년 5월 재일조선노총 집행위원이 되었고 7월 오오사까 조선인거주권획득동맹을 조직하고 연설회를 개최했다. 1929년 4월 제주도 출신 소년을 중심으로 오오사까 조선소년동맹을 조직했다. 같은 달 '우리가 우리의 배를'이라는 슬로건 아래 일본에 있던 제주도 출신자의 제주도 왕래를 도모하기 위해 제주통항조합준비위원회 결성을 주도했다. 그해 가을 제주도 출신자를 중심으로 오오사까 고무공조합을 결성했다. 8월 신간회 오오사까지회 확대위원회에서 검사위원장으로 선출되었다. 12월 오오사까에서 열린 재일조선노총 전국대표자회의 및 확대집행위원회에 오오사까 대표로 참석하여 중앙집행위원으로 선임되었다. 같은 달 재일조선노총 칸사이지방(關西地方) 협의회 집행위원장으로 선출되었다.

(全協 오오사까지부 책임자, 『民衆時報』 발행자) 1930년 1월 재일조선노총을 일본노동조합전국협의회(全協)로 해소하는 데 반대했다. 5월 오오사까 고무공조합을 젠꾜오(全協) 일본화학 산업노동조합 오오사까지부로 개편하고 책임자가 되었다. 이 무렵 오오사까에서 이 단체 명의로 『뉴스』를 발행하고 『제2노동자신문』을 배포했으며, 조선어신문 『대중신문』을 발행했다. 8월 오오사까에서 고무공장 노동자파업을 준비하던 중 검거되어 12월 오오사까지방재판소에서 징역 3년 6월을 선고받았다. 1932년 4월 오오사까공소원(控訴院)에서 징역 2년 6월을 선고받았다. 1934년 일본공산당 재건운동에 참여했다. 1935년 6월 『민중시보』를 창간했고 이 무렵 노농후원회를 조직하고 인민전선 운동에 참여했다. 1936년 5월 이꾸노구(生野區)에서 사망했다.」[1]

일제강점기 오사카에는 제주도 사람이 많이 이주해 살아가고 있다. 역사적으로 보면 그것은 분명하다. 본고는 일제강점기 대표적인 제주도 출신 오사카의 재일조선인 활동가 김문준의 활동을 재평가하기 위해 작성한다. 이를 위해 1920년대 재일본조선노동총동맹의 활동과 그 가운데 김문준의 모습을 살펴보겠다. 구체적으로는 활동가로서의 모습과 내부 이론투쟁 과정을 통해 그 내용을 확인하겠다.

1) 강만길 · 성대경 엮음, 『한국사회주의운동인명사전』, 창작과비평사, 1998, 70쪽.

2. 연보를 통한 김문준의 활동

1) 제1기: 조선에서의 활동

김문준[2]은 1893년 출생했다. 본관은 김해이고, 호는 목우(木牛)이다. 제주도 조천 출신이다.[3] 당시 조천에는 일본인들이 발붙일 곳이 없었다고 한다. 아버지는 김중진(金重珍)이다.

1910년 3월 사립 의신학교(義信學校)를 졸업, 1912년에 제주공립농업학교(제주관광산업고등학교[4]의 전신)를 졸업했다. 1915년 경기도 수원의 수원고등농업학교를 졸업했다.[5] 재학시절 「農夫歌」를 지어 교지에 발표했다. 가사 형식을 빌어서 농민들이 나아가야 할 방향을 제시하고 농촌, 농민계몽의 성격이 강한 작품을 남겼다.[6] 1915년 3월 경기도 수원의 권업모범

---

[2] 김문준의 연보는 다음의 내용을 참조한다. 文國柱編著, 『朝鮮社會運動史事典』, 社會評論社, 1981; 朴慶植, 『アジア問題研究所報』(7), 1992; 『독립운동사자료집』(별집 3), 국가보훈처, 『독립운동사자료집』(14), 강만길·성대경 엮음, 『한국사회주의운동 인명사전』, 창작과 비평사, 1996; 近代日本社會運動史人物大事典編集委員會編, 『近代日本社會運動史人物大事典』, 日外アソシエーツ, 1996; 「광주지방법원 제주지청수형인명부」, 『社會運動の狀況』(1930版), 金贊汀, 『異邦人は君ケ代丸に乘って』, 岩波書店, 1985; 朴慶植, 『在日朝鮮人運動史』, 디지털제주문화대전, 김찬흡, 『20세기 제주인명사전』, 제주문화원, 2000; 김찬흡 편, 『제주항일인사실기』, 북제주문화원, 2005; 허호준, 「제주4·3의 전개과정과 미군정의 대응전략에 관한 연구」, 제주대학교 석사학위논문, 2003; 김관후, 「김관후의 4·3칼럼 (10)건국준비위원회 집행위원으로 활동한 조몽구」, 『제주의 소리』 2014.1; 『조선일보』 1929.9.1; 『동아일보』 1931.4.2, 1935.5.24; 『民衆時報』 1936.6.21.

[3] 조천은 많은 유림학자가 배출되고, 조정에서 파견되는 유배자들의 출입이 빈번한 곳이다. 어느 마을보다도 먼저 어려운 정치상황을 체험했으며, 거기에서 강인한 기질과 성품을 배웠다. 이에 따라 불의에 굴하지 않고 정의를 먼저 생각하는 기질이 형성되었다(김관후, 「김관후의 4·3칼럼 (10)건국준비위원회 집행위원으로 활동한 조몽구」, 『제주의 소리』 2014.1.1).

[4] 디지털제주시문화대전 참조.

[5] 졸업 동기생으로 백남운, 이훈구 등이 있다.

[6] 김관후, 「김관후의 4·3칼럼 (10)건국준비위원회 집행위원으로 활동한 조몽구」, 『제주의 소리』 2014.1.1.

장에 취업했다. 이후 1918년 4월까지 정의공립보통학교에서 2년 6개월 동
안 근무하였으며, 성읍 출신 조몽구[7]를 만나서 제자로 삼았다. 당시 공립
학교에 대한 일제의 탄압이 심해지자 제주특별자치도 제주시 구좌읍 월정
리에 있는 중앙보통학교(중앙초등학교의 전신)에서 근무했다. 1925년 3월
부터 1927년까지 교장을 지냈다. 제주도에서의 1919년 3·1운동 당시 이를
지도하였다.

2) 제2기: 일본에서의 활동

그는 1927년 도일 이후 재일본조선노동총동맹에서 활동했다.[8] 특히 김
문준은 1929년 7월에 제주도 출신 소년들을 중심으로 오사카 조선소년동
맹을 조직했다. 1930년 제주도 오사카 사이의 여객선을 취항시킨 동아통항
조합의 설립에 관여했다. 그는 일본 선박업자들의 횡포에 맞서 '우리는 우
리의 배로'라는 구호 아래 제주 출신인이 오사카와 제주를 왕래하기 위해
제주통항조합준비위원회 결성을 주도하였으며, 1930년 4월에 동아통항조

---

7) 조몽구(趙夢九)는 1907년에 태어나 1973년에 사망했다. 제주도 출신이다. 조선에서 고등
   보통학교까지 진학했다가 중퇴했다. 도일 시기는 확실하지 않은데, 1920년대 말에는 재
   일본조선노동총동맹과 신간회 오사카지회의 활동가가 되어 있었다. 1929년 12월 재일본
   조선노동총동맹의 일본노동조합 전국협의회(전협)로의 합동 해소와 관련해서는 이를 의
   제로 한 전국대표자회의에 참석, 재일본조선노동총동맹의 중앙위원으로 선출되었다. 그
   러나 합동 해소의 진행 방법과 관련해서 오사카에서 활동하고 있었던 김문준과 조몽구
   등은 김두용(金斗鎔) 등의 그룹과 대립, 전협 조선인위원회로부터 지목되어 비판을 받았
   다. 이후 전협 일본화학노동조합 오사카지부에서 활동을 계속하다가 1932년 7월에 치안
   유지법 위반으로 검거되어 옥중생활을 했다. 1935년 12월에 도쿠시마(德島)경찰서에서
   가출옥했다. 해방 이후 제주도에서 인민위원회와 남로당의 일원으로 활동했고, 1948년
   4·3사건에도 합류했으나, 1951년 부산에서 체포되어 복역하고 한국전쟁 정전 후에 석방
   되었다(內務省警保局, 『社會運動の狀況』(1930, 1931), 『民衆時報』 1936.1.11, 정희선 외
   역, 『재일코리안사전』, 선인출판사, 2012 참조).
8) 자세한 내용은 3장의 2절에서 후술한다.

합을 결성해 후시키마루(伏木丸)로 취항하였다.

일제 경찰이 "1930년 8월 17일 오사카에서 천호모공장 쟁의 비밀지도부회의 중 거괴(巨魁) 김문준(당시 일본화학산업노조 오사카지부 상임) 등 조선인 5명과 일본인 3명을 검거하였다."고 밝힐 정도로 김문준을 높이 평가하였다.

출감 후인 1935년 6월 15일에는 오사카에서 한글신문이었던 『민중시보』를 창간해 조선인들의 생존권 투쟁과 권익옹호에 앞장서기도 하였다. 일본 공산당 재건운동에 참가하고, 혁명가구원회를 조직하여 조선인 조직을 지도했다. 일본인운동과 연결을 도모하며 인민전선 결성에 노력했다.

1936년 5월 25일에 수감 생활 중 폐결핵이 악화되어 오사카 도네야마(刀根山)치료소에서 치료하다가 오사카 시내9)에서 사망했다.10) 김문준이 사망하자 조선인 일본인의 노동계가 합동으로 시신을 유리관에 안치, 오사카시 노동장으로 엄수되면서 시가행진을 감행했다. 그리고 해방운동희생자무명전사의 묘에 합장되었다.11) 일본 노동운동가들이 김문준 시신을 제주도로 운구하겠다고 하자 일제 경찰이 막았다. 당시 김문준의 문하생이었던 김광추가 대표 운구위원이 되어 조천으로 유해를 옮겨 도민장(島民葬)을 거행하려 하였다. 그러나 일제의 간섭으로 조천리 면장으로 결정되고 안세훈, 김유환, 김시용 등이 당시 일본에 있던 고순흠과 연락을 취하면서 1937년 3월 25일에 조천공동묘지에 김문준의 시신을 안장하였다. 향년 43세였다.12)

9) 東成區 東小橋北之町 3-9번지의 4호이다.
10) 디지털제주문화대전 참조.
11) 『思想月報』(2)(1-2), 3.1書房, 1979, 『제주항일독립운동사』, 제주도, 1996.
12) 『동아일보』 1936.5.24.

　제주시 조천읍 조천공동묘지에는 당시 일본에서 보내온 비석이 서 있다. 비문은 고순흠(高順欽)이 썼다. 그의 묘비는 특이하게 길쭉한 사각뿔 모양을 하고 있는데 이는 일본식 비석으로 일본전기노조에서 만들었기 때문이다. 앞면에 '木牛金文準之墓' 뒷면에 '同志友人門生建 一九三七年二月 日'이라고만 새겨져 있다. 이 묘비는 조천읍 조천리 남쪽 중산간 조천공동묘지의 북서쪽 울타리 주변에 있었다. 2004~2005년 유해를 대전국립묘지로 옮기면서 비석은 현재의 자리로 옮겨졌다.

　전후 일본은 제국주의의 압박에 투쟁한 사회주의 운동과 노동운동에 기여한 인사들을 위해 오사카성(大阪城) 공원 내 오사카사회운동현창탑(大阪社会運動顕彰塔)[13]에 김문준을 일본인과 함께 기록하고 있다. 한국에서는

---

13) 오사카산업노동자료관(http://shaunkyo.jp/kenshouto.html) 참조.

2000년 8월에 건국훈장 애족장이 추서되었다.[14]

한시도 잘 지어『朝天誌』에서는 그를 '文章超風 憂國之士'라고 했다.

3. 1920년대 재일본조선노동총동맹의 활동과 김문준

1) 재일본조선노동총동맹의 활동

(1) 전체 대회별 움직임

1920년대 대중운동 가운데 김문준의 활동의 결정적 기반은 재일본조선 노동총동맹[15]이었다.

---

14) 디지털제주문화대전 참조.

15) 대회별 재일본조선노동총동맹의 활동은 다음의 책 참조. 김인덕,『식민지시대 재일조선 인운동 연구』, 국학자료원, 1996.

　1925년 2월 22일 도쿄(東京) 일화일선청년회관(日華日鮮青年會館)에서 12개 단체 대표 63명 등 150여 명이 참석한 가운데 재일본조선노동총동맹 결성대회가 열렸다.

　이 날 결성대회에서 재일본조선노동총동맹은 '① 우리는 단결의 위력과 상호부조의 조직으로 경제적 평등과 지식의 계발을 기한다. ② 우리는 단호한 용기와 유효한 전술로 자본가계급의 억압과 박해에 대해 철저히 항쟁할 것을 기한다. ③ 우리는 노동자계급과 자본가계급이 양립할 수 없다는 것을 확신하고 노동조합의 실력으로 노동자계급의 완전한 해방과 자유평등의 신사회 건설을 기한다' 등 3개항의 강령을 채택했다.[16] 그리고 '첫째, 8시간 노동 및 1주간 48시간제의 실시, 둘째, 최저임금의 설정, 셋째, 악법의 철폐, 넷째, 메이데이의 일치적 휴업, 다섯째, 경제적 행동의 일치적 협력'을 주장으로 채택했다.

　재일본조선노동총동맹은 일본 지역 조선인의 노동단체로서 결성되었다. 그러나 반일이라는 당시 최대의 과제를 앞에 둔 상황에서 노동자의 이익을 위한 단체로서만 활동할 수 없었다. 또한 단체 가입의 원칙 아래 출범한 이 재일본조선노동총동맹은 결성 이후 조직 확대가 도모되었다. 1925년 10월에는 오사카(大阪)지역에서 1,000여 명의 조합원을 보유하게 되었다. 1926년 초에는 관동과 관서 양 연합회의 활동이 활발해지기도 했다.

　1926년 4월 이후 재일본조선노동총동맹은 진일보했다. 1926년 4월 15, 16일[17] 오사카 도사호리청년회관(土佐堀青年會館)에서 열렸다.[18] 제2회 대회가 있은 이후 조직 활동은 강화되었다. 특히 1926년 9월 간토(關東)조

---

16) 「大正十四年中ニ於ケル在留朝鮮人ノ状況」, 金正柱 編, 『朝鮮統治史料』(7), 834쪽.
17) 『자아성』(5월호), 1926.4.20.
18) 「초대장」, 大原社會問題研究所 所藏.

선노동조합연합회의 결의에 따라 도쿄 안에 있는 78개의 노동조합은 중,
서, 남, 북의 4개의 노동조합으로 정리되었다. 그리고 재래의 조선인 노동
조합의 명칭을 폐지하고 지역 이름을 부쳤다.

　재일본조선노동총동맹은 1부현 1조합 원칙을 수립했다. 재일본조선노동
총동맹 제3회 대회에서 이 사실은 결정되었다. 이 제3회 대회는 1927년 4
월 20일 열렸다.[19] 여기에서 중앙위원회는 오사카부(大阪府) 13,408명, 도
쿄부(東京府) 6,308명, 효고현(兵庫縣) 3,101명, 가나가와(神奈川) 3,032명,
추부(中部)지방 3,005명, 시가현(滋賀縣) 919명, 교토부(京都府) 539명, 합
계 30,312명으로 조직 인원을 보고했다. 제3회 대회 이후 각지에 분산적으
로 조직된 조합을 정리, 통합하려는 이에 따라 조직의 중앙집중화가 강화
되었다. 1928년 4월 시기에는 조선공산당 일본총국의 재일본조선노동총동
맹 내의 플랙션이 조직적인 사업을 진행하여, 박득현, 송창렴, 진병로 등은
의식적으로 정치투쟁이 강한 조직으로 재일본조선노동총동맹을 견인하고
자 했다. 재일본조선노동총동맹 제3회 대회는 강령을 새롭게 제정했다. 그
내용을 보면, '첫째, 본동맹은 조선무산계급의 지도적 정신에 따라서 정치
투쟁을 전개하고 민족적 해방을 도모한다. 둘째, 본동맹은 일본 각지에 산
재한 미조직 조선 노동대중의 조직을 도모한다. 셋째, 본동맹은 일본노동
계급과 국제적 단결을 도모한다'[20]이다. 이렇게 새롭게 제정된 강령은 창
립대회의 강령보다 정치투쟁을 강조하고 조직의 강화와 국제 연대 구축을
천명한 것이 특징이다.

　재일본조선노동총동맹 제4회 대회가 1928년 5월 13, 14일 양일간 도쿄
혼소구(本所區) 제대(帝大)셋츠루멘트대강당에서 열렸다.[21] 이 대회는 조

---

19)「재일본조선노동총동맹제3회정기대회통지서」, 大原社會問題硏究所 所藏.
20)「在日勞總3回大會宣言,綱領,規約」(1927.4.20), 『在日朝鮮人史硏究』(創刊號), 1977, 97쪽.

선공산당 4차당 일본총국이 조직적으로 준비했는데, 구성원은 일월회 출신의 조선공산당 일본총국 조직원이 중심이었다.[22] 제4회 대회는 기존의 자유노동자 중심의 재일본조선노동총동맹을 산업별로 재편성하자는 산업별 조직론이 부상했다. 그러나 1928년 9월 재편성의 지시가 있었음에도 불구하고 이러한 내용은 지시 직후 구체적으로 세포단체에까지 실현되지 않았다. 실제로 1928년 4월 시기 재일본조선노동총동맹 산하 지부는 도쿄조선노동조합, 가나가와현조선노동조합, 교토조선노동조합, 오사카조선노동조합, 고베(神戸)조선노동조합, 도야마(富山)조선노동조합 등이 있었다.

그런가 하면 조직에 대한 검거로 일시적인 와해에 직면했던 재일본조선노동총동맹은 1929년 결집력을 회복하고 다수의 노동자를 획득했다. 재일본조선노동총동맹의 조직은 직업별 조직에서 제4회 대회 이후 산업별체계로 움직여 가기 시작해 해체와 함께 산별로 강화되었다. 이것은 전협이 주도했다. 이후 전협은 1930년에 들어 산업별 정리에 착수하여 금속, 화학, 교통, 전기, 섬유, 목재, 출판, 식량, 통신, 일반사무원, 토목건축, 의료 등의 분야로 조직 개편을 단행했던 것이다.[23] 재일본조선노동총동맹은 일본공산당과 전협의 영향을 많이 받게 된다.

(2) 조직 중심의 주요 움직임

조직이 결성된 이후 재일본조선노동총동맹은 재일조선인의 중심적인 반일투쟁의 대중적 역량이 되었다. 이 조직의 경우 창립 때에는 백무, 안광

---

[21] 「안내장」, 大原社會問題研究所 所藏, 「초대권」, 大原社會問題研究所 所藏.
[22] 金森襄作, 「在日朝鮮勞總「大阪事件」について」, 『在日朝鮮人史研究』(20), 1990. 10, 104쪽.
[23] 赤松克麿, 『日本社會運動史』, 岩波書店, 1951, 273쪽.

천, 이여성, 이헌 등의 이름이 보인다. 이를 통해 재일본조선노동총동맹은
일월회계의 주도로 출범해 조선공산당 일본부, 일본총국의 직접 지도 아래
발전을 거듭했다고 할 수 있다. 지역 단위 노동조합의 대중적 기반이 강화
되면서는 중앙과 지역 간의 분쟁도 없지 않았다. 분쟁의 해결은 중앙 중심
적으로 해결되었다. 김광 문제의 해결 방식이 그것이다. 물론 여기에서는
민주주의적 중앙집중제의 원리가 제대로 관통되지 못한 측면도 있다.[24]

　재일본조선노동총동맹은 일본공산당과 일본노동조합평의회의 영향을 많
이 그 어떤 일본의 사회운동 조직보다 많이 받았다. 1928년 이후는 전협의
영향이 조직문제에 있어 지대했다. 재일본조선노동총동맹은 일본에 존재
했던 관계로 국내 노동운동과 횡보를 함께하기보다는 일본 노동운동세력
과 전술적으로 친근함이 더했다. 그럼에도 불구하고 재일본조선노동총동
맹은 조선인만의 민족적 성격이 전제된 노동조합으로 자유노동자 중심이
었다. 민족주의적 색채가 강한 정치투쟁을 일상적인 투쟁과 함께 수행했던
것도 사실이다.

　전술했듯이 제1·2회 대회 전체대회 이후는 재일본조선노동총동맹은 조
선인 노동자들의 구심적 역할을 수행하기 시작했다. 특히 재일본조선노동
총동맹은 4대 투쟁[25]을 전개했고, 이후 혁명적 재일조선인 운동에 있어 연
례행사가 되었다. 제3회 대회 이후 특히 1927년 시기에는 지역 단위 조직
의 활성화와 국내 단일정당운동에 자극되어 재일본조선노동총동맹도 정치
투쟁적 성격의 활동을 강화하기 시작했다. 특히 조선총독부 폭압정치 반대
운동은 이 시기 투쟁의 백미로 대중적인 연설을 통해 전국적으로 전개되었

---

[24] 이하 자세한 내용은 다음의 연구를 참조한다. 김인덕, 『식민지시대 재일조선인운동 연
　　구』, 국학자료원, 1996.
[25] 관동진재학살기념투쟁, 메이데이투쟁, 국치일기념투쟁, 3·1운동기념투쟁이다.

다. 이를 통해 재일조선인은 반일의식을 강화시켜낼 수 있었다. 대체로 노동자의 계급의식은 불균등하고 그 의식은 투쟁을 통해 변화되는 것이다.

제4회 대회 이후 재일본조선노동총동맹의 투쟁은 경제적 요구를 선차적인 과제로 제기하기보다는 주로 민족·정치적 요구를 전면적으로 제기했다. 여기에는 일본제국주의의 탄압도 한 요소로 작용했으며 재일본조선노동총동맹이 가진 본질적인 성향도 무시할 수 없는 요인이라고 하겠다.

재일본조선노동총동맹은 해체와 전협으로의 조직적인 개편으로 그 임무를 다했다. 이후 전협 관동자유노동조합 상임집행위원회도 인정하듯이 재일본조선노동총동맹의 해소와 전협으로의 재조직은 한계가 적지 않았다.

이런 재일본조선노동총동맹의 활동이 가장 왕성했던 곳은 가입 노조원의 60%를 점유하고 있던 오사카지방이었다. 원래 오사카지방은 재일한 조선인의 최대 이주 공간이었다.

2) 재일본조선노동총동맹과 김문준

일제강점기 오사카는 1923년 제주와 오사카 사이의 직항로가 개설된 이후, 제주인이 도일하게 된다. 이 가운데 자연스럽게 제주도 사람 중심의 반일 움직임이 결집되고 그 한가운데 김문준이 존재했다. 그의 재일본조선노동총동맹 속의 활동은 선도적이었다.

제주도에서 반일운동의 경험은 이어져서 김문준은 1927년 일본으로 건너가 재일본조선노동총동맹 오사카조선노동조합 집행위원, 위원장을 맡았다. 오사카조선노동조합 북부지부 상임집행위원으로 활동했다. 그리고 전국적 조직인 재일본조선노동총동맹의 집행위원으로 조직적 활동을 전개했다.[26]

일상적인 대중 활동에서도 그의 모습은 보이는데, 그는 1928년 6월에는

오사카조선노동조합대회 교육부장, 1928년 7월에는 오사카조선인거주권획
득동맹 조직하여, 연설회를 개최했다.[27]

그런가 하면 1929년 12월 14일 오사카에서 열린 재일본조선노동총동맹
전국대표자회의 및 확대집행위원회 오사카대표로 참석하여, 신 중앙집행
위원으로 선임되었다.

1929년 말부터 다음해에 걸쳐 대판시 東成區의 고무공장의 조선인노동
자 사이에서 개별적인 공장을 초월하여 지역 제네스트라고 할 만한 쟁의를
전개했다. 다음 해인 1930년 1월 재일본조선노동총동맹을 전협으로 해소
하는 데 반대했다. 김호영 등의 전협 조선인위원회와 격렬하게 대립했던
것이다. 김호영 등의 전협 조선인위원회가 관서사무국을 확립한 것과 별도
로 전협 오사카지방사무국을 지도했다.

이런 그도 1930년 4월에는 재일본조선노동총동맹 오사카조선인노동조
합의 북부지부를 일본노동조합전국협의회 오사카 화학노조로 해소하고 같
은 해 5월에 일본화학산업노조 오사카지부로 바꿔 책임자가 되었다. 오사
카지부의 선전물이었던 『뉴스』 및 격문과 『제2무산자 신문』 등을 배포하
는 등 반일활동을 전개했다.

1930년 6월 이즈미(泉)고무공장의 스트라이크를 발전시키던 중 8월 검
거되어 10월에 기소되었다. 1931년 12월 대판지방재판소에서 징역 3년 6월
을 선고받았다. 1932년 4월 12일 항소심에서 2년 6개월의 형을 언도받아
사카이형무소에 수감되었다. 한편 투옥 중에는 조몽구가 일본노동조합전
국협의회 화학노조 오사카지부 책임자가 되어 투쟁을 계속하였다. 수감 중

---

26) 아울러 민족주의 계열과 사회주의 계열의 민족협동전선체였던 신간회 오사카지부 결성을
   주도했다.
27) 김문준은 1929년 8월 25일 신간회 오사카지회 확대위원회 검사위원장으로 활동하기도 했
   다(『조선일보』 1929.9.1).

에도 그의 영향력은 대단하여 1934년에는 김문준의 활동을 감시하기 위해 대판-제주도 사이의 특고경찰의 활동을 강화시키기도 했다.[28]

이상과 같이 김문준은 확실히 한 시기 재일조선인운동 특히 오사카지방 조선인운동을 주도했던 것은 부인할 수 없을 것이다.

4. 1920년대 재일본조선노동총동맹 내부 투쟁과 김문준

1) 재일본조선노동총동맹 제4회 대회와 김문준

재일조선인 반일운동사에서 재일본조선노동총동맹의 중요성은 재론할 필요가 없다. 이 조직의 1928년 제4회 대회는 지역중심주의와 중앙중심주의의 대립이 표출되었고, 이 대립에 있어 김문준은 한가운데 있게 된다. 그 내용을 정리해 보면 다음과 같다.

전술했듯이 재일본조선노동총동맹 제4회 대회는 원래 계획보다 늦게 1928년 5월 13, 14일 제대셋츠루멘트대강당에서 열렸다. 이 대회의 역원은 의장 송창렴, 김천해, 서기 강낙섭, 김두진, 이상조였다.

첫째날은 1928년 5월 13일 오전 10시에 시작되어 오후 5시 12분까지 열렸고 선언, 개회사 낭독 축사가 이어졌다. 이날 회의의 내용은 다음과 같다. 첫째, 남영우 자격문제에 대한 소위원회를 구성했다.[29] 둘째, 각 지방 보고가 있었다.[30] 셋째, 검속 교섭위원[31]을 선임했다.[32]

---

28) 『중앙일보』 1934.3.27.
29) 위원장은 이진, 위원은 권일선, 박휘일, 정휘세, 이성백이었다.
30) 도쿄: 이진, 가나가와: 서진문, 오사카: 김문준, 교토: 정휘세, 기타리쿠: 박휘일.
31) 김세걸, 박태을, 윤도순이다.

그리고 둘째날은 14일 오후 5시부터 시작되어 10시까지 열렸다. 10여 개 단체의 축전과 축문의 낭독이 있었고 이진, 김정홍이 의사진행계로 선정되었다. 이 날은 '오사카사건' 진상소위원회의 보고가 있었다. 구체적인 내용으로는 첫째, 운동명과 남영우의 제명을 취소한다, 둘째, 정남국을 무기정권에 처한다, 셋째, 김광은 제명한다. 넷째, 심사위원의 보고와 보고 내용에 대한 질의응답 이후 중요사항이 가결되었다. 그 내용은 다음과 같다.

「① 운동방침 개편에 대한 건, ② 강령 개정의 건, 여기에는 심재윤의 제기로 행동강령으로 일본노동운동 적극 지지의 내용을 보완하기로 함, ③『조선노동』속간에 관하여, 신중앙위원회에서 위임하기로 함, ④ 신중앙위원장 김천해, 중앙위원 송창렴, 진병로, 김강, 남영우, 이성백, 서진문, 권일선, 정휘세, 박휘일, 송장복, 박균, 윤도순, 김달환, 최현수, 김수현, 김호영, 김문준, 이일 등을 선정함, ⑤ 8시간 노동제 획득에 관하여, ⑥ 규약개정에 관하여 중앙위원회에 일임, ⑦ 실업반대운동에 관하여, ⑧ 조직 확립에 관하여, ⑨ 산업별 조합 편성에 관하여, ⑩ 신간회 지지에 관하여, ⑪ 일본노동계급과 공동투쟁에 관하여, ⑫『대중신문』지지에 관하여, ⑬ 전위분자 양성에 관하여, ⑭ 도일 노동자 저지 반대운동에 관해서는 김문준이 보고하여 항의문 발송, 일본의 노농대중에게 널리 알려 공동 주최로 비판연설회 개최를 첨가하기로 함, ⑮ 조선노동자 임금차별 철폐에 관하여, ⑯ 이민 반대에 관하여, 신 중앙위원회에 일임하기로 함, ⑰ 범태평양노동조합 서기국 지지에 관하여, ⑱ 최저임금법 제정 획득에 관하여 등이었다.」[33]

이 자리에서 김문준은 과거『대중신문』이 오류를 범했다면서 청산할 것을 제기했다. 여기에 대해 이송규, 문철, 윤영택, 박휘일의 비판과 토의가 계속 진행되었다. 그러나 결국은 시간을 이유로 신 중앙위원회에 일임하기로 했다.

이후 선언을 김천해가 낭독하여 통과되고 조선일보 정간에 관한 건과 일본좌익 3단체 해체에 관한 건, 그리고 경성여자상업학교 맹휴사건, 차기 대회 장소 결정의 건이 가결되었다.

전술했듯이 둘째날 대회에서는 진상소위원회가 열려 '오사카사건'이 처리되었다. '오사카사건'은 1928년 3월 28일 오사카조선노동조합 집행위원회가 오사카조선노동조합의 김수현에게 도난(東南)지부로 이동하라는 지시를 무시하고 하부조직인 도호쿠(東北)지부 상임집행위원회에 새로이 취임한 김광을 제명하기로 결정한 데에서 시작되었다. 이에 대해 조선공산당 일본총국의 지도로 재일본조선노동총동맹 중앙에서는 권대형을 파견하여 중재를 시도했다. 그러나 반간부파 대의원들의 오사카조선노동조합 확대집행위원회는 두 차례의 대회를 열어 4명의 제명을 결정했다.[34] 결국 1928년 4월 11일 오사카조선노동조합 확대집행위원회는 남영우, 윤동명, 김수현, 안종길을 분리주의자로 제명하고, 김광을 복권하기로 한 내용을 받아들이고 제2차 4월 23일 위원회는 제명당한 사람들을 포함한 소위 간부파가 참석하지 않은 가운데 4명의 제명과 신간부의 선임을 했다. 당시 신 집행위원을 보면 위원장 송장복, 김문준, 김병국, 김달환, 김광 등이 맡았다. 김문준은 전술했듯이 여기에 이름을 올렸다. 문제는 여기에 대항하여 제명당한 간부들은 부당성을 호소하기 위해 재일본조선노동총동맹 중앙에 부당성을 상소한다고 선언했던 사실이다.

이런 '오사카사건' 처리 상황[35]은 심의가 시작되자 김문준은 '오사카사

---

[34] 金森襄作,「在日朝鮮勞總「大阪事件」について」,『在日朝鮮人史研究』(20), 1990. 10, 103~104쪽.

건'의 진상을 호소하고 제명의 정당성을 강력히 주장했다. 윤동명과 남영우는 여기에 반론을 폈다. 이렇게 되자 총회는 한 지부의 문제이므로 전국대회는 보다 중요한 과제의 토론이 우선이라고 하여 이 사건에 대해서는 의장이 임명한 5명의 소위원회에 일임했다.

문제는 소위원회가 열린 흔적이 없다는 사실이다. 조선공산당 4차당계의 재일본조선노동총동맹의 5명의 위원과 김문준의 타협으로 12일 심의에 의해 결국은 윤동명, 남영우는 제명 취소, 정남국은 무기정권, 김광은 스파이 용의와 투쟁자금 횡령으로 제명을 결정했다. 특히 정남국의 경우는 재일본조선노동총동맹의 중앙위원장임에도 불구하고 도쿄, 오사카에서의 파벌적 행동을 자행한 내용이 구체적으로 언급되었다. 이후 토론이 진행되었고 정남국의 무기정권은 의장에 의해 가결되었다.

2) 재일본조선노동총동맹 해체 선언과 김문준

1929년 시기 일본에서는 재일본조선노동총동맹의 전협으로의 해체가 본격적으로 논의, 실행되었다.[36] 무산자사를 통해 계속 투쟁을 하던 김두용[37]은 이의석, 김호영 등[38]과 1929년 9월 시기부터 일본인 공산주의자와

---

35) 「재일본조선노동총동맹제4회전국대회회록」, 大原社會問題硏究所 소장.

36) 이하의 내용은 별도의 주가 없으면 다음을 참조(김인덕, 『식민지시대 재일조선인운동 연구』, 국학자료원, 1996).

37) 김두용(金斗鎔 1903~?) 함경남도 함흥에서 태어났다. 도일 이후 구제중학(舊制中學)·구제삼고(舊制三高)를 거쳐 1926년에 도쿄제대(東京帝大) 미학미술사학과에 입학 이후 중퇴했다. 도쿄제대 재학 중에 신인회(新人會)에서 활동했다. 일본프로레타리아예술동맹에 소속되어 『전기(戰旗)』 『프로레타리아예술』을 중심으로 집필활동을 하면서, 조선프로레타리아예술동맹 도쿄지부 설립에 참여했다. 기관지 『예술운동』(『무산자』로 속간)을 편집 간행했다. 1929년경부터 노동운동에 관여하여 『재일본조선노동운동은 어떻게 전개해야 하는가』(1929.11)를 집필하여 재일본조선노동총동맹이 일본노동조합전국협의회로 해소를 추진했다. 1930년부터 해방 때까지 몇 번이나 체포, 투옥되었다. 1930년대 후반에는

의 긴밀한 협의 아래 다른 활동의 지형으로 재일본조선노동총동맹의 해체
운동을 선도했다고 할 수 있다. 김두용, 이의석, 임철섭, 이선형 등의 재일
본조선노동총동맹 중앙간부는 협의한 이후 재일본조선노동총동맹을 해체
하여 전협으로 합류하는 방침을 확립하고, 이에 대한 자문을 전국대표자회
의에 구하기로 결정했다. 이것의 준비를 진행하고 동시에 해체의 취지를
설명한 문건을 발행했던 것이다.

　　문건은 재일본조선노동총동맹 전국대표자회의에 제출하기 위해 김두용
이 작성했다. 문건은 「재일본조선노동운동을 어떻게 전개할 것인가」[39]이
다. 김두용은 이의석, 정희영 등과 협의하고 淺沼[40])에게 공람시킨 이후 팜
플렛의 형태로 무산자사에서 발행했다. 실제로 재일본조선노동총동맹의
해체 움직임을 이동우의 경우는 도쿄 시바우라(芝浦)에서 김두용이 전술한
「재일본조선노동운동은 어떻게 전개해야 하나」을 보고 알았다고 한다. 조
직 해체는 안 된다고 생각하고 오사카의 김문준과 같이 반대하려고 생각했
다는 것이다. 이와 함께 가나가와의 이성백이 반대하고 있다고 들었다고
한다. 남호영과 김호영은 반대하지 않고, 오히려 김호영은 해소 추진파였
다는 것을 파악했다는 것이다. 결국 이동우도 관계 때문에 기회주의적으로
조류에 순응하여 반대하지 않았다고 판단했다.[41]

일본프로레타리아문화연맹의 기관지 『우리동무』 편집장, '조선예술좌' 위원장으로 활동
했다. 『문학평론』과 『살아있는 신문』에 집필했다. 해방 이후 조련 결성에 참여했고, 정보
부장과 기관지 『해방신문』의 주필을 맡았다. 일본공산당 중앙위원 후보, 조선인부 부부
장을 맡아 『전위(前衛)』에 논문을 발표했고, 일본에서의 조선인운동에 영향을 주었다.
1947년에 북한에 간 이후 북조선노동당 중앙위원 후보를 역임했다(정희선 외 역, 『재일코
리안사전』, 선인출판사, 2012).

38) 이들을 해체주도 그룹이라고 통칭한다.

39) 金正明 編, 『朝鮮獨立運動』(5), 1018~1036쪽.

40) 『特高月報』, 1930.4, 132쪽.

41) 石坂浩一, 「芝浦の勞動運動と李東宇」, 『三千里』(15), 222쪽.

이상과 같이 조합의 재조직 투쟁과 산업별 투쟁을 통해서 전협에 가맹하고 조합은 현재 공장에서 일하고 있는 노동자에 의해 편성하는 것이 재일본조선노동총동맹의 당면한 임무였다. 그러나 이것은 단기간에 수행되기 곤란했고 단순히 문제를 명확히 하는 것으로 해결될 수 없는 실천이 결부된 사안이었다.

아울러 김호영도 오사카, 효고 등의 동지와 만나서 전국대표자회의의 개최를 준비했다. 결국 치밀한 준비 아래 1929년 12월 14일 밤 김용주 집[42]에서 전국대표자회의 및 확대중앙집행위원회를 개최했다.[43] 이 자리에는 재일본조선노동총동맹 중앙에서 김두용, 이의석, 이선형, 도쿄조선노동조합 이윤우, 니이가타현(新潟縣)조선노동조합 박완균, 정금술, 전창영, 기타리쿠조선노동조합 김명기, 아이치현(愛知縣)조선노동조합 손우석, 지경재, 교토조선노동조합 박신한, 김진우, 오사카조선노동조합 김문준, 조몽구, 김영수, 박영만, 효고현조선노동조합 최경식 등과 방청객의 자격으로 김호영이 참가했다. 당시 김문준은 오사카조선노동조합의 대표였다.

재일본조선노동총동맹 상임위원회는 전술했듯이 1930년 1월 20일 기한으로 서면교환의 형식으로 중앙위원회를 개최하고 전협조선인위원회로의 재편성에 대해서 승인을 구했다. 당시 전협 조선인위원회는 「재조직, 재건 투쟁주간에 관한 지령」(1930.1.15)은 다음과 같은 사실에 주목했다. 먼저 투쟁주간으로 1월 21일 레닌기념일부터 1월 27일까지 1주간을 정하고 재건투쟁을 선동하고 있다. 이 투쟁주간의 조선노동조합의 임무로는 ① 대공장으로 들어가며, ② 산업별 정리, 산업별 단일 조합의 결성과 조선노동조합 해체의 방향으로 나아가고, ③ 공장을 기초로 노동조합을 재조직할 것

---

42) 大阪市 西成區 南通 8丁目이었다.
43) 「朝鮮人の共産主義運動」, 金正明 編, 『朝鮮獨立運動』(4), 1048쪽.

등이었다. 특히 공장을 기초로 재조직할 때는, ① 종래의 자유노동자와 공장노동자를 혼합해서 만든 지역반을 해체하고 공장, 직장반, 공사 현장반을 조직할 것, ② 5인 미만으로 독립반을 조직할 수 없는 경우에도 이것을 지역반에서 분리하여 공장, 직장반 준비회를 조직하여 조합원 획득 운동을 할 것, ③ 이러한 투쟁을 수행하기 위해 도쿄, 오사카와 같이 광대한 대중을 갖고 있는 조합은 조합 전체를 통해서 조직적 능력이 있는 투사를 모두 망라하여 '재조직위원회'를 조직하여 조합 전체의 재조직 투쟁을 할 것 등의 목표를 수행하기 위해 전력을 경주해야 한다는 내용이었다.[44]

일본노동조합전국협의회 조선인위원회 오사카산업별재조직위원회는 다음의 문건을 작성했다. 「스파이사회투기주의자 김문준일파의 정체: 전투적 오사카의 노동자 제군에게」[45]이다. 여기에서 김문준을 조몽구, 심춘경과 함께 현호진, 김용해 등을 허일 등에 의해 조직된 춘경원당과 관련 있는 사람으로 보았다. 특히 오사카산업별재조직위원회는 '춘경원당' 검거에 따른 그 구성원에 대한 변호 의뢰를 김문준이 지역의 변호사였던 고이와이(小岩井)에게 한 것과 오사카 미나토구지부(港區支部)의 벽신문에서 확인하여 심증을 굳히고 있다. 당시 김문준은 오사카 조선인노동자 사이에서 중심적인 역할을 하고 지역, 경제문제 등 재일조선인 대정에 초점을 맞추어 활동을 했다.

실제로 재일본조선노동총동맹 해체주도그룹은 김문준 등의 오사카지역의 반대세력을 시종일관 스파이, 사회투기자로 몰고 이들의 박멸을 주장했다. 문제는 해체를 주장한 그룹의 논리가 실제로 구체적인 내용을 전제로

44) 日本勞動組合協議會朝鮮人委員會, 「再組織,再建鬪爭週間に關する指令」(指令 第1號), 『日本社會運動通信』 1930.1.23.
45) 早稻田大學 마이크로필름실 소장.

전개되지 못했다는 것이다.

당시 김문준도 1930년 2월 7일 전협 조선인위원회에 비난의 취소를 요구하고, 2월 25일에는 성명서를 발표했다. 여기에서 전협으로의 신속한 해체에 협력할 것을 결의했다. 그리고 김문준은 1930년 2월 28일 「또다시 성명한다」[46]에서 다음과 같이 천명했다.

> 「「전협으로의 즉시 가입」(이라는 문건: 필자)은 원칙적이고 절대적으로 올바른 것이었다. 구체적인 방침 의견이 결정된 김두용의 팜플렛 「재일본조선노동운동을 어떻게 전개할 것인가」가 발행된 12월 중순 전대회에서 전협으로의 가입이 결정되었다. 이 회의의 결의는 절대적이고 뒤에 반대하는 것은 반역자로 취급했다. 문제는 여기에 있다. 나(김문준: 필자)는 앞에서 천명했듯이 처음부터 이해와 열의를 가지고 전협으로의 해소투쟁을 나의 임무로 적극적으로 수행해 왔던 사람 가운데 일인이다.」

이상과 같이 김문준은 해체를 전면적으로 부정하고 반대 투쟁을 전개하지 않았다. 단지 오사카지역에서 활동하는 가운데 재일본조선노동총동맹 중앙과 조직선이 달랐던 것이다. 그에게는 이것이 문제였다. 김문준은 해체논의 과정에서 김수현, 남영우, 김경중 등과 조직적 관계를 갖지 않고 독립적으로 활동했다. 당시 「또다시 성명한다」는 문건에서 보이듯이 해체투쟁을 해왔던 김문준 등 오사카조선노동조합은 1930년 4월 8일 전협조선인위원회와 별개로 전협으로 해소한다고 성명을 발표했다.

실제로 재일조선인 노동운동진영에서 해체운동은 1930년 1월 15일 '재

---

46) 大原社會問題硏究所 所藏. 이 문건에 대한 전면적인 비판이 朴xx生의 「典型的派閥主義者 金文準の公開狀をアバク」(『進め』(1930.7)에 실려 있다. 여기에서는 김문준에 대해 장일성을 숭배하는 파벌주의자로 규정하고 일본의 노농파와 춘경원당이 완전히 제휴하고 있다고 했다(朴xx生, 앞의 논문, 26쪽).

조직 재건투쟁주간'을 통해서 본격적으로 전개되었다. 조선노동조합 해체를 주도한 전협 조선인위원회는 지령, 기관지, 뉴스 등을 발행하여 가맹조합의 해체를 일상투쟁과 결합시켜서 해체 활동을 전개했던 것이다.[47] 이와 함께 재일조선인 노동운동 세력은 새롭게 재편되어 갔다.

5. 맺음말

김문준은 1920년대 중반 이후 오사카지역의 재일조선인 반일운동을 선도했다. 그는 단순히 오사카 지역적 차원의 재일조선인의 운동만을 염두에 두지 않았다. 그것을 반증하는 것이 1920년대 말 재일조선인 민족운동의 방향 전환을 가져온 재일본조선노동총동맹의 해체사건이다.

결성된 이후 재일본조선노동총동맹은 재일조선인 반일운동의 중심세력이었다. 대회를 거치면서 조직적 발전의 내용이 확인되고 조직 내부의 정치세력의 변화에 따라 운동의 방식도 변하여 정치투쟁적 부분이 1927년 이후는 강화된 것으로 보인다. 그리고 이것은 제4회 전체대회에서 내부 투쟁을 초래하기도 했다.

재일본조선노동총동맹은 조선공산당 일본부와 일본총국의 구성원이 주도했다. 그 결과는 오사카사건의 정리 방식에서 확인된다. 이후 재일본조선노동총동맹의 해체도 그 연결선상에서 볼 수 있을 것이다.

김문준은 1927년 도일하여 오사카지역의 재일 제주인 사회와 오사카 지역 사회에서 대중적 운동을 선도했다. 그는 운동지형의 변화를 읽고 전면적 반대를 하지 않고 조직적 관점에서 운동의 큰 흐름에 따랐다. 지역의

---

47) 「在留朝鮮人の運動」, 朴慶植 編, 『在日朝鮮人資料集成』(2-1), 255쪽.

대중운동에 기초한 그로서는 적극적으로 이후에도 재일조선인 대중을 중심으로 한 반일투쟁을 전개하게 된다.

—

제7장

—

제7장
/
재일조선인 문학의 역사인식

김시종의 시를 중심으로

1. 머리말

역사를 개인의 문학 작품을 통해 보는 것은 문학자들과 기존의 많은 평론가들이 해 왔던 작업이다. 지금도 그렇고 향후에도 이런 작업은 지속될 것이다. 자이니치(在日)의 문학을 통한 재일조선인 사회 보기는 많은 작품이 해 왔던 일이다. 그 가운데 한반도와 자이니치를 재일조선인 자신의 언어를 통해 보는 작업은 역사가 하지 못한 또 하나의 영역이라고 할 수 있다.

실제로 수많은 문학 작품은 작품 그 자체의 가치와 역사적 의미가 절대 작지 않다고 생각한다. 자이니치의 문학은 삶 그 자체라고 할 수 있을 것이다.[1]

실제로 일본 문단에서 본격적인 재일조선인 문학 활동은 1932년에『改

---

[1] 재일조선인의 문학사에 대한 연구는 다음의 글을 참조. 정희선 외 역,『재일코리안사전』, 선인출판사, 2012; 이한창,『재일 동포문학의 연구 입문』, 제이앤씨, 2011; 이한정, 윤송아 엮음,『재일코리안 문학과 조국』, 지금여기, 2011.

造』의 현상공모에서 2위로 입상했던 장혁주(張赫宙)의 「餓鬼道」부터라고 한다.2) 이러한 재일조선인 문학은 장혁주를 넘어 넘어, 김사량(金史良)을 만날 수 있다. 1939년 김사량은 芥川賞 후보작가에 올랐던 「光の中に(빛 속에서)」에서, 일본인 아버지와 조선인 어머니를 둔 혼혈아의 심리를 묘사하고 있다.3) 여기에서 그는 일본사회 속의 조선인의 고뇌와 억압과 차별이 어떻게 인간성을 왜곡시키는가를 조명하고 있다.4) 전전의 재일조산인 문학에서 전후로 이해하는 데는 장혁주와 김사량 그리고 김달수(金達壽)가 있다. 그는 식민지 백성이라는 숙명을 짊어지고, 차별과 멸시를 받으며 살아가는 조선인의 모습을 그렸다.5) 그는 일본인의 우월감과 위선을 고발하고, 피지배계급인 조선인의 자리를 확인했다. 그리고 자립과 향학의 뜻을 불태우던 젊은 시절의 자신을 소설 속에서 표현하고자 했던 것이다.

전후로 이어진 재일조선인 문학은 그 주제가 한반도 정세, 일본 사회의 변화, 재일조선인 세대교체의 영향을 받아 왔다. 그러나 작가의 뿌리인 조선의 역사나 정치, 혹은 동경과 소외의 감정, 또는 재일조선인의 역사나 생활, 가족, 아이덴티티에 관한 작품 등이 세대를 초월해서 대부분을 차지하고 있다. 어떤 작가나 모두 분단 상태가 이어지는 '조국'과 일본과의 끊임없는 긴장관계라는 재일조선인 특유의 정치성과 무관할 수 없는 것이다. 이러한 조건 아래에서 작가들은 갖가지 갈등을 품으면서 독특한 작품세계를 형성해 왔다고 할 수 있다.

2) 李漢昌, 「해방전 재일 조선인의 문학 활동」, 『재일조선인 그들은 누구인가』, 삼인, 2003년, 162쪽.
3) 金贊汀, 『在日コリアン百年史』, 三五館, 1997, 80쪽.
4) 李漢昌, 「해방전 재일 조선인의 문학 활동」, 『재일조선인 그들은 누구인가』, 삼인, 2003년, 164쪽.
5) 정대성, 「8・15 전후 재일조선인 생활사의 階調」, 홍기삼 편, 『재일한국인 문학』, 솔, 2001 참조.

본고는 전후 재일조선인 문학의 한가운데에 있는 시인 김시종(金時鐘)의 시를 통해 그의 역사인식에 대해 살펴보고자 한다.[6] 호소미 가즈유키가 쓰고 동선희가 번역한 김시종에 대한 책은 그에 대한 연구로 주목되는데, 호소미 가즈유키는 '김시종의 생애와 표현은 작품마다 현실에 존재하는 인간, 사회관계에 기반을 두고 일본의 전통적인 서정과는 대척점에 있는 새로운 서정을 탐색함으로써 탈식민지화를 끝까지 추구하는 것이었다.'고 한다.[7] 이런 논의의 연결선에서 김시종의 역사인식의 편린을 살펴보도록 하겠다. 구체적으로는 김시종의 시집을 통해 역사인식을 살펴보도록 하겠다.

2. 재일조선인 문학과 김시종 연보

1) 재일조선인 문학

해방 이후 재일조선인 문학은 본격적으로 전개되었다.[8] '재일문학'이라고도 한다. 1945년 8월 이후 초기 해방 이후 재일조선인 작가들로는 소설에서는 윤자원(尹紫遠), 박원준(朴元俊), 장두식(張斗植), 이은식(李殷植), 그리고 김달수를 들 수 있다. 아울러 시에서는 강순(姜舜), 허남기(許南麒),

---

[6] 최근 그에 대한 박사학위 논문이 나왔다. 吳世鐘, 「金時鐘における自己回復とは何か」, 一橋大博士論文, 浅見洋子, 「金時鐘の言葉と思想―注釈的読解の試み―」, 2013.

[7] 호소미 가즈유키 저, 동선희 역, 『디아스포라를 사는 시인 김시종』, 어문학사, 2013, 20쪽. 나아가 다음과 같이 평한다. 첫째, 시를 특권화하지 않고 있다면서 타자의 살아 있는 시의 절실함에 걸맞은 작품의 언어를 추구하고 있다. 둘째, 구조화된 장편시의 지향이 보인다. 셋째, 시가 리듬감을 가지고 있다. 넷째, 정치, 사회적 문제를 수용하는 자세, 다섯째, 일본어를 내부에서 분쇄하는 듯한 문제가 있다(231~233쪽).

[8] 정희선 외 역, 『재일코리안사전』, 선인출판사, 2012, 360쪽.

이시우(李時雨) 등이 거명된다. 독립의 기쁨 속에서 재일조선인 문학은 정
신의 탈식민지화를 시도했는데, 곧바로 찾아온 한반도의 남북분단으로도 그
지향성이 규정되게 되었다고 할 수 있다.[9] 1950년대 전반에는 『민주조선』
의 중심인물로 「현해탄」 등의 소설을 발표한 김달수, 우리 민중의 저항사
를 읊은 허남기가 주목된다. 이후 재일조선인 문학을 보면 다음과 같이 정
리하기도 한다.

> 1955년 결성된 재일본조선인총연합회(총련)는 조선민주주의인민
> 공화국의 문예정책을 도입하여 조선어로 된 창작활동 여건을 정비해
> 갔다. 1960년대에는 재일조선인의 생활, 대한민국 민중과의 연대, 공
> 화국 공민이 된 긍지, 조국 통일 등을 주제로 해서 사회주의 리얼리
> 즘 기법을 쓴 조선어 작품이 다수 창작되었다. 1960년대 후반은 재
> 조선인의 문학의 전환기가 되었다. 총련 내의 문학활동은 이후 김일
> 성의 유일사상체제 아래에서 이루어지게 되었다. 한편 김학영(金鶴
> 泳) 『얼어붙은 입』(분게이상(文藝賞), 1966)과 이회성(李恢成) 『다
> 듬이질하는 여인』(아쿠타가와상(芥川賞), 1972)의 문학상 수상을 비
> 롯해, 소설에서는 김석범(金石範), 김태생(金泰生), 고사명(高史明),
> 시와 평론에서는 오임준(吳林俊), 김시종(金時鐘)이 봇물같이 일본
> 의 문단에 등장 했다. 이들 대부분은 총련이나 그 전신인 민족단체에
> 소속되었던 경력이 있었다. 이 시기 그들의 활약으로 재일조선인의
> 일본어 문학을 가리키는 '재일조선인 문학'이 널리 인지되었다.
>   그 후에도 일본의 문학계에서 활약하는 작가가 늘어나 다음과 같
> 이 문학상 수상작도 많이 나왔다. 소설: 정승박(鄭承博) 『벌거벗은
> 포로』(농민문학상, 1972), 레이라(麗羅) 『사쿠라코는 돌아왔나』(산토
> 리 미스터리대상 독자상, 1983), 김석범 『화산도(火山島)』(오사라기
> 지로상(大佛次郎賞), 1984 · 마이니치예술상(每日藝術賞), 1998), 이
> 기승(李起昇) 『0.5(제로한)』(군조신인문학상(群像新人文學賞), 1985),

9) 정희선 외 역, 『재일코리안사전』, 선인출판사, 2012, 361쪽.

이양지(李良枝) 『유희(由熙)』(아쿠타가와상, 1988), 박종호(朴重鎬) 『회귀』(홋카이도신문문학상(北海道新聞文學賞), 1988), 유미리(柳美里) 『가족시네마』(아쿠타가와상, 1996), 양석일(梁石日) 『피와 뼈』(야마모토 슈고로상(山本周五郎賞), 1998), 현월(玄月) 『그늘의 집』(아쿠타가와상, 1999), 가네시로 가즈키(金城一紀) 『GO』(나오키상(直木賞), 2000), 김중명(金重明) 『항몽의 언덕: 삼별초탐라전기』(역사문학상, 2006).

시: 최화국(崔華國) 『묘담의(猫談義)』(H씨상, 1985), 김시종(''재일'의 틈에서(평론)』(마이니치출판문화상, 1986), 『황무지의 시(시집성)』(오구마 히데오상(小熊秀雄賞) 특별상, 1992), 송민호(宋敏鎬) 『브룩클린』(나카하라 주야상(中原中也賞), 1997).—또 소설과 시뿐아니라 평론과 에세이 작가 최선(崔鮮), 김일면(金一勉), 최석의(崔碩義), 김학현(金學鉉), 안우식(安宇植), 박춘일(朴春日), 윤학준(尹學準), 변재수(卞宰洙), 임전혜(任展慧), 다케다 세이지(竹田靑嗣), 서경식(徐京植), 강신자(姜信子), 아동문학 작가 한구용(韓丘庸), 라이트 노벨 작가 김연화(金蓮花), 단가(短歌) 작가 김하일(金夏日), 이정자(李正子), 번역과 희곡 분야 등 재일조선인의 문학활동은 다양한 장르에 걸쳐있다.

1990년대 무렵부터 일본에서는 포스트콜로니얼 이론 등의 유입으로 재일조선인의 일본어 작품이 '재발견'되기 시작했다. 또 1997년에 20년 이상 시간이 걸려 완성된 김석범의 대하소설 『화산도』는 종래의 '일본문학'의 개념을 뒤엎을 정도의 존재감을 일본어 문학 영역에서 표출하고 있다. 2000년대에 들어와서는 『재일코리안시선집』(土曜美術社, 2005), 『'재일' 문학전집』(勉誠出版, 2006)이 잇달아 간행되어 묻혀있던 많은 일본어 작품이 빛을 보았다.[10]

이렇게 재일조선인 문학의 세계는 일본 안에서 독자적인 세계를 구축하면서 수많은 작가를 생산해 냈다. 그리고 한반도와 일본 열도에 독자적인

---

10) 정희선 외 역, 『재일코리안사전』, 선인출판사, 2012, 361~362쪽.

세계를 구축해 왔다. 이 가운데 다양성이 존재하고 그 다양성은 작가가 속한 사회적 구조 속에서 자신이 선택한 선택지였던 것이다.

2) 연보

일제 식민지시대 김시종(金時鐘)[11]은 강원도 원산시에 태어났다. 그리고 16세 때 해방을 맞이했다. 1948년 제주도에서 4·3사건이 일어나자 남조선 노동당의 일원으로서 합류했다. 1949년에는 일본으로 건너갔다. 이후 일본 공산당에 입당하여 현실 정치에 투신했다.

1950년대 이후 정치에 대항하면서 시 창작을 계속했다.[12] 1996년에 도일 이래 처음으로 고국을 방문했다. 오노 도자부로(小野十三郎)『시론』과의 만남이 시 창작에 결정적인 시사를 주었고, 일본적 서정을 철저히 거부하여 "일본어에 대한 보복"이라는 독자적인 시법(詩法)을 추구하면서 보편에 이르는 시 정신을 확립했다고 할 수 있다.

첫 시집『지평선』을 한국전쟁이 한창이던 때에 간행했다. 1970년에 장편시집『니가타(新潟)』를 내놓아 큰 반향이 있었다. 1980년대까지의 시가 『황무지의 시』로 집성되었다. 그밖에『화석의 여름』,『경계의 시』가 있고, 『'재일'의 틈에서』(1986, 마이니치출판문화상(每日出版文化賞) 수상),『풀숲의 시간』『나의 생과 시』등이 있다. 역서로 윤동주(尹東柱) 시집『하늘과 바람과 별과 시』,『재역 조선시집』이 있다. 지금도 작품 활동을 하고 있다.

최근에 간행된 그의 자서전에는 다음과 같이 연보가 기록되어 있다.[13]

---

11) 정희선 외 역,『재일코리안사전』, 선인출판사, 2012, 83쪽.

12) 정희선 외 역,『재일코리안사전』, 선인출판사, 2012, 84쪽.

13) 金時鐘,『朝鮮と日本に生きる: 濟州道から猪飼野へ』, 岩波書店, 2015, 292쪽.

1929년	1월(음력1928년 12월 8일) 부산에 태어남
1936년	원산시 조부 밑에 맡겨짐
1937년	보통학교 입학
1940년	아버지의 장서로 독서함
1942년	광주의 중학교에 입학
1946년	최현선생과 만남
1949년 6월	일본으로 탈출
1950년 1월	일본공산당에 입당
1951년 3월	오사카 나카니시조선학교 재개교 활동에 참가
1951년 10월	재일조선문화인협회 결성, 『조선평론』 창간
1953년 2월	『ヂンダレ』 창간
11월	심계항진과 패결핵으로 긴급 입원, 3년 동안 장기 요양(1956년 9월 퇴원)
1955년 12월	시집 『지평선』 간행
1956년 11월 18일	강순희와 결혼
1957년 9월	종합잡지 『청동』 간행
1957년 9월	제2시집 『일본풍토기』 간행
1959년 6월	카리온의 회 결성
1970년 8월	제3시집 『니이가타』(곽덕형 옮김, 글누림, 2014) 간행
1973년 9월	효고현립 미나토가와(湊川)고등학교 교원이 됨 (1988년 정년퇴임)
1978년	10월 제4시집 『이카이노시집』 간행
1983년	11월 『광주시편』(김정례 옮김, 푸른역사, 2014) 간행
1986년 5월	수필집 『재일의 틈에서』 간행(마이니치출판문화상 수상)
1998년 10월	49년 만에 제주도를 방문
2010년 2월	『잃어버린 계절』 간행

3. 김시종의 역사인식

1) 재일에 대한 인식

김시종의 재일인식에 앞서 재일에 대한 주체적 인식은 그의 시를 통해 확인해 보자. 그가 맞이한 해방은 재일의 어떤 부속품인지도 모르는데, 그는 해방의 의미를 이렇게 설명하고 있다.

> 한글로 아이우에오의 '아'도 못 쓰는 내가 망연자실한 가운데 떠밀리듯 조선사람이 되었다. 나는 패주한 일본국ㅇ(서도 내버린 정체불명의 젊은이였다. 이제는 인정할 수밖에 없는 패전 앞에서 결의를 굳혔다. 이제 곧 진주해 올 미군 병사 어떤 놈이든 제도로 찌르고 나도 죽을 각오였다.[14]

김시종의 이런 기억은 제주도에서의 기억을 말하고 있다. 8월 말로, 그는 클레멘타인의 노래가 떠올랐다고 한다.[15]

연보에서 보이듯, 총련에 대한 비판적 인식은 그의 삶의 큰 변화가 시작되는 또 다른 시점이 되었다. 그는 『진달래』 제18호에 「오사카 총련」을 발표했다.[16]

> 고시(告示)
>
> 급한 용무가 있으면 / 뛰어나가세요.
> 소련에는 / 전화가 없습니다.

14) 『'在日'のはざまでえ』, 13쪽.
15) 호소미 가즈유키 저, 동선희 역, 『디아스포라를 사는 시인 김시종』, 어문학사, 2013, 13쪽.
16) '고시'와 '동원'으로 구성되어 있다.

급히 처리해야 한다면 / 큰 소리를 내세요.
소련에는 / 접수 받는 곳이 없어요.

용변 볼일 있으시면 / 다른 데로 가 주세요.
소련에는 변소가 없습니다.
소련은 / 모든 이의 단체입니다.
애용해 주신 전화료가 / 중지될 만큼 밀렸습니다.

소련은 / 맘 편한 곳입니다.
모든 사람이 그냥 지나가 머리므로 / 접수처가 수고할 필요가 없
습니다.
속은 어차피 변비입니다.
겉보기가 훌륭하면 / 우리의 취미는 충족되었습니다.
변소는 제때 처리하면 됩니다.

그러니 새 손님을 초청하지 않습니다.
그래서 새 손님을 부르지 않습니다.
2층의 홀은 예약이 끝났습니다.
오늘 밤은 창가학회가 사용합니다.

이 시로 김시종은 총련과 조직적인 관계가 끊어진다.

한편 그의 재일인식은 일상의 쓰루하시(鶴橋)를 다룬 시에서 확인할 수
있다. 그는 존재로서의 재일에 충실했는데, 「젊은 당신을 나는 믿었다.」는
다음과 같이 시작된다.

아니 / 아니
젊은 당신이 거절할 리가 없다.
갑작스러운 질문에
당황했을 뿐 / 진짜로

> 더구나 / 오후 시간
> 한산한 전차여서
> 몇 사람의 / 호기심 어린 눈에
> 신경이 쓰일 수도 / 있는 일 아닌가.
> (중략)
> 천천히 / 플랫폼에 멈춰 선다.
> 스피커가 장소를 알리고
> 자동문이 길을 연다. / 어머니가 나간다.
> 내가 일어선다.
> 노파가 밖으로 머리를 내밀고
> 당신의 흰 다비가 / 플랫폼을 향한다.
> 다음이 쓰, 루, 하, *시예요.*[17]

　현재 오사카에 이카이노는 없다.[18] 김시종 그에게는 있다고 할 수 있다. 지금도 한가운데 존재하고 있는 것이 현실인 것이다. 1978년 간행된 이카이노시집의 첫 번째 시 「보이지 않는 동네」는 다음과 같이 시작된다.

> 없어도 있는 동네 / 그냥 그대로
> 사라져 버린 동네 / 전차는 애써 먼발치서 달리고
> 화장터만은 잽싸게 / 눌러앉은 동네
> 누구나 다 알지만 / 지도엔 없고
> 지도에 없으니까 / 일본이 아니고
> 일본이 아니니까 / 사라져도 상관없고

---

17) 김시종 지음, 유숙자 번역, 『경계의 시』, 소화, 1985, 34~38쪽.
18) 시집의 첫머리에 이렇게 서술하고 있다. "오사카시 이쿠노의 한 구역이었으나 1973년 2월 1일에 없어진 조선인 밀집지이며 옛 정명. 옛적에는 이카이노쓰(猪甘津)라고 했고 5세기 무렵 조선에서 집단 도래한 백제인이 개척했는다는 백제향(百濟郷)의 터전이기도 하다. 다이쇼 말기 백제천을 개수하여 신히라노가와(新平野川)를 만들었을 때 이 공사를 위해 모인 조선인이 그대로 살게 된 마을, 재일 조선인의 대명사와 같은 동네이다."(『들판의 시』, 125쪽).

아무래도 좋으니 / 마음 편하다네

거기선 다들 목청을 돋우고 / 지방 사투리가 활개치고
밥사발에도 입이 달렸지 / 엄청난 위장은
콧등에서 꼬리까지 / 심지어 발굽 각질까지
호르몬이라 먹어 치우고 / 일본의 영양을 몽땅 얻었노라
의기양양 호언장담[19]

여기에서 나아가 이카이노는 보이지 않는 동네에서 냄새나는 동네로 상
징성을 더 하고 있다.

그래서 이카이노는 마음속 / 쫓거나 자리 잡은 원망도 아니고
지워져 고집하는 호칭도 아니라네.
바꿔 부르건 덧칠하건 / 猪飼野는
이카이노 / 코가 안 좋으면 못 찾아오지[20]

이밖에도 쓰루하시의 보통 사람에 대해 김시종은 주목했다. 그리고 이
곳을 근거지로 일하는 사람들은 「노래 또 하나」에서 다음과 같이 표현되고
있다.

두드린다 / 두드린다
바쁜 것만이 / 밥벌이 보증
마누라에 어린 것에 / 어머니에 여동생
입으로 떨어지는 못질 땀을 / 뱉고 두드리고
두들겨댄다.

19) 김시종 지음, 유숙자 번역, 『경계의 시』, 소화, 1985, 85~92쪽.
20) 김시종 지음, 유숙자 번역, 『경계의 시』, 소화, 1985, 88쪽.

일당 5천 엔 / 벌이니까
열 컬레 두드려 / 50엔
한가한 녀석일랑 / 계산하여!

두드리고 나르고 / 쌓아 올리고
온 집안 나서서 꾸려 간다
온 일본 구두 밑창 / 때리고 두들겨
밥을 먹는다.[21]

자이니치의 조선인 노동자에게 노동은 신성한 것이었다. 가족을 돌보는 수단으로 온몸을 바쳐서 작업을 해야 하는 일이 구두를 만드는 일이었다. 그리고 그 시간은 땀을 닦아낼 수도 없었다. 물론 노동에 대한 대가에 대한 계산도 사치였던 것이다. 나아가 구두를 만드는 일은 온 집안의 가업이었던 것이다. 구두뿐만 아니라 쓰루하시의 조선인 노동자는 가내에서 천을 자르고 옷을 만들고 깁는 일도 가족노동으로 했었다.

2) 북송에 대한 인식

북송은 1958년부터 1959년 사이에 집중적으로 전개된 북한으로의 귀국 운동이다. 니가타항(新潟港)에서 출발한 제1차 귀국선 2척에 탄 것은 재일조선인 238가구 975명이었고, 이후 일시 중단되기도 했다. 1984년까지 187회, 약 9만 3,340명이 북한으로 귀국했다.

북송의 배경에 대해서는 여러 가지 견해가 있는데, 일본에 관련된 요인으로는 당시의 일본 정부가 재일조선인을 재정 및 치안상의 부담으로 여기고 있었던 점, 재일조선인 대부분이 심한 생활고에 직면해 있었던 점, 젊은

21) 김시종 지음, 유숙자 번역, 『경계의 시』, 소화, 1985, 100~107쪽.

세대가 교육과 취직에서 차별받는 현실에 있었던 점이 있다. 또한 1958년 시점에서 10만 명이나 되는 귀국 희망자가 생겨난 배경으로는 국교 정상화를 목표로 추진해 왔던 북한의 대일 인민외교가 과도하게 효과를 거둔 요소도 있다고 할 수 있다.[22]

김시종은 이 북송에 대해 전면적인 논의를 전개했다. 그는 『니가타』에서 강제연행을 거론하면서 우키시마마루로 먼저 주목했다.

> 우리가 / 징용이라는 방주에 실려 현해탄을 넘은 건
> 일본 그 자체가 / 혈거 생활을 부득이 꾸려야 했던 초월 지옥의
> 한 해 전이었다.[23]

그리고 바다를 통한 미지의 세계로의 먼 길을 동경하면서 그 밖의 세계인의 본국에 대한 그리움을 표현하고 있다. 그것도 자신의 눈으로 표현하고자 했다.

> 늘 / 고향이 / 바다 저편에
> 있는 자에게 / 더 이상 / 바다는
> 소망으로 / 남을 뿐이다.
> 저녁 해에 / 서성이는 / 소년의 / 눈에
> 철썩철썩 / 밀려들어 / 옥처럼 널리는 것
> 이미 바다다 / 이 물방울 / 하나하나에
> 말을 갖지 못한 / 소년의 / 이야기가 있다.

그에게 '북조선'으로 가는 것은 오는 것만큼 힘든 일이었다. 그는 우연히

---

22) 정희선 외 역, 『재일코리안사전』, 선인출판사, 2012, 66쪽.
23) 김시종 지음, 유숙자 번역, 『경계의 시』, 소화, 1985, 47쪽.

일본에 갔지만 진정으로 돌아간다면 어머니의 땅이었다고 생각한다. 역전
인지를 모르겠지만 북송이 이런 이미지를 형상화했다.

> 태어나기는 북선이고 / 자란 것은 남선이다.
> 한국은 싫고 / 조선이 좋다.
> 일본에 온 것은 / 정말 우연한 일이었다.
> 한국에서 밀항선은 / 일본에 오는 것밖에 없었으니까
> 그렇다고 북조선에 지금 가고 싶은 것도 아니다.
> 한국에 / 오직 어머니 한 분이
> 미이라가 되어 기다리니까.

　　김시종은 자신이 북한의 직계임을 외침을 통해 동시에 북한의 공민이 되
지 못함을 표현한다, 조국은 나를 위한 필요한 존재라는 것이다.[24]

> 나야말로 / 추호의 의심 없는
> 북의 직계다!
> (중략)
> 종손인 시종입니다.
> 외침이 / 하나의 형태를 갖춰 떨어지는 순간이
> 이 세상에는 있다.
> (중략)
> 육신 조차 / 나의 생성의 싸움을 알지 못해!
> 그 조국이 / 총을 들 수 있는
> 나를 위해 필요하다!

　　김시종에게 니가타는 쓸쓸함으로 다가왔고, 그 연결선에 있는 니가타는

24) 호소미 가즈유키 저, 동선희 역, 『디아스포라를 사는 시인 김시종』, 어문학사, 2013, 150~151쪽.

북송을 통해 다가가지는 않는 존재였다. 저 편 쓸쓸함의 존재였다.[25]

> 지평에 담긴 / 하나의
> 바램을 위해 / 많은 노래가 울린다.
> 서로를 찾는 / 숲속의
> 화합처럼 / 갯벌을
> 가득 채우는 / 밀물이 있다.
> 돌 하나의 / 목마름 위에
> 천 개의 파도가 / 무너진다.

결국 김시종은 남았다. 일본에 그리고 그것은 선택이었다. 이것이 그가 생각한 북송의 이미지였다. 그는 고향으로 북한을 생각했고, 어머니의 땅으로 생각했다. 그리고 쓸쓸함의 존재로 인식했던 것이다. 현실의 역사인식에 그는 철저했던 것이다. 현실의 삶은 정치를 반영하기 때문이다.[26]

> 해구를 기어 올라온 / 균열이 / 남루한 / 니가타 / 시에 / 나를 붙잡
> 아둔다.
> 꺼림칙한 위도는 / 금강산 절벽에서 끊어졌으므로 / 이건 / 아무도
> 모른다.
> 나를 빠져나온 / 모든 것이 사라졌다.
> 망망히 펼쳐지는 바다를 / 한 남자가 / 걷고 있다.

그는 저편 니가타를, 넘은 땅을 바라보는 장소로 선택했다. 이본이지만 북송의 시작점에 그는 섰던 것이다. 김시종에게 북송과 니가타는 자신의

---

[25] 호소미 가즈유키 저, 동선희 역, 『디아스포라를 사는 시인 김시종』, 어문학사, 2013, 152~153쪽.

[26] 호소미 가즈유키 저, 동선희 역, 『디아스포라를 사는 시인 김시종』, 어문학사, 2013, 156~157쪽.

갈 수 없는 저년 세계, 그러나 마음 속 한편에 있는 공간임에는 분명하다고
하겠다.

3) 광주민주화운동에 대한 인식

먼저 김시종에게 한반도는 4 · 3사건을 통해 보인다. 그의 시 「우리의 성
우리의 목숨」이 『일본풍토기』에 실려 있다. 그는 사촌 형의 처형 장면을
그려내고 있다. 현장에 있던 그에게 4 · 3사건은 지금도 현실이다.

> 핑 / 바짝 당긴 로프에 / 영겁 / 조금씩 울혈하는 건
> 사촌 형 김이다.
> 스물여섯 생애를 / 조국에 바친 / 사지가
> 탈분할 만큼 경직되어 점점 더 부풀어 오른다.
> "에이! 거스려!" / 군정부가 특별 허가한 일본도가
> 예과 수련에 들어간 특경 대장의 머리 위에서 원호를 그리자
> 형은 세계와 연결된 나의 연인으로 바뀌었다.

이런 그는 4 · 3과 친일을 동시에 보여주고자 했다. 그것이 시에 드러난
다. 나아가 여성의 초경을 통해 절명의 절정을 그려내려고 하고 있다. 이것
은 그에게 어머니의 죽음을 통해 현실의 절망의 모습을 보였다. 「도달할
수 없는 깊은 거리로」는 다음과 같다.[27]

> 부전 두 장과 / 붉은 선 세 줄에 / 깔린
> 한국 제주국발 / 항공우편이 / 마치 집념처럼
> 동체 착륙한 / 처참한 형상으로 / 손에 떨어졌다.

---

[27] 『일본풍토기 II』 참조.

그에게 어머니의 죽음은 40년이 지나서야 가 보았던 땅이었다. 2010년 가을 그는 제주도에 왔던 것이다. 실제로 김시종이 표현한 4·3사건은 투쟁적이었다고 할 수 있다.[28] 상흔만 남은 땅이 아닌 시대를 짊어지고 간 역사의 공간이었다.

> 피는 / 엎드려 / 지맥으로 / 쏟아지고
> 휴화산 / 한라를 / 뒤흔들어 / 충천을 태웠다.
> 봉우리 봉우리마다 / 봉화를 / 피윌 올려
> 찢겨 나간 / 조국의 / 음울한 신음이 / 업화로.
> 흔들렸다

실제로 김시종, 그는 국내 정치에 대한 관심을 한 번도 포기한 적이 없었다. 끝없는 의견의 개진을 도모했다. 1980년 광주민주화운동[29]은 그 내용을 확인하게 하는 역사적 사건이었다. 『광주시편』 속의 「빛바랜 시간 속」은 그의 처절함을 먼저 얘기한다.

> 거기에 늘 내가 없다.
> 있어도 아무 지장 없을 만큼 / 나를 에워싼 주변은 평정하다.
> 사건은 으레 내가 없는 사이 터지고 / 나는 진정 나일 수 있는 때
> 를 헛되이 놓치고만 있다.[30]

그는 광주를 보면서 젊은이의 죽음을 그리고 있다. 한 시기 청춘의 이름으로 한 짓, 그것이 광주의 젊음이라고 그는 생각하지 않았던 것이다. 현실

28) 김시종 지음, 유숙자 번역, 『경계의 시』, 소화, 1985, 66~67쪽.
29) 한국 정부의 공식 명칭이다.
30) 『들판의 시』, 63쪽.

의 광주는 지금은 한국현대사의 트라우마의 공간이 되어 버렸다.

> 자네, / 바람이야 / 바람 / 사는 것마저도
> 바람에 실려 가지 / 투명한 햇살 그 빛 속을
>
> 날이 간다 / 나날은 멀어지고
> 그날은 온다 / 꽉 들어찬 폐기가
> 늘어날 대로 늘어난 직장을 똥이 되어 흘러내리고
> 검찰 의사는 유유히 절명을 알린다
> 다섯 청춘이 매달려 늘어진 채 / 항쟁은 사라진다
> 범죄는 남는다 / 흔들린다 /흔들고 있다
> 천천히 삐걱대며 흔들린다 /나라의 어둠을 빠져나가는 바람에
> 다갈색으로 썩어가는 늑골이 보인다.
> 푸르딩딩 짓푸른 광주의 청춘이 / 철창 너머로 그것을 본다[31]

　현실의 그는 박관현을 기억했다. 그 속에서 자기의 역사 보기를 정제화시키고 있다. 「입 다문 언어: 박관현에게」는 다음과 같이 노래하고 있다.

> 때론 말은 / 입을 다물고 색깔을 내기도 한다
> 표시가 전달을 거부하기 때문이다.
> 거절의 요구에는 말이 없다 / 다만 암묵이 지배하고
> 대립이 길항한다
> 말은 벌써 빼앗기는 것에서조차 멀어져
> 담겨진 말에서 의미가 완전히 박리된다.
> 의식이 눈을 부릅뜨기 시작하는 건 / 결국 이대부터이다.[32]

---

31) 김시종 지음, 유숙자 번역, 『경계의 시』, 소화, 1985, 130~131쪽.
32) 김시종 지음, 유숙자 번역, 『경계의 시』, 소화, 1985, 133쪽.

이렇게 그의 1980년 광주민주화운동에 대한 시는 현실의 문제에 전면적인 문제 제기를 넘어 연작 시집의 종국을 보여주는 대작으로 승화되었다. 그는 『광주시편』을 통해 광주의 현실을 얘기하고 광주의 현실이 갖고 있는 문제에 주목하고자 했다. 젊은이의 죽음이 있는 공간 그곳은 헛된 무의미한 역사의 공간이 아니라고 그는 말하고 싶어 했던 것이다. 이런 그의 역사인식은 4·3사건의 경험에서 자연스럽게 생긴 한반도에 대한 애정이 시점이었을지도 모른다.

4. 맺음말

김시종은 민중에 평생 주목해 온 것 같다. 그리고 조직에 대해서는 비판적이었다. 그를 비판했던 시인 허남기(許南麒)가 있다.

그런데 허남기와 달리 김시종은 현실에서 역사인식을 투영했다. 조선인의 주체적 역량과 자기 비판에 철저했다. 그리고 한반도 정치에 지속적인 관심을 표명했다. 이와 함께 교조주의에는 반대했다. 분단의 현실을 극복하는 진정한 방법의 길을 김시종은 시를 통해 찾아 가고 있는 것인지 모르겠다.

김시종은 그의 시를 통해 역사인식을 확인해 보았는데, 식민지에 경험과 4·3사건에 대한 경험은 평생 그의 역사인식의 모태가 되었던 것 같다. 그는 시를 통해 형상화를 적극 진행했던, 민족주의자이자 민중주의자이며, 사상가이며 실천가이다. 또한 그는 분단정치를 광주를 인식하고 재일의 삶속에서 투쟁적 삶을 멈추지 않았다.

그의 시는 역사인식을 그대로 보여주고 있다. 첫째, 재일의 본질과 실제를 형상화하는 데 성공했다. 둘째, 현실의 국내 현실에 철저한 역사인식을 보여주고 있다. 셋째, 재일과 한반도의 현실을 북송을 통해 자기 비판을 넘어 적극적인 실천적 역사인식의 내용을 보여주고 있다.

김시종의 시와 시어는 역사, 역사인식을 넘어 현실에 대한 내정한 자기 문제를 실제화하는 데 성공하고 있다. 그의 시의 본질은 민족에서 출발하면서 말이다.

제8장

제8장

/

원수일의 소설 『이카이노 이야기』를 통한 이카이노(猪飼野)의 재일

트랜스내셔널론을 넘어

1. 머리말

트랜스내셔널, 이른바 초국가주의의 공간인가, 이 질문에 대해 이카이노(猪飼野)의 경우 필자는 '아니다'라고 생각한다. 분명 이곳은 자이니치(在日)의 일상의 공간이나 지명상으로 소멸된 공간이다. 이 공간에 대한 인식은 재일의 본질을 규정하는 공간임을 많은 연구는 언급해 왔다.

재일동포 소설가 원수일은 소설 『이카이노 이야기』를 통해 이카이노를 서술하고 있다. 원수일의 『이카이노 이야기』는 2세의 이카이노를 다룬 대표적인 문학작품이라고 생각한다. 1세의 의식을 넘은 2세의 자이니치 사회에 대한 관점은 이중적이다. 여기에서도 트랜스내셔널한 즉 초국가주의적, 지배적이라고 생각되지 않는다.

　최근 국내에서는 트랜스내셔널론으로 해외동포 문제에 주목하기도 한다.[1] 트랜스내셔널론 이른바 초국가주의는 세계화시대의 움직임에 따라 초국적 공간에서 벌어지고 있는 활동 일반을 논의하고자 한다.[2] 따라서 초국가주의에 대해서는 다양한 정의가 내려지고 있지만 일반적으로 인구이동을 통해 이주민들이 사회적, 경제적, 정치적 및 문화적 연결망을 통해 기원국과 거주국에 모두 연결되는 현상이라고 정의하기도 한다.[3]

　초국가주의적 논의 가운데 주목되는 것이 왈벡의 입론이다. 그는 디아스포라 정치학의 관점에서 이주자 집단과 모국, 거주국 간의 복잡한 정치적 관계를 주목한다. 왈벡을 비롯한 초국가주의적 논의는 세계화시대의 현상을 설명하고 있다.[4] 그것은 단순히 디아스포라의 대안으로서보다는 단위 민족을 넘어 나타나는 현상을 보일 때 설명하는 것은 유효하다.

　문제는 인구의 이산을 통해 나타나는 다양한 정치, 사회, 문화현상 등을 설명하는 데 전면적으로 대안이 되기에는 제한적이다는 점이다.[5] 특히 출

---

[1] 오경환, 「"트랜스내셔널"역사: 회고와 전망」, 『국경을 넘어서 이주와 이산의 역사』(제54회 전국역사학대회 발표집), 2011, 832쪽 참조.

[2] 윤인진, 「한민족 이산(Diaspora)과 한민족공동체 형성방안」, 김영희 외 공저, 『민족과 국민, 정체성의 재구성』, 혜안, 2009, 273쪽. 본고에서 윤인진은 초국가주의의 일반론을 개략적으로 설명하고도 있다.

[3] 정희선, 「제1장 재일코리안 디아스포라론에 대한 일고찰」, 청암대학교 재일코리안연구소 편, 『재일코리안 디아스포라의 형성: 이주와 정주를 중심으로』, 선인출판사, 2013, 48쪽.

[4] 국제적 인구이동 문제로부터 초국가주의적 문제로 관심이 이동하는 현상에 따라 디아스포라를 초국가주의의 문제와 연관되게 이해해야 한다고 했다. 그는 세계화의 진전 속에서 국민국가의 규정력이 약화되고 정체성이 특정한 공간, 영역과의 연관성으로부터 자유로워지면서 다중화, 혼동화하는 경향을 디아스포라적인 특성으로 파악한다 (Wahlbeck, Osten. "The concept of diaspora as an analytical tool in the study of refugee communities", *Journal of ethnic and migration studies* Vol.28 No.2, 2002).

[5] 정희선, 「제1장 재일코리안 디아스포라론에 대한 일고찰」, 청암대학교 재일코리안연구소 편, 『재일코리안 디아스포라의 형성: 이주와 정주를 중심으로』, 선인출판사, 2013, 48~49쪽.

발점에서 바라 볼 때 초국가주의적 관점은 제한적인 범위와 역사를 대상으로 하고 있다.[6] 이주하는 주체나 변경이라는 공간만을 디아스포라 연구의 대상으로 삼는다면 그 역사는 역사적 현실의 일부만을 다루게 되는 제한성이 있다. 경계가 곧 초국가주의의 단순한 시점은 아니다.

　이런 관점에서 오사카 이카이노는 흥미로운 공간이다. 현재의 이카이노를 다룬 이른바 원수일의『이카이노 이야기』에 대해서는 여러 선행 연구가 있다.[7] 연극도 공연되었다. 이 가운데 변화영은 원수일의『이카이노 이야기』에 등장하는 재일제주인 여성들의 일상을 통해 자이니치의 삶의 터전이자 상징적 공간인 이카이노의 생활문화와 특수성을 조명하기도 했다.[8]

　본고는 원수일의『이카이노 이야기』에서 '운하', '희락원', '물맞이', '귀향', '이군의 우울', '뱀과 개구리', '재생' 등 7편의 단편을 통해, 재일동포에게 있어 트랜스내셔날의 본질적인 한계를 조망해 보고자 한다. 재일의 본질을 역사 보기와 지역 보기의 틀을 통해 이중적 구조를 확인하고 그 내용을 서술하고자 한다. 아직도 냄새나는 공간으로 민족의 공간이 이카이노이다. 이카이노는 어머니들의 제주도 방언에 일본어가 뒤섞인 거리, 일본에서도 이국이다.[9] 트랜스내셔널하지 않는 공간임을 확인하고자 한다.

---

6) 오경환,「"트랜스내셔널" 역사: 회고와 전망」,『국경을 넘어서 이주와 이산의 역사』(제54회 전국역사학대회 발표집), 2011, 832쪽.

7) 이한창과 전북대학교 재일동포연구소의 다음의 연구가 주목된다. 이한창,『재일 동포문학의 연구입문』, 제이앤씨, 2010.11; 전북대학교 재일동포연구소 지음,『재일 동포 문학과 디아스포라』(1)(2)(3), 제이앤씨, 2008.9.

8) 변화영,「자이니치의 경험과 기억의 서사: 원수일의『이카이노 이야기』를 중심으로」,『현대문학이론연구』(45), 2011.

9) 원수일, 김정혜, 박정이 번역,『이카이노 이야기』, 새미, 2006, 머리말.

2. 원수일의 『이카이노 이야기』

원수일은 『이카이노 이야기』의 말미 저자의 말에서 자신의 이카이노에 대해 다음과 같이 술회하고 있다.

'일본국 이카이노'라는 주소만으로도 제주도에서 보낸 우편물이 배달되는 마을, 이 마을에서 자란 나는 금세기의 반환점인 1950년에 태어났다.─장애물이 없으면 누구나 자신의 고향으로 돌아가는 것이 자연스런 이치겠지. 그러나 동족상잔의 두 비극이 양친을, 바꿔 말하면 나를 이카이노에 머물게 했다.

원래 이카이노는 일본이 스스로 '일본제국'이라 불렸던 시대에, '기미가요마루'를 타고 표착한 제주도 사람들이 온갖 고생을 하면서 개척한 마을이다. 경위야 어떻든 오래 살아 정이 들면 '타향'이 '고향'으로 바뀌는 것도 또 하나의 진리이다.[10]

『이카이노 이야기』는 제주 출신의 한국국적 재일 한국인 2세인 소설가 원수일의 소설이다. 책은 '운하', '희락원', '물맞이', '귀향', '이군의 우울', '뱀과 개구리', '재생' 등 7편의 단편을 싣고 있다. 대체적인 내용은 제주 출신 어머니들의 억척스런 모습과 이에 수반되는 삶의 애환에 얽힌 이야기들이 주종을 이룬다.

그런가 하면 재일동포 2세의 방황하는 청춘상과 정체성 문제로 인한 고뇌, 1세와의 가치관 차이 때문에 갈등하는 모습도 진중하게 그려진다. 이

10) 원수일, 김정혜, 박정이 번역, 『이카이노 이야기』, 새미, 2006, 243쪽.

카이노는 일본 오사카 동남부에 위치한 대표적인 코리아타운으로, 일본제
국 시대에 제주 사람들이 '기미가요마루'를 타고 표착해 온갖 고생을 하며
개척한 곳이다. 그런 만큼 주민 대부분이 제주도 출신이어서, 저자에게는
일본 속에 존재하는 자신의 고향마을인 셈이다.

이카이노는 재일제주인들에게 새로운 "고향"이 된 장소로, 저자 원수일
은 이곳에서 어린 시절을 보냈다. 재일제주인 여성들은 조선시장에서 장사
를 하거나 소규모 공장에서 직공으로 일하면서 무능한 남편을 대신하여 가
족의 생계를 책임졌다. 또한 그들은 집안의 관혼상제와 제사에 열심이었으
며 가문의 위세를 위해 족보를 마련하는 일에도 열중하였다. 재일제주인
여성들은 제주도 방언과 오사카 방언이 뒤섞인 이카이노 말로 사람들과 대
화를 나누고 조상의 의례를 재현하면서 살았다. 이런 일련의 과정을 통해
재일제주인 여성들은 크게는 재일조선인으로서의 정체성을 작게는 가족의
정체성을 지켜나갔다. 이카이노에서 자신들의 삶과 문화를 개척한 재일제
주인 여성들은 "자이니치(在日)"로서의 새로운 정체성 혹은 혼성적 정체성
을 대변하고 있다. 이들 재일제주인 여성들로 인해 이카이노와 코리안 타
운은 지금도 재일조선인들의 심상 고향이 될 뿐만 아니라 한국과 일본을
이어주는 문화적 가교이다.

원수일의 『이카이노 이야기』는 번역도 되었다. 1987년에 출간한 '이카이
노 이야기'의 한국어판이 나왔다. 부산외대 김정혜 교수와 박정이 박사가
함께 번역했다. 새미출판사에서 2006년 간행했다. 한편 『이카이노 이야기』
는 연극으로도 공연되었다.[11]

---

11) 연극으로도 만들어졌다. 연출은 김연민 출연은 박진수, 권민영, 정유미, 최솔희, 김신록,
강덕중, 한상우, 이시훈, 김지혜, 박현진, 김형미, 김은주, 김하리 등이 했다. 극단 드림플
레이의 겨울잠프로젝트 일환으로 공연되는 두 번째 작품이다. 7개의 에피소드로 구성된
3시간짜리이다. 2015년 2월 11~15일까지 공연되었다.

2) 지명으로서의 이카이노

사라진 공간이다. 『재일코리안사전』을 보면 다음과 같다.

> 일본 내 최대·최고(最古)의 재일코리안 집단 거주지. 오사카시 (大阪市) 이쿠노구(生野區) 이카이노초(猪飼野町)의 옛 지명이다. 고대 아스카시대(飛鳥時代)부터 있었던 유서 깊은 지명인데, 1973년 행정구획 변경으로 쓰루하시(鶴橋)·모모다니(桃谷)·나카가와(中 川)·다시마(田島)로 분할되어 그 명칭은 소멸되었다. 식민지시대에 는 '일본국 이카이노 몇 번지'만으로도 조선에서 우편물이 배달되었 다. 이카이노는 곧 재일조선인이었다. 주민 4명에 1명은 재일코리안 이며, 그 지역에 있는 오사카 시립 미유키모리소학교(御幸森小學校) 학생의 70~80%가 한국계이다. 바로 근처에는 총련의 오사카 조선 제 4초급학교도 있다. 이 지역에서는 아쿠타가와상(芥川賞) 수상 작가 를 비롯하여 많은 예술가·활동가들이 배출되고 있다.
>
> 이쿠노·다시마 등의 지명이 나타내듯이 이 지역은 고대부터 큰 습지대였다. 배수가 잘 안 돼, 주택지·공장 입지에 적합하지 않았다. 제1차 세계대전 중 특수경기와 공업화의 진전으로 오사카에서는 값 싼 노동력과 공업용지 수요가 높아졌다. 총길이 약 17㎞의 히라노가 와(平野川)가 이카이노의 거의 중앙을 남북으로 지나고 있다. 이 강 이름도 고대에는 '구다라가와(百濟川)'(백제강)이라고 불렸다. 이 지 역의 배수를 좋게 하고 싼 주택지와 공장용지를 확보하며 가와치평야 (河內平野)의 농업용수와 물자 운반용 운하로 만들기 위해 1921년부 터 1923년에 걸쳐 대확장 공사를 실시했다. 굴착기도 없던 시대의 가 혹한 중노동에 조선에서 온 많은 노동자들이 종사했고, 임금은 일본 노동자의 약 절반 정도였다.
>
> 1923년에는 제주도와 오사카 간에 정기연락선 기미가요호(君が代 丸)가 취항했다. 제주도는 오사카부와 비슷한 넓이로 인구는 약 20만 이었다. 이 섬에서는 일본 패전(1945년)까지 23년간 십 수만 명의 섬 유공장 여성 노동자, 고무공장 등의 노동자, 해녀 등이 일본으로 건너

왔다. 전후(戰後)에도 제주도 4·3사건 등의 혼란을 피해 밀항이 끊이지 않았다. 이카이노의 절반은 제주도 사람들이 만들었다고 할 수 있다.

사람들이 집단 거주하면 시장이 생겨난다. 이카이노를 동서로 지나는 약 500m의 미유키모리도리(御幸森通)가 있는데 그 중간쯤의 뒷골목에 생긴 시장이 '조선시장'의 시초였다. 지금은 미유키모리도리 전체가 조선시장(코리아타운)이라고 불린다. 미유키모리도리의 서쪽에 시키나이샤(式內社) '미유키모리신사'가 자리잡고 있다. 제신(祭神)은 5세기 전반 무렵의 닌토쿠천황(仁德天皇)이다. 가끔 이곳에 거동했기 때문에 미유키모리(御幸森)라는 이름이 붙여졌다고 한다. 『일본서기』 닌토쿠 14년에 "이카이노쓰(猪飼津)에 다리를 건넜다. 이름 붙여 오바시(小橋)라고 했다"고 되어 있다. 후에 '쓰루하시'라고 불렀다. 이 오바시초(小橋町)에는 신라 왕자 아메노히보코(天日槍, 천일창) 신의 처를 제신(祭神)으로 하는 시키나이샤 히메코소신사(比賣許曾神社)가 있다. 이쿠노구·히라노구는 아스카시다 '구다라군(百濟郡)'이라고 불려, 고대 한반도의 삼국(고구려·백제·신라)에서 온 도래인들이 많이 거주하고 있었다. 이카이노는 그들이 가지고 온 문화이며, 지금도 JR 구다라역(百濟驛), 고라이바시(高麗橋) 등의 명칭이 남아 있다. 한반도에서 이 지역으로 이루어진 집단 이주는 한자를 비롯하여 금속제품·토기(스에키(須惠器)) 등의 제작 기술도 전해주어 세계문화유산으로 국보인 나라시대(奈良時代)의 도다이지(東大寺) 건립과 대불(大佛) 주조로 발전해 갔다.[12]

이렇게 이카이노는 역사성이 있는 공간이다. 재일동포의 집단 거주지인 것이다. 여기에는 지금도 일상의 재일동포가 존재한다. 그들은 이곳에서 먹고, 살고 아이들을 가르치고 있다. 그리고 일본을 살면서 조국을 생각하기도 한다.

---

[12] 국제고려학회 일본지부'재일코리안사전' 편집위원회 편찬, 정희선 외 역, 『재일코리안사전』, 선인, 2012, 304~305쪽.

3. 원수일을 통한 역사 보기

1) 한반도 역사

1950년 '6·25동란'이 발발했던 해이다. 자본주의국가의 신문은 '북'이 삼팔선을 넘어 남침했다고 써댄 반면, 사회주의국가의 신문은 '남'이 북침했다고 선전했다.[13] 원수일은 '제사가 있던 그날 밤 히데카짱이 이카이노에서 일어난 우스꽝스런 대리전쟁만은 생생히 기억하고 있었다'고 서술하고 있다.

그리고 그날 목욕탕의 분위기를 통해 현상적인 서술을 시도하고 있다.

> 가내 수공업의 일과를 마친 제주도 사람들이 모이는 곳은 대중탕 시치후쿠온센이었다. 알몸으로 시치후쿠온센의 명물인 사우나에만 들어가면 속이 새빨갛든 시커멓든 동족이라는 정분으로 환담을 나누는 것이 습관처럼 되어 있었다. 그러나 삼팔선을 사이에 두고 전쟁이 발발하자 '공산주의 사상'과 '자유주의 사상'이 정면으로 대립했다.
> '공산군, 단번에 부산까지 남하'라는 보도에 접하면 붉은 타월을 허리에 동여맨 '북'쪽 지지자의 제주도 사람들은 '김일성 만세'를 외치면서 '남'쪽 지지자인 제주도 사람들을 뜨거운 탕으로 밀어 넣어 불알을 익게 했다.
> 그런데 '연합군 인천 상륙, 궁지에 몰린 공산군'이란 호외가 이카이노에 뿌려지는 순간 형세는 역전되었다. 노란 타월을 허리에 두르고 '이승만 만세'를 부르짖는 '남'쪽 지지자에 의해 사우나의 구석으로 몰린 '북'쪽 지지자들은 불알이 찜달이 될 정도의 고통을 받아야 했다.[14]

13) 「윤하」, 원수일, 김정혜, 박정이 번역, 『이카이노 이야기』, 새미, 2006, 12쪽.
14) 「윤하」, 원수일, 김정혜, 박정이 번역, 『이카이노 이야기』, 새미, 2006, 12~13쪽.

재일동포에게도 식민지의 역사는 그대로 조성되었던 것이 일제강점기의 역사이다. 그 곳에 재일의 원형이 존재했기 때문이다.

> 1937년 7월 5일생 소띠다. 1937년생이라면 마사토시의 조국은 아직 식민지통치하에 있었을 뿐만 아니라 이해 10월에 '황국신민 맹세'가 제정되었다. 허나, 지거들은 대일본제국의 신민입니더. 두울, 지거들은 맵을 모아가 천황폐하께 충의를 다하겠십니더. 서이, 지거들은 인고 단련해가 훌륭하고 강한 국민이 되겠십니더.[15]

2) 재일의 역사

재일동포의 역사에서 여러가지로 한반도와 관련하여 논의가 전개되고 있는데, 그 가운데 현재적 문제 중의 하나가 북송이다. 원수일은 북송에 대해 흥미로운 분위기를 전한다.

> "—마사토시 아버지의 삼촌 가족이 북으로 떠나기 전 기념촬영 했던 곳인 가배"라며 가슴이 북받쳐 올라 말했다.
> "아이고! 말라꼬 빨갱이 나라로 갔는교?"
> 아무래도 불만스럽다는 표정으로 인숙이 물었다. 심호흡을 하듯이 영춘은 기억을 더듬었다.
> "마사토시 아버지가 '나라가 하나가 되기 전까지만 이카이노 사시면 안 되겠는교?' 라며 말렸지예. 그캐도 삼촌도 원씨 집안사람 아닌교, 생각도 별스럽지예 '내가 고국으로 돌아가 통일사업하겠다'며 마사토시 아버지가 하는 말 따위 귀에 때만큼도 안 여겼는기라예"[16]

---

15) 「재생」, 원수일, 김정혜, 박정이 번역, 『이카이노 이야기』, 새미, 2006, 182쪽.
16) 「재생」, 원수일, 김정혜, 박정이 번역, 『이카이노 이야기』, 새미, 2006, 213쪽.

고향으로 가는 일은 벅찬 일이었다. 그리고 현실에 눈을 들어 보면 회의
적이었다. 그러나 통일을 꿈꾸면서 고향으로 가는 것은 꿈의 실현을 위한
한 가지 방법이라고 생각했다. 물론 반공주의적 분위기도 있었다.[17]

현실의 재일동포의 사회는 남북의 분단이 그대로 이어져 있다. 그리고
이것을 숙명처럼 받아 드리고 있다.

> "조총련이 박할방(직역하면 박영감이 되지만 여기서는 대통령을
> 가리킨다) 반대하는 집회를 여니까는 민단이 박할방 찬성하는 집회
> 열게 된 거 아인교. 그래 내도 집회에 참석하게 된 거고"
> "아지매 어저씨 조총련인 거 거북이네 알고 있는교?"
> "알고 있다."[18]

남북의 문제는 일상을 거북하게 만들고 있다. 그리고 저편의 문제는 아
니라고 생각하게도 하고 있다.

4. 원수일을 통한 지역 보기

1) 역사와 현재의 공간

현재의 재일의 공간은 고대의 공간과 중첩되는 경우가 있는데, 다카라쓰
카선의 핫도리역의 경우도 확인된다.

---

17) 「재생」, 원수일, 김정혜, 박정이 번역, 『이카이노 이야기』, 새미, 2006, 214쪽.
18) 「재생」, 원수일, 김정혜, 박정이 번역, 『이카이노 이야기』, 새미, 2006, 225쪽.

> 고대 도래인이 개척한 흔적이 보이는 다카라쓰카 선에 핫도리라는
> 역이 있다. 부인복 제로를 하고 있던 기노시타 일가는 한 밑천 잡은
> 듯한 기분에 이카이노의 집을 팔아치우고 이 핫도리역 근처로 옮겨
> 왔다.[19]

실제로 일종하게 자본을 축적하면 재일동포의 경우 일본인 사회로 들어
가는 것을 확인하게도 해준다.

시간이 지나면서 제주도 출신에게 제주도는 고향이 아니라 타향과 다름
없었다.[20]

제주도 그곳에서 건너온 제주도 사람들은 이카이노에 조선시장을 열었
다. 이 조선시장은 마치 지렁이의 소화기관과도 같다.

> 이카이노에서 자랐다고는 하나 텔레비전, 라디오, 영화, 만화 등은
> 몽땅 타향의 정보이고, 조선시장으로 상징되는 제주도적인 풍물로 윤
> 색된 심상 풍경에 '토끼를 쫓았던 그 산, 작은 붕어를 낚았던 그 강이'
> 란 일본노래가 혼재되어 있다.[21]

소카이도로에 면한 미유키모리 신사를 입으로 본다면 쭉 내리 뻗어 항
문에서 쑥 빠져나온 곳이 운하다.[22] 그들에게 이카이노는 고향과 다름없
었다고 한다.

> '고향이 제주도라면, 자연히 몸에 베인 '고향'은 다름 아닌 이카이
> 노다. 그 이카이노는 거절이라고도 포용이라고도 할 수 없는 애매한

19) 「이군의 우울」, 원수일, 김정혜, 박정이 번역, 『이카이노 이야기』, 새미, 2006, 115쪽.
20) 「이군의 우울」, 원수일, 김정혜, 박정이 번역, 『이카이노 이야기』, 새미, 2006, 115쪽.
21) 「이군의 우울」, 원수일, 김정혜, 박정이 번역, 『이카이노 이야기』, 새미, 2006, 134쪽.
22) 「운하」, 원수일, 김정혜, 박정이 번역, 『이카이노 이야기』, 새미, 2006, 11쪽.

표정을 밝히고 있는 타향과 이어져 있다. 생각해 보면 이카이노를 종
단하는 운하의 물이 타향의 마을에서 흘러 들어오고 있다.[23]

여기에는 이카이노를 놓고 또 다른 공간도 존재했다. 제주도 사람이 만
든 조어로 〈독토나리〉이다. 닭장과 같은 집이 이웃해 잇는 공간이었다.

> 이카이노를 남북으로 흐르는 운하를 따라 일찍이 〈독토나리〉라
> 불렀던 판자집들이 죽 늘어서 있었다. 물론 〈독토나리〉는 제주도 사
> 람들이 만든 조어이다. 〈독토나리〉는 '독'과 '토나리'로 분철할 수 있
> 다. '독'은 제주말로 표준어로는 '닭'이고 발음은 '탁'이다. '토나리'는
> 일본어로 '이웃'이란 말이다.
> 즉, 〈독토나리〉는 '닭'장 같은 집들이 '이웃'해서 길게 이어진 집들
> 을 말한다.[24]

그런데 이카이노의 사람들은 여기를 벗어나는 것을 환상이라고 생각하
기도 했다. 이 공간이 갖고 있는 현실인 것이다.

> 이카이노에 흩어져 사는 제주도 사람들이라면 누구나 이카이노
> '바깥'에서 활로를 찾으려는 환상은 갖고 있지 않았다. '일제시대'를
> 경험한 이들이기에 그러하다. 이카이노에서 자란 마사토시는 뼈 속까
> 지 영춘의 사고회로를 민감하게 받아들이고 있었다.[25]

실제로 이카이노는 운하가 있었기 때문에 형성되었고, 히라노운하는 바
로 그 공간으로 다리를 통해 조선시장을 찾아간다.

[23] 「이군의 우울」, 원수일, 김정혜, 박정이 번역, 『이카이노 이야기』, 새미, 2006, 134쪽.
[24] 「재생」, 원수일, 김정혜, 박정이 번역, 『이카이노 이야기』, 새미, 2006, 169쪽.
[25] 「재생」, 원수일, 김정혜, 박정이 번역, 『이카이노 이야기』, 새미, 2006, 173쪽.

〈독토나리〉를 나온 영춘은 히라노 운하를 따라 골목길을 걸었다. 닭장에서 해방되어 유유히 산책을 즐기는 닭들을 발견하고서는 휘몰아치는 개구쟁이들의 환성, 점차의 큰 박스 속에 내던져진 채 실려 있는 햅번샌들 반제품을 부업하는 곳으로 운반해 가려는 오토바이의 배기음, 수작업한 목재 쓰레기통과 간이 건조대, 부서진 가구나 식기에 헝겊, 뗏목에 실려 히라노 운하를 내려온 목재를 제재하고 있는 기계음과 나무 냄새, 손자를 달래는 할망의 제주도 자장가, 수동식 플라스틱 사출형성기의 완만한 음, 원시적인 재단기의 위험스런 음 등이 난무하여 봄볕이 깃든 운하 옆길은 '혼돈' 그 자체였다. 이러한 '혼돈'으로 가득찬 히라노 운하 길을 거슬러 왼손편의 슌토구교, 만자이교, 오쿠타교, 고세이교를 지난 미유키교까지 와 이 다리만 건너면 조선시장이다.26)

2) 햅번샌들

원수일은 상징적으로 햅번샌들을 통해 재일동포의 노동을 구성하고자 했다. 그는 '풀칠공의 전설'이라고 그 노동의 의미를 서술하고 있다.

큰고모가 부업으로 시작한 햅번샌들이 성공했던 해로, 이때부터 풀칠공이 되면 한 밑천잡는다는 '풀칠공 전설'이 제주도 전역에 퍼졌다. 그래서인지 실제로 친척에게 의지하거나 의지할 처지가 못 되더라도 어떻게든 될 거라며 대마도 해협을 건너오는 해녀가 끊이지 않았다. 큰고모나 작은고모에게는 원래 설문대 할방이 방뇨했다는 바다에 들어가 전복을 따는 해녀의 피가 흐르고 있는데, 일제 강점기에만 해도 이들은 전복을 채취할 철이 되면 이카이노에서 대마도해협을 건너 제주도로 갔다고 한다.27)

26) 「재생」, 원수일, 김정혜, 박정이 번역, 『이카이노 이야기』, 새미, 2006, 175쪽.
27) 「운하」, 원수일, 김정혜, 박정이 번역, 『이카이노 이야기』, 새미, 2006, 18쪽.

여기에서 보면 햅법샌들을 만들었던 사람들은 또 다른 일을 했다. 그것은 환락가에서의 일이었다.

> 아무튼 작은고모는 오이케 다리와 이마자토 로터리를 잇는 간선의 중간지점보다 약간 남쪽에 위치한 팔레스좌 도로에서 쑥 들어간 곳의 북적이는 환락가에서 일하고 있었다. 그 고모가 순결한 그것을 만지작거리려고 반바지 속으로 집어넣던 오른 손에 햅법샌들용 솔을 쥐고 있는 모습을 보면, 히테카짱은 정말이지 기이한 느낌이 들었다. 하지만 이러한 기이한 느낌은 잘 모르는 곳에서 길을 잃었을 때의 느낌과 흡사한 것으로, 이런 느낌도 익숙해지고 나니 풀칠공인 작은고모도 예전의 작은고모와 다름없이 여겨졌다.28)

시간이 지나면서 하청에 하청을 하던 재일동포는 성장을 하기 시작했다. 그들은 메이커 직송으로 성장만 해도 상당한 발전으로 생각했다.

> 지금까지 모녀 둘이 그럭저럭 꾸려오던 일의 규모란 뻔한 것이었다. 하청의 하청, 말하자면 가내수공업 정도였지만, 물론 가게 이름이 있을 리 만무했다. 그런데, 상진이 일을 시작하고 나서는 그 규모가 눈에 띌 정도로 커져, 지금은 오랜 전에 하청의 하청을 탈피해 메이커 직속 하청으로까지 발전했다. 성의가 있고 납기일 내에 늦지 않는 견실함이 메이커에게 인정받은 것이다.29)

한편 이곳에서는 샌들말고도 신사복 제조, 핸드백 부품 등의 가내수공업30)이 일상적으로 제조되어 재일동포의 삶이 가능했다. 다양한 가내수공

28)「운하」, 원수일, 김정혜, 박정이 번역, 『이카이노 이야기』, 새미, 2006, 19쪽.
29)「이카이노 이야기」, 원수일, 김정혜, 박정이 번역, 『이카이노 이야기』, 새미, 2006, 160쪽.
30)「재생」, 원수일, 김정혜, 박정이 번역, 『이카이노 이야기』, 새미, 2006, 188쪽.

업이 가족 단위로 지금도 운영되는 것이 현실이다.

> 〈독토나리〉 2층 방에서 영춘은 핸드백 물림쇠에 합성수지 장식판
> 을 고정하는 작업을 하고 있었다. 물림쇠에는 구슬구멍이 3군데 뚫
> 려 있고 장식판의 뒷면과 물림쇠앞면을 서로 맞물리게 붙여 고정시
> 긴 뒤, 핀셋으로 집어 올린 아주 작은 나사를 구슬구멍에 맞추고 그
> 부분에 전기 땜질을 한다. 고온의 전기인두에서 나온 열이 나사에
> 전도되어 장식판의 한부분이 용해된다. 그리고 용해된 부분은 금세
> 굳는다.[31]

3) 재일의 일상

재일의 청년의 모습은 이렇다.

> 상진은 지금이야 큰 몸집에 뚱뚱하고 관록도 있어 보이지만, 결혼
> 하기 전까지는 '말라깽이'라는 별명이 붙을 만큼 빼빼마른 청년이었
> 다. 일이라 해 봤자 가죽점퍼 봉제 일을 배우는 정도로 누가 봐도 아
> 내를 맞아들일 여유는 없었다.[32]

현실은 그들에게 일본, 일본인과의 결혼이 보편적이었는지도 모른다.

> 그렇기 때문에 젊은이들끼리 좋아하는 사람끼리 함께 살도록 하자
> 는 거 아닙니까. 생각해 보세요. 타향에 살고 있는 우리 주위에는 일
> 본인들 천집니다. 그야말로 까딱하면 일본인과 연애해서 민족도 부모
> 도 내몰라라 하고 내뺄지 누가 알겠습니까?[33]

---

31) 「재생」, 원수일, 김정혜, 박정이 번역, 『이카이노 이야기』, 새미, 2006, 202쪽.
32) 「뱀과 개구리」, 원수일, 김정혜, 박정이 번역, 『이카이노 이야기』, 새미, 2006, 147쪽.

이카이노의 선술집의 분위기는 다른 곳과 달리 동네 속에 그대로 자리 잡고 있었다.

> 히라노운하의 쉰내가 고여 있는 골목을 지나, 햅번샌들의 화학풀 내음이 부착된 골목을 돌아, 길게 늘어진 사출성형기에서 압축공기의 김빠지는 소리가 골목에 번져있고, 자동차 배기가스로 충만한 교차점 모퉁이까지 오면 그곳에 선술집이 있다. 가네야마 할망의 눈에 청개구리를 후려갈기려고 달려드는 상진을 주위의 사람들이 말리는 광경이 쏙 들어왔다.[34]

이카이노의 재일동포의 경우 제주도 고향으로 가지 않는 경우 일본에 장례가 있고 나면 일본 땅에 모셔졌다. 그들은 이카이노의 귀신이 되었던 것이다.

> 고인의 유골은 이카이노의 '상식'에 따라 젠코사에 안치했다. 1960년대 젠코사의 납골당에는 한줄기 빛조차 들지 않는 마치 땅 속 어둠에 묻혀 있는 느낌이었다. 이 적막한 어둠 속에 거의 방치되듯 있는 수백구의 유골은 이국땅에서의 죽음이 납득이 가지 않는다는 듯 이상한 공기를 발산하고 있었다.[35]

이카이노에는 조선학교가 있다. 이카이노의 재일동포에게는 여기저기 있는 공간이었다.

> "조선학교라 캐도 조선학교 여기저기 안 있는교?" 복순이 끼어들

33) 「뱀과 개구리」, 원수일, 김정혜, 박정이 번역, 『이카이노 이야기』, 새미, 2006, 152쪽.
34) 「뱀과 개구리」, 원수일, 김정혜, 박정이 번역, 『이카이노 이야기』, 새미, 2006, 165쪽.
35) 「이카이노 이야기」, 원수일, 김정혜, 박정이 번역, 『이카이노 이야기』, 새미, 2006, 172쪽.

었다. 인숙은 담배연기를 뿜으며 "말 안 해도 다 안다"는 듯 얼굴을 찌푸렸다.

"조선학교 여기저기 있어도 묘지기 아재 집 있는 조선학교라 카면 이치죠 거리에서 들어 간 곳에 있는 조선학교 말 아인교!"[36]

조선학교는 재일동포들이 다 아는 공간 가까운 곳이었다.

오사카에는 용왕궁이 있다. 원수일(元秀一)의 소설 「용왕궁」(『이카이노 이야기(猪飼野物語)』, 草風館, 1987)이 그것을 설명하고 있다.

이곳은 JR오사카환상선(大阪環狀線) 사쿠라노미야역(櫻ノ宮驛) 고가 아래 게마사쿠라노미야(毛馬櫻之宮)공원 내의 오카와(大川) 강가에 있는 굿당. 굿을 위해 빌려 주는 제장(祭場)으로 주로 간사이 방면에 거주하는 재일코리안, 그중에서도 제주도 출신들이 이용해 왔다.

이 자리에 굿당이 세워진 이유는 제주도 출신들의 집주지에서 교통이 편하며, 바다의 신인 용왕에게 공물을 바치는 용왕축제에 필요한 바다 대신 큰 강이 있기 때문이다.

용왕은 제주도 사투리로 '요왕'이라고 한다. 다이쇼(大正) 시대부터 강변에서 기도를 하기 시작했으며, 전후(戰後)가 되고서 판잣집이 세워졌다고 한다. 각 방에서는 개별 굿 외에 제주도의 각 마을의 성소(聖所)인 본향당(本鄕堂)의 신에게 공물을 바치고 가족이 무사하기를 비는 '본향맥이'가, 재일 1세들의 고향 당굿(마을 축제)과 같은 날에 열렸다. 용왕궁은 재일 1세들이 타향에서 자신들의 신앙을 실천하기 위해서 만들어낸 의례의 장으로 그들에게는 고향의 본향당과 같은 의미를 가지고 있다.

용왕궁에 대해서는 김양숙(金良淑) 「제주도 출신 재일 1세 여성에 의한 무속신앙의 실천」(『한국조선의 문화와 사회』 제4호, 風響社, 2005)도 있다.[37]

36) 「재생」, 원수일, 김정혜, 박정이 번역, 『이카이노 이야기』, 새미, 2006, 213쪽.

5. 맺음말

자이니치(在日)의 본국지향성은 지금도 현재 진행형이다. 이런 가운데 이카이노의 현재는 원수일이 그랬듯이 트랜스내셔널하지 않다.

재일동포 사회에 대한 일본의 배타성은 지금도 계속되고 있다. 그것은 이카이노의 지명을 통해서도 나타나고 있는 것이 현실이다. 지우고 싶지만 지워지지 않는 곳이 이카이노이다. 이곳은 재일동포가 존재하고 재일동포가 삶을 영유하는 공간이기 때문이다.

원수일은 이카이노를 그렸다. 그가 그린 현실의 이카이노는 지금도 진행 중인 재일의 공간이다. 세대를 넘은 자기정체성이 확보되고 있어 재일의 사람들은 이곳을 통로로 지금도 살아가고 있는 것이다.

이곳의 사람은 득도의 경지를 보이고 있다. 조선인으로 태어난 것은 운명이었고, 조선인을 감출 수 없는 것은 한라산을 감출 수 없는 것이라는 것이다.[38] 이런 재일의 공간은 초국가적일 수 없는 것이다.

재일동포는 초국가적일 수 없다. 그들은 아직도 역사적인 존재이고 차별과 함께하는 모습을 보이고 있다. 그것을 바로 이카이노가 상징한다.

[37] 국제고려학회 일본지부'재일코리안사전' 편집위원회 편찬, 정희선 외 역, 『재일코리안사전』, 선인, 2012, 276쪽.
[38] 「재생」, 원수일, 김정혜, 박정이 번역, 『이카이노 이야기』, 새미, 2006, 192쪽.

제9장

제9장

/

재일동포 민족교육 속 민족학급 운동

지난 달 26일 일본 오사카(大阪)시 이쿠노(生野)구에 위치한 오사카시립 샤리지소학교(舍利寺小學校, 한국의 초등학교)의 한 교실에서는 아이들의 참새 같은 한국어가 들렸다.

일본 오사카시가 세운 학교에서 한국인의 뿌리를 가진 아이들을 대상으로 '민족학급' 수업이 벌어지고 있는 현장이었다.

민족학급이란 일본 국·공립 학교에 다니고 있어 고국을 접할 기회가 없는 재일동포들에게 일주일에 한 번 한국어나 한국 문화를 가르치는 수업으로, 오사카에만 2000여 명이 수업을 듣고 있다.

특히 이날 수업은 막 초등학교에 입학한 초등학교 1학년들을 대상으로 기초적인 한국어 수업이 진행됐다. 한국어는커녕 일본어도 능숙하지 못한 아이들이라, 수업은 민족학급 강사의 질문을 통해 한국어로 답변을 이끌어내는 방식으로 이뤄졌다.

아이들에게 일본어로 오늘의 날짜를 물으면 '월'과 '달' 사이에 어떤 숫자를 넣을지 학생들의 한국어 답변을 듣는 식이다. 한국에서 지원된 교재로 수업도 진행됐다. '호랑이 좋아해요'라는 문장을 반복해 읽힌 뒤, 각 학생이 실제로 좋아하는 동물을 '좋아해요' 앞에 넣어 직접 발표하기도 했다. 이날 수업의 절정은 '이름판' 만들기였다. 자신

의 이름을 플라스틱 판에 찰흙으로 붙여 이름을 만드는 일종의 '놀이'
였다. 수업은 한국어와 일본어를 번갈아 사용하며 이뤄졌으며, 아이
들의 표정은 시종일관 호기심에 넘쳤다. 교실 벽면에는 한글과 한글
의 발음을 표시하는 카타가나가 병기돼 표시돼 있었다. 칠판 옆에는
'ㅏ · ㅓ · ㅕ · ㅛ' 등 모음을 발음할 때 입 모양이 만화 캐릭터로 그
려져 있었다. 샤리지소학교는 일본인의, 일본인에 의한, 일본인을 위
한 학교지만 오직 민족학급만은 한글과 한국 문화로 가득 차 있었다.
1주일에 한 번뿐인 방과 후 수업이지만…뿌리를 찾는 '인권교육' ((일
본 속의 한글④) 민족학급 '핏줄의 마지노선', CBS노컷뉴스, 2013년
10월 10일).

1. 머리말

해방 후 바로 조선인학교에서 근무하고, 1951년 이래 36년 동안 오사카
시립 기타츠루하시(北鶴橋)소학교의 민족강사로 근무했던 김용해[1]는 "방
과 후 어린이들을 만날 때까지는 '바늘방석'에 앉아있는 것 같았다"고 당시
를 다음과 같이 술회한다.

　　당초에는 조선어에 능통한 일본사람이 민족학급에서 가르쳤었는
　데, 어린이들이 일본인 선생은 싫다고 전혀 받아들이지 않는 바람에,
　겨우 2~3일 만에 그만두었습니다. 그 뒤에 제가 부임하게 된 것입니
　다. 하지만, 당시에는 민족학급의 교실이 없어서 강당에서 수업을 해
　야만 했습니다. 기타츠루하시소학교는 가장 동포가 밀집해서 살고 있
　는 지역에 위치해 있었기 때문에, 전부 420명의 동포 어린이들이 있
　었는데 그 아이들을 저 혼자서 담당해야만 했습니다. 교장이나 교

---

[1] イルムの會, 『金ソンセンニム: 濟洲島を愛し，民族教育に生きた在日一世』, 新幹社,
2011 참조.

감은 물론, 일본인 교원들은 전혀 협조해주지 않았습니다. 학교로부터 종이 한 장 받지 못하고, 전부 학부모들이 연필이나 등사용지, 종이, 분필을 가져다주었습니다. "인사! 성생님 앙녕하세요. 여러붕 앙녕하세여"(선생님 안녕하세요. 여러분 안녕하세요)

그는 '사명감'과 '학부모들의 지원' 없이는 불가능했다고 당시를 술회하고 있다. 김용해는 체험을 바탕으로 일본인 교사에게 다음과 같은 세 가지 요망사항을 제시하고 있다.[2]

첫째, 조선이 역사·재일동포의 역사를 잘 알아 달라. '바르게 교육하기 위해서는, 알지 못하면 도저히 해결할 수 없는 절실한 문제'를 재일조선인 학생이 안고 있다는 사실을 '잘 이해해 주기를 바라기' 때문이다. 둘째, 민족학급 강사를 일이 일단 터지고 난 후 사후처리나 하는 존재로 취급하지 말라. "조선인 아동에게 무슨 문제가 일어났을 경우, 도저히 손 쓸 수 없게 되어서야 상담을 받는" 그런 상황을 지양하고 "언제나 원활하게 상호 연락할 수 있도록" 해 달라는 것이다. 셋째, 민족학급의 시간을 존중해 달라. 정규수업을 파하는 시간이 일정하지 않아 시간 조정 때문에 민족학급의 시작 시간을 뒤로 물리기도 하고, 학교 행사나 학년행사 때문에 쉽게 마쳐지기도 하고, 선생님의 심부름 때문에 수업시간에 지각하는 학생이 나오기도 한다.

히가시오사카시 다이헤이지(太平寺)소학교 민족학급 상근강사로 있던 안성민 선생은 민족학급을 이렇게 말하고 있다.

"한국 사람으로서 단 한 번도 좋았다고 느껴 보지 못했다!"고 어두운 눈초리로 말하던 애가 자기 부모, 조부모가 힘차게 살아온 역사,

2) 오자와 유사쿠 지음, 이충호 옮김, 『재일조선인 교육의 역사』, 혜안, 1999, 263쪽.

그리고 전통으로서 이어온 민족문화의 풍요로움과 모국어의 아름다움을 배움으로써 "한국 사람이란 생각보다 훌륭하네…"라고 발언하게 되며, 민족을 좀 더 가깝게 느끼면서 "한국 사람으로 태어나 좋았어요!" 이렇게 변해 가는 과정을 민족강사로서 근무하게 된 10년이란 세월의 흐름 속에서 이런 아이들을 수없이 봐 왔습니다. 자기 자신의 뿌리에 자신을 가짐으로서 처음으로 사람은 인간답게 자신을 가지고 살아 갈 수 있다고 생각합니다. 바로 이런 일을 실현하는 마당이 "민족학급"입니다.[3]

　　이러한 '선생을 향한 요망'은 바꾸어 말하면, 분명 일본인학교와 일본인 교사들이 민족학급을 경시하고 정규 수업시간에 조선인 학생 지도 · 조선에 관한 수업을 태만히 하는 경우가 보통이었음을 고발한 것이다.
　　2013년 7월 필자가 조사할 당시 현재에서 민족학급에서 강사로 활동하는 선생님들의 경우 최근 민족학급의 현실을 잘 이해하게 해 준다.[4]

　　　일본 사람 아닌 선생님이 있다고 생각해 주기를 바란다. 1주일에 한번 선생님이다. 수업은 초등학교의 경우 1~3 / 4~6학년 두 교실로 나누어 진행한다. 주요 내용은 문화, 글, 놀이, 춤으로 구성되어 있다. 특히 고학년의 경우는 재일동포의 역사를 가르치고도 한다. 발표회 때는 민화, 연극 등을 활용한다. 민족학급에 가는 것을 반대하는 학부모도 있다(김○○, 1958년생).

　　　충청도 사람으로 3세이다. 어려서 갔는데 재미없었다. 싫어서 어두운 구석에 앉아서 수업했다. 클럽이 아닌, 민족학급에 다녔다. 아

---

3) 안성민, 「일본학교 내에서의 민족교육: 민족학급을 중심으로」, 『재일동포교육 어제, 오늘 그리고 내일』(민단 창단50주년기념 재일동포민족교육서울대회 자료집), 1996, 74쪽.
4) 인터뷰는 2013년 7월 26일 오사카 코리아NGO센터에서 김○○(1973년생), 김○○(1958년생), 홍○○(1966년생) 선생님과 했다.

버지는 한국말 못했다. 담임선생님이 권해서 민족학급에 갔다. 김용해 선생님에게 배웠다. 방구얘기를 잘 해 주셨다. 한국 사람은 방구를 크게 낀다고 했다. 한국 사람이 일본이름 쓰면 안 된다고 했다. 거짓말 하지 말라고 했다. 이것이 나를 지탱해 주었다. 민족학급이 학교에서 나를 지탱해 주었다. 대학교 때부터 한국 이름을 썼다. 내가 가고 싶은 민족학급을 만들고 싶다. 부모가 바뀌기도 한다. 민족학급에 다니는 아이 때문에. 야간 중학교에 가서 어머니 한국 사람이 되었다. 야간고등학교에 아버지 70이 넘어 다녔다. 한국 사람되었다. 교육은 뜻이다. 한국 안에 있는 것 뜻있는 것이다(김○○, 1973년생).

인간답게 살고 싶어서 이 일을 나는 한다. 아이들 공부시켜서 정말 행복하다. 한국이 부모님이 좋은 나라라고 얘기했다. 나는 어른이 되면 한국 가서 살고 싶다고 생각했다(홍○○).

민족학급과 관련하여 현장에서 활동하고 있는 김광민은 다음과 같이 각종 현실적인 문제에 대해 얘기해 주었다.

9억 원의 한국 정부지원금을 받고 있다. 작년 10억이 줄어든 것이다. 오사카교육원을 통해 사업을 하고 예산을 쓰고 있다. 교사 채용은 오사카교육위원회가 코리아NGO센터를 통해 채용을 협조 요청하고 있다. 1주일에 50분 정도 수업 진행하고 있다. 실제로 민족학급의 경우 법적 근거가 일본 정부 내에서는 없다. 민족학급의 민족교육은 한글교육이 중심으로 정체성 관련한 교육이 주이다. 한글학교와 다른 지형을 형성하고 있다. 로드맵을 갖고 하는 장기적인 민족교육에 민족학급이 자리매김되기를 희망한다. 특성을 인정해 주는 것이 중요하다. 현재 코리아NGO센터는 3천만 예산이다. 답사, 회비, 기부로 운영된다. 정부 차원의 지원금을 신청하고 민단 통해 지원하는 것이 효과적이다.[5]

5) 김광민 인터뷰(코리아NGO센터, 2013.7.25).

이렇게 민족교육의 현장을 경험한 민족학급의 교사는 사회적 관심에서 소외된 아이들을 새롭게 탄생 시켜왔다. 그들의 일상은 사실, 운동이었다. 본 연구의 출발은 바로 여기이다.

일반적으로 민족교육이란 민족의식을 기반으로 민족주의 관념에 의거하여 민족문화에 기초한 교육으로 민족적 정체성을 보존하기 위한 일련의 활동을 말한다.[6] 재일동포[7]의 민족교육은 일본에 사는 재일동포를 대상으로 하는 교육 활동을 말한다.[8]

재일동포는 2012년 말 현재 약 54만 명(귀화자 약 34만 명 미포함)이고, 재일동포 자녀들 중 90%가 일본학교에 재학하고 있으며 한국학교와 조선학교 재학생은 약 7천 5백 명 정도로 추정할 수 있다.

재일동포들이 민족교육을 경제적 욕구 충족으로 위한 생활의 문제로서 보다는 철학적 기반을 둔 존재의 문제로 삼았기 때문에 곤란한 현실 여건 가운데에도 민족교육기관이 그 명맥을 유지해 왔다고 보인다. 현재 재일동포 사회의 소자화 경향과 귀화자의 증가 등의 문제가 민족학교의 장래를 밝지 않게 하고 있다.[9] 이에 따라 학생 모집에 대한 대책 마련은 각 학교의 최우선 과제이다.

전전 제국주의를 구가했던 일본은 현재도 재일동포의 동화라는 기본적인

---

[6] 『교육백서』, 민단중앙본부, 1990, 382쪽.

[7] 정진성, 「재일동포' 호칭의 역사성과 현재성」, 『일본비평』 통권 제7호, 2012. 본 연구에서는 재일동포와 재일교포를 혼용하여 사용한다.

[8] 『재일동포 민족교육 현황 조사』(『2013 재외동포재단 조사연구영역 결과보고서』), 청암대학교 재일코리안연구소, 2013.12, 306쪽.

[9] 황영만, 「재일동포 민족교육을 위한 제언」, 『OKtimes』 통권 123호, 2004.2, 해외교포문제 연구소, 25쪽. 아울러 재일동포 내의 결혼 비율의 격감, 통명 사용의 일반화 등의 경향은 현재 재일동포의 모습을 보여준다고 하겠다(강영우, 「재일동포 민족교육의 현황과 과제 그리고 진로: 학교교육을 중심으로」, 『재일동포교육 어제, 오늘 그리고 내일』(민단 창단 50주년기념 재일동포민족교육서울대회 자료집), 1996, 52쪽).

노선을 버리지 않고 있다.[10] 이 가운데 재일동포 민족교육은 운영되고 있다. 그 역사는 일제강점기를 거쳐 오늘날까지 이어지고 있는 것이 사실이다.

이런 가운데 민족학급은 재일동포가 집거하고 있는 지역의 공립 초중학교에 설치되어 왔다. 민족학급이 설치되어 있는 학교가 민족교육의 또 다른 모습을 규정하고 있는데, 정규수업 이외에 과외로 재일동포의 자녀들을 모아서 조선인의 강사에 의해 조선어나 한국조선의 역사, 문화 등을 학생들에게 가르치고 있다.

본고는 재일동포 민족교육 가운데 민족학급, 민족학급 운동에 대해 주목한다. 이를 위해 민족학급의 발생과 민족학급의 민족교육 내에서 그 역할을 살펴보고자 한다. 그리고 민족학급 운동에 대해 살펴보고, 민족학급의 미래를 전망해 본다.

2. 민족학급의 발생과 역사: 연대기

1) 민족학급의 발생

재일동포 사회에서 얘기되는 민족학급은 1948년 5월 5일 문부성과 조선

---

10) 최근에 재일 외국인을 관리하는 일본의 법제도에 괄목할 만한 변화가 발생하였다. 2012년 7월 9일, 일본 정부는 종래의 외국인등록법을 폐지하는 대신, 입국관리법, 입국관리특례법, 주민기본대장법의 개정법을 실시하였다. 그로 인해 재일 외국인의 체재 자격은 새롭게 '특별 영주자', '중장기 재류자'(영주자 및 유학생, 일본인 배우자 등 3개월 초과 재류를 인정받은 신규 도일자), '비정규 체재자'(초과 체재자 등)라는 세 가지 형태로 분류되며, 그중 '중장기 재류자'는 종래의 외국인등록증에 대신에 '재류 카드'라는 신규 증명서를 발급받게 되었다. 즉 '중장기 재류자'라는 새로운 카테고리는 그들을 장래 일본에 유용한 노동력으로서 흡수할 가능성을 열어 놓은 것이라고 판단된다(김광열, 「일본거주 외국인의 다양화와 한국·조선인의 위상 변화: 소수자 속의 소수화의 과제」, 『일본학연구』 제38집, 2014.5 참조).

인 대표 사이에 체결된 양해 각서 이후 특설 학급이 시작된 것을 그 출발이라고 할 수 있다. 당시 오사카에서는 특설 학급[11]을 조선어학급, 나중에 민족학급이라고 했다.[12]

1948년 4월 '조선인학교 폐쇄령'과 이에 저항했던 '제1차 교육투쟁' 이후, 재일동포의 끈질긴 민족교육에 대한 요구로 재일동포와 오사카부지사와의 민족교육에 관한 각서가 교환되었고, 이로 인해 민족학급이 출발했다. 일본 국공립학교에 설치되었던 민족학급은 당초 33개교로 36명의 정식으로 채용된 강사가 담당했다.[13]

1949년 10월부터 11월까지의 조선인 학교 강제 폐쇄조치 이후 조선인 학교의 쇠퇴는 현저해졌다. 효고, 아이치 등 일부 지역에서는 공적 입장을 전혀 갖추지 않은 자주적인 조선인 학교로 존속을 꾀하기도 했다. 그리고 많은 조선인 어린이들이 일본의 공립 소·중학교에 취학하게 되었다.

---

[11] 김환, 「재일동포 민족교육의 어제, 오늘, 그리고 내일」, 『교육월보』 1996.10, 65쪽.

[12] 김광민, 「재일외국인 교육의 기원이 되는 재일조선인 교육」, 『재일동포 민족교육』(청암대학교 재일코리안연구소 국제학술회의자료집), 2013.10.18, 54쪽.

[13] 곽정의의 다음의 언급은 그 사실을 확인하게 해 준다. "大阪に民族学級ができて今年で60年がたつ.「民族学級」の開設は1948年に朝鮮人の民族教育を弾圧するために出された朝鮮人学校閉鎖令に起因する. 大阪・神戸などでは, 多くの逮捕者と死傷者を出し, GHQによって史上初めての戒厳令まで出された. いわゆる「阪神教育事件」である. その後大阪では閉鎖に伴う代替措置を求めて覚書が交わされた. 日本の学校に行かざるをえなかった朝鮮人児童に対して大阪では主に課外に朝鮮語・歴史・文化などの授業を行うために民族学級(『覚書民族学級』)が開設された. ただすべての学校におかれたのではなく, 朝鮮人保護者の要求や地域の状況などもあって府内33校に設置されたが, 日本の学校においては想定外の代物であり『盲腸』のような存在であったと言える."(「大阪の民族学級」(미간행), 1쪽).

〈표 1〉 재일동포 조선인 학교 현황(1952년 4월)[14]

구분	계
자주학교	44
공립학교	14
공립분교	18
특설 학급(민족학급)	77
야간학교	21
계	174

〈표 1〉은 조선인학교 강제 폐쇄 이후의 민족교육기관의 실태를 정리한 것이다. 법률 밖에 있는 자주학교로 존속한 44개교를 제외하면, 어떤 형태로든지 일본 행정당국의 관리 하에 놓인 공립학교 기관으로 운영되게 되었다.[15]

이렇게 1952년 당시 전국의 77개 소·중학교에 특설 학급이 설치되었다. 이 민족학급은 일본인학교 안에 특별히 설치한 학급으로 초창기에는 어쩔 수 없이 이를 받아들인 민족교육의 한 형태였다. 실제로 오사카에서는 통고문의 엄격한 규정을 다소나마 변형하는 형태로 '각서'가 매듭지어졌고, 학생 50명에 1명 민족강사를 두도록 했다.[16] 1953~54년 95개교로 가장 극성기를 맞이하기도 했다.[17]

1950년대 중반 이후 특설 학급으로 민족학급은 급격히 쇠퇴해 갔다. 여러 가지 요인이 있다고 생각되지만, 주요한 것으로는 우선 공립학교에 다니는 조선인 아동에 대한 심한 차별이 있었다.[18] 또 하나는 1955년 총련의

---

[14] 정희선, 『재일조선인의 민족교육운동(1945~1955)』, 재일코리안연구소, 2011 참조.

[15] 김광민, 「재일외국인 교육의 기원이 되는 재일조선인 교육」, 『재일동포 민족교육』(청암대학교 재일코리안연구소 국제학술회의자료집), 2013.10.18, 54쪽.

[16] 김환, 「재일동포 민족교육의 어제, 오늘, 그리고 내일」, 『교육월보』 1996.10, 65쪽.

[17] 中島智子, 「在日朝鮮人教育における民族学級の位置と性格─京都を中心として」, 『京都大学教育学部紀要』 27, 1981년 3월 참조.

결성에 따라 민족학교 재건이 본격화하고 전국 각지에서 조선학교가 시작된 사실이다. 일본의 공립학교에 다니고 있던 재일동포 아이들이 차별을 견디다 못해 조선학교에 전학을 갔던 것이다.

1960년대에 들어서면, 민족학급이 감소하기 시작했다. 1965년 한일조약 체결 이후 일본문부성의 방침은 전환되어, "한국인 자제에게 특별한 취급을 해서는 안 된다."라고 하는 문부성 차관의 통달이 나오고, 공립한국인학교 및 분교, 그리고 민족학급 설치를 금하게 되었다. 이후 민족교실, 또는 클럽을 제외한 민족학급은 점차 감소되었다.

결론적으로 민족학급은 1948년부터 일본 정부의 학교 폐쇄령, 학교를 폐쇄하는 그 과정에서 재일동포 1세가 자기의 목숨을 바쳐서 일본 행정 당사자들과 맞서 투쟁해 온 결과물이다. 이들 1세들이 '우리 아이들만큼은 우리말, 우리글을 가르쳐야겠다'는 마음가짐에서 우러나온 것으로 목숨을 담보로 만들어낸 민족교육의 마당이었다.[19]

2) 민족학급의 변화

민족학급은 1970년대 초 처음 수준의 1/3 수준인 10개교 11명의 강사만 남았다. 특히 1972년 특별활동 형식의 민족학급이 등장하면서 오사카 주변으로 확대되었다.[20] 1987년에는 민단, 총련 양쪽을 합쳐도 22교밖에 되지 않았다.[21] 이렇게 민족학급이 급격히 감소하는 현상은 민족교육을 부정하

18) 김광민, 「재일외국인 교육의 기원이 되는 재일조선인 교육」, 『재일동포 민족교육』(청암대학교 재일코리안연구소 국제학술회의자료집), 2013.10.18, 55쪽.

19) 박정혜, 『일본학교 내 민족학급의 현황과 과제』, 2007 참조.

20) 송기찬, 「민족교육과 재일동포 젊은 세대의 아이덴티티: 일본 오사카의 공립초등학교 민족학급의 사례를 중심으로」, 한양대학교 대학원 석사학위청구논문, 1999, 54쪽.

는 동화교육 정책으로 말미암은 것이었다.

1986년 4월에 오사카부의 에비스소학교에 제1호의 강사가 채용되었다. 그 후 운동단체의 노력에 의해서 정년을 맞이하는 강사의 후임이 이어지게 되었고 7개교의 강사가 채용되었다. 그리고 1989년 오사카시내 소·중학교에서 민족학급을 비롯하여 민족교실·클럽을 운영하고 있는 학교는 56개교(소학교 36, 중학교 20)에 195명의 지도교사가 있었다. 그중에서 134명이 일본인 교사이고, 나머지 61명은 민족강사이지만 정식으로 채용된 강사는 4명뿐이었다. 이들 이외에는 모두 학교 PTA 후원으로 봉사하는 민족학급·교실(클럽)의 강사들이었다.

1990년 현재 재일동포 민족학급이 존재하는 학교는 총 89개교(소학교 50, 중학교 39)로 오사카시는 38개교(소학교 22, 중학교 16)였다.[22]

1992년 오사카시 교육위원회는 최초로 민족클럽의 지원 사업을 시작했다. 그리고 1997년에는 민족강사를 준직원으로 규정하는 현행 제도의 기초를 마련했다.[23] 일본 문부성에서도 외국인 교육 논의가 활발해지고 있지

21) 徐海錫, 「在日同胞社會の現況と今後の展望: 一九九0年代を目前にして」, 在日韓國居留民團, 『法的地位に關する論文集』, 1987, 52쪽.

22) 아울러 東大阪市 15개교(소학교 5, 중학교 10), 守口市 2개교(소학교 1, 중학교 1), 高槻市 7개교(소학교 3, 중학교 4), 八尾市 6개교(소학교 3, 중학교 3), 門眞市 9개교(소학교 7, 중학교 2), 箕面市 1개교(중학교 1), 吹田市 3개교(소학교 3), 攝津市 4개교(소학교 4), 禮中市 1개교(중학교 1), 貝塚市 2개교(소학교 1, 중학교 1), 泉大津市 1개교 (소학교 1)에 설치, 운영되었다. 이것은 민족학급의 범위를 민족교실 내지는 클럽 활동반까지를 포함한 것이다(ヒョンホンチョル, 「民族學級の 現況課題」, 『제3차조선국제학술토론회, 논문요지』, 일본대판경제법과대학아세아연구소·중국북경대학조선문화연구소, 1990 참조).

23) 한편 1992년 3월 민족학급 강사였던 김만연(金滿淵) 선생님이 63세로 정년 퇴직함에 따라 1948년 당시 교육각서로 채용되었던 민족학급 강사들은 전원 퇴직하게 되었다. 김만연선생은 나가오사카소학교의 민족학급의 담당 강사로서 42년 동안 재일동포 자녀들에게 한국어, 역사 등을 가르쳤다. 그는 전후 한국 민족학교의 교원으로서 가르치다가, 1948년 일본 정부의 학교폐쇄령으로 인하여, 근무하고 있었던 학교가 폐쇄되었고, 1948년 한신교육투쟁에도 참가했다. 1949년 말 오사카부의 민족학급 강사 모집에 응모하고, 1950년 6월 15일부터 나가오사카소학교에서 근무했다.

만, 오사카 시립 소·중학교의 노력은 하나의 모델이 되었다.[24] 1996년 오
사카지역을 중심으로 초등학교 51개 학급 1,339명, 중학교 35개 학급 584
명, 합계 86개 학급 1,923명이 민족교육을 받고 있다.[25] 1998년에는 77개의
민족학급이 설치되었다.

2010년 민족학급은 오사카시, 히가시오사카시, 모리구치(守口)시, 사카
이(堺)시, 이즈미오쓰(泉大津)시, 이케다(池田)시 등의 오사카부 내의 자치
단체를 비롯해, 교토(京都)부 교토(京都)시의 3개 초등학교에서도 운영되
고 있다.

2012년에는 오사카 시내의 경우 민족학급 수는 106개 학급이며 약 25%
의 오사카 시립 초, 중등학교에 설치되어 있다.[26] 최근 2013년 10월 현재
도 같은 수이다. 그리고 오사카부의 경우는 180개 소, 중학교에 민족학급
이 설치되어 있다.[27]

3. 최근 민족학급의 상황

1) 일반 현황

재일동포 민족학급은 일본학교 내 재일동포 학생의 보호울타리의 역할

---

24) 김광민, 「재일외국인 교육의 기원이 되는 재일조선인 교육」, 『재일동포 민족교육』(청암대
학교 재일코리안연구소 국제학술회의자료집), 2013.10.18, 58쪽.

25) 송기찬, 「민족교육과 재일동포 젊은 세대의 아이덴티티: 일본 오사카의 공립초등학교 민
족학급의 사례를 중심으로」, 한양대학교 대학원 석사학위청구논문, 1999, 12쪽.

26) 김광민, 「해외 코리안 커뮤니티의 역할」, 아사쿠라도시오 외 엮음, 『한민족 해외동포의
현주소』, 학연문화사, 2012, 176쪽.

27) 김광민 인터뷰(고려대일본연구센터, 2013.10.18).

도 하고 있다. 숨어 사는 '조센진'이 긍지를 가진 '자이니치'로 바뀌는 경우
가 확인되는 것은 민족교육의 현장에서 느끼는 변화이다. 그러나 아직도
민족학급의 제한적 역할은 현실 속 차이의 어려움을 돌파하는 데는 한계가
있다.

그런데 최근 민족학급의 성격과 관련해서는 일본 사회 속 변화를 느끼
게 하는 부분이 있다. 일본 사회 속 평일교육으로 민족학급 교육이 자리
매김되고, 나아가 국제교류의 차원에서 다문화 학습이라는 위상을 갖도록
일본정부가 지원한다는 것이다.[28]

한편 민족학급의 교육은 에스닉스터디가 아닌 코리안스터디로 번역하듯
이 독특함이 내재되어 있다. 여기에서는 아이덴티티를 강조한다. 일주일에
한번, 즐겁게, 재미있게 공부하는 것을 원칙으로 한다.

실제로 민족학급의 민족교사는 많은 내용을 세밀하게 준비한다. 이 가
운데 교육과정상 교재의 경우 공동 준비가 필요하다. 여기에서 월경이라는
개념, 그리고 민족의 개념을 수업을 받는 아이들에게 설명하기는 절대 쉽
지 않다. 민족학급의 수업은 일반 문화 강좌와는 다르기 때문이다. 문제는
최근 학생의 경향으로 민족학급에 다니는 것을 감추고 있는 점이다. 이를
타개하기 위해서는 공부가 힘들 때 쉽게 해주고, 다음에 다시 오게 하는
프로그램이 개발되어야 한다.

현재 수업은 1주일에 1, 2회 50분 정도 진행되고 있다. 민족학급의 경우
법적 근거가 일본 정부 내에서는 없기 때문에, 민족학급에서의 민족교육은
한글교육이 중심으로 정체성 관련한 교육이 주를 이루고 있다. 이것은 한
글학교와 다른 지형을 형성하고 있는 부분이다.[29]

---

[28] 김광민 인터뷰(고려대일본연구센터, 2013.10.18).
[29] 김광민 인터뷰(코리아NGO센터, 2013.7.25).

2) 민족교사 문제

2013년 현재 오사카 민족교육 관련자들은 9억 원의 한국 정부지원금을 받고 있다. 이 예산은 오사카교육원을 통해 사업을 하고 예산을 집행할 수 있다. 특히 교사 채용은 오사카교육위원회가 코리아NGO센터를 통해 하고 있다.[30]

2013년 현재 오사카 시립 학교·학원의 민족학급 설치 상황을 정리해 보면, 상근직 민족강사를 두는 학교[31]는 8개교이다. 그리고 오사카시의 사업을 통해 민족강사를 두는 학교가 있는데 이곳은 오사카부에서 월급을 지급하는 민족학급과 구분하기 위해 '민족 클럽'이라 부른다. 여기에는 비상근 촉탁 신분 14명, 기타 시간 강사 10명이 근무하고 있다.

이들 선생님의 급료 지급 방식은 첫째, 한신교육 투쟁 이후 상근직 11명(오사카부에서 월급)의 경우는 민족클럽지원제도에 기초해 준고용 형태이다. 둘째, 비상근 촉탁으로 연수 150만 원 받는다. 셋째, 교통비 정도를 받는 일용직으로, 일당 4천 엔을 받는다. 아울러 이들에게는 연수 기회와 교통지 등의 지원을 하고 있다.

실제로 민족학급에 대한 일본 정부의 행정적 조치와 채용한 강사에 대한 대우의 차별화는 일본 정부가 일제강점기부터 취해 온 억압과 차별이라는 양면 구조를 가진 동화교육정책의 재현이라 볼 수 있다. 따라서 이에 대한 다양한 교육운동과 한국 정부 차원의 교섭이 필요하다.

동시에 재일동포 학부모나 운동단체, 현장 교사들은 상호 연대하여 후임 강사의 채용, 대우 개선, 한국인 자녀 다수인 재적교에 대한 신임 강사의

---

[30] 김광민 인터뷰(코리아NGO센터, 2013.7.25).
[31] 오사카부가 급여를 지급한다.

채용 등의 문제 해결에 노력을 경주해야 할 것이다.

아울러 활성화된 민족학급의 경우 질적 수준 제고와 함께 민족학교와의 적극적인 교류를 고민해야 한다. 특히 프로그램과 교사의 교환을 통한 효율적인 아이덴티티 교육을 심도 있게 고민할 필요가 절실하다.

4. 재일동포 민족학급과 민족교육운동

최근까지 민족학급을 중심으로 한 민족교육 운동은 민족교육촉진협의회(이하 민촉협)와 코리아NGO센터 등의 역할이 있어 왔다. 특히 이들은 정체성 문제에 주목하여 본명 사용을 유독 강조하기도 했다.[32]

재일동포 민족교육의 민족학급 운동사에서 주요한 단체로는 민촉협과 코리아NGO센터를 들 수 있다. 이런 단체가 민족학급의 오늘을 만들었다고 할 수 있다.[33]

1) 민족교육촉진협의회

민촉협은 1984년 12월 2일 '재일한국·조선인 아동·학생에게 민족교육의 보장을 요구하는 심포지엄'을 열었던 실행위원회가 주도하여 결성되었다. 민촉협은 '민족교육을 추진하는 연락회', '민족강사회', '민족교육 문화

---

32) 히라오카소학교 민족학급의 경우에서 확인된다(송기찬, 「민족교육과 재일동포 젊은 세대의 아이덴티티: 일본 오사카의 공립초등학교 민족학급의 사례를 중심으로」, 한양대학교 대학원 석사학위청구논문, 1999, 86~87쪽).

33) 한편 여기에 관계하지 않고 독자적으로 활동하는 선생님들도 있다(곽정의 인터뷰, 2013.8.24, 인사동).

센터' 등 3개의 조직체가 중심이 되어 다양한 시민운동체가 참여하여 구성되었다. "모든 동포에게 민족교육을!"이라는 슬로건을 내걸고 출범했다. 당시 심포지엄은 오사카에서 개최되었다.[34]

민족협은 결성되어 일본의 교육 당국에 다음의 6가지 사항을 요구했다. 첫째, 민족교육을 기본적 인권으로서 인정한다. 둘째, 민족학교에 일조교(一條校)의 자격을 준다. 셋째, 일본의 학교에 재적하는 동포 어린이들에게 '민족'을 접할 기회를 준다. 넷째, 외국인 교육방침 책정과 구체화를 추진한다. 다섯째, 동포 교원의 채용을 추진한다. 여섯째, 일본의 교육제도 속에 민족교육을 포함시킨다.

민촉협의 운동은 적극적인 민족교육과 관련한 요구를 제기했다. 1948년 4·24한신교육투쟁 이후 당시에 오사카부 지사와 민족대표 간에 체결된 '각서'를 통해 설치된 이른바 '민족학급' 교원들의 퇴직에 따른 후임 강사의 보충과 자원봉사 상태의 민족학급 민족강사의 신분 보장을 주요 골자로 했다.

실제로 민촉협의 운동의 성과를 들면 다음과 같다. 먼저 1948년 4·2 한신교육투쟁 기념집회를 열었다. 그리고 매년 오사카부·시 교육위원회와 협상을 거듭하여 많은 성과를 쟁취했다. 예를 들면 '각서' 민족강사의 후임 조치, 민족학급의 설치, 민족강사의 신분 보장, 각 지역의 외국인교육지침(방침) 책정 등으로 오사카의 공립학교에서 다문화·다민족공생 교육의 표본 같은 실천적 초석을 쌓았다고 평가할 수 있다. 또한 오사카 각 지역의 민족강사회·동포보호자회와 동포교직원연락회 등을 조직하여 재일동포 사회의 네트워크를 형성했고 나아가 민족교육 운동의 토대를 마련했다.

---

[34] 이하 민촉협에 대해서는 필자의 한국민족문화대백과사전 원고 「민족교육촉진협의회」(미간행)를 참조.

2003년 7월 12일 민촉협은 '발전해산의 모임'을 열고, 20년 동안의 역사에 종말을 고했다. 이후 보다 광범위한 재일동포의 문제를 다루는 '코리아NGO센터'와 민촉협 결성의 모체였던 '민족교육을 추진하는 모임'으로 나뉘어 지금도 활동하고 있다.

2) 코리아NGO센터

코리아NGO센터는 2004년 3월 재일한국민주인권협의회(이하 민권협), 민족교육문화센터, 원코리아페스티벌실행위원회 3개 단체가 통합하여 결성되었다.[35] 이들 세 단체는 약 20년 동안 재일동포의 인권 옹호운동이나 민족교육권의 획득, 한반도의 평화적 통일을 목표로 운동을 전개했고, 보다 효과적인 운동을 위해 결합했다.

코리아NGO센터가 내세우는 임무는 다음과 같다. 첫째, 재일동포의 민족교육권 확립과 다민족·다문화공생 사회의 실현, 둘째, 재일동포 사회의 풍요로운 사회 기반 창조와 동아시아의 코리안 네트워크 구축, 셋째, 남북한·일본의 시민·NGO의 교류·협력사업의 전개와 시민사회의 상호 발전에 대한 기여, 넷째, 남북한의 통일과 '동아시아공동체' 형성에 대한 기여 등이다.

2010년 재일동포에 영향을 미치는 법률이나 생활상의 문제 해결을 위해 활동하고 있는 코리아인권생활협회와 통합했다.

---

35) 이하 코리아NGO센터에 대해서는 다음을 참조(국제고려학회 편, 정희선·김인덕·신유원 역, 『재일코리안사전』, 선인출판사, 2012).

5. 맺음말: 민족학급운동의 미래

재일동포 민족교육에서 민족학급은 민족교육 운동의 역사적 산물이다. 이 운동을 주도한 사람들은 재일동포 사회에서는 그리 주목받지 못했다. 구조적으로 부득이 하여 가담하기도 했고, 조직적으로 분리되기도 하면서 그 영향력이 축소되었다. 그러나 현실은 이 운동 민족학급 운동이 계속되고 있다.

실제로 본문에서 보았듯이 민족학급은 1948년 5월 5일 문부성과 조선인 대표 사이에 체결된 양해 각서 이후 특설 학급이 시작된 것이 시작이었다. 그런가 하면 민족학급과는 조금 성격이 다른, 즉 재일한국인 학부모와 운동단체, 일본교원들에 의해 설치·운영되어지고 있는 민족교실과 클럽 활동반이 있다. 수업 형태를 통한 분류에 기초해서는 오사카·교토형과 시가현형이 있다.

초기인 1952년 전국의 77개 소·중학교에 특설 학급이 설치되었다. 그리고 일본 정부가 인정하는 교사가 배치되었다. 1960년대에 들어서면, 민족학급이 감소하기 시작했는데, 그 배경은 행정의 무시와 일본인 교원들의 무이해, 비협조 등이 요인이었다. 이로 인해 학생들은 차별에 직면했다. 1965년 이후에는 민족교실을 제외한 민족학급은 점차 감소되었다. 당시 재일동포 사회는 여기에 적극적으로 대응하지 않았다.

1972년 특별활동 형식의 민족학급이 등장하면서 오사카 주변으로 확대되었다. 주목되는 것은 오사카 시립 나가하시(長橋)소학교에서 민족클럽이 새로 개설된 사실이다. 여기에는 본명 사용 지도를 철저히 하는 오사카시의 방침이 작용했다. 이후 민족학급은 전환점을 맞이했고 본격적으로 운동적 모습도 보였다.

오사카시 교육위원회는 1992년 최초로 민족클럽의 지원 사업을 시작하

고, 1997년에는 민족강사를 준직원으로 규정하는 현행 제도의 기초를 마련
했다. 1996년 현재 일본에는 오사카지역을 중심으로 86개 학급 1,923명이
민족교육을 받았다. 이것은 민족학급 운동의 산물이었다고 생각된다.

2012년에는 오사카 시내의 경우 민족학급 수는 106개 학급이다. 약 25%
의 오사카시 소, 중등학교에 설치되어 있었다. 2013년 10월 현재 오사카부
의 경우는 180개 소, 중학교에 민족학급이 설치되어 있다.

최근 민족학급의 성격과 관련해서는 일본 사회 속 변화를 느끼게 한다.
일본 사회 속 평일교육으로 민족학급 교육이 자리 매김 되고, 나아가 국제
교류의 차원에서 다문화 학습이라는 차원에서 위상이 새롭게 정립되고 있
다. 그렇지만 민족학급은 일본학교 내 재일동포 학생의 보호울타리의 역할
도 하고 있다.

재일동포 민족학급에서는 교사에 대한 처우가 중요하다. 교육의 질은
이들에 달려 있기 때문이다. 아울러 현실 타개책으로 민족학교와의 각종
교육 프로그램 공동 기획, 관리를 적극 추진해야 한다.

향후 재일동포 민족학급 운동은 교사와 교재, 일본 정부의 행정지원, 한
국 정부의 관심 그리고 학생의 진로지도 등에 대해 주목해 가야 할 것이
다.36) 특히 일본의 공식 교육기관에서의 과외 활동으로서 한국어와 한국
문화를 학습하도록 노력하는 것도 필요하다. 여기에는 민족학급 운동단체
의 적극적인 노력도 있어야 할 것이다.

동시에 재일동포 사회의 축소와 민족학교가 줄어드는 상황에서는 민족
학급과 민족학교 사이의 연계활동이 필요하다. 재일동포 민족교육에 관한
한 민족학교는 현재 제도적으로 보장을 받고 있기 때문에 민족학급에 대해
관심을 갖지 않으며, 경우에 따라서는 배타적인 자세를 보이기까지 했다.

36) 이 부분에 대해서는 실제 현장에서 활동하는 사람들의 생각이다.

준비된 민족학급의 교사와 학생들이 주체가 되어 적극적으로 움직일 것을 민족학교가 요구하는지도 모르겠다.

재일동포 민족학급 운동은 변화되는 일본 사회 속에서 민족교육의 새로운 모습을 보이고 있다. 민족학급 관련자의 주체적인 독자적인 민족학급 운동을 넘어, 다른 일본과 한국 정부, 그리고 일본 사회 및 일본의 각종 운동세력과 연대를 적극 모색해야 한다.

찾아보기

/

김 인 덕

· 1962년 출생.

· 성균관대학교 문학박사, 한국현대사 전공.

· 청암대학교 간호학과 조교수, 재일코리안연구소 소장.

· 저서: 『식민지시대 재일조선인운동 연구』(국학자료원, 1996).

　　　　『박열』(역사공간, 2013).

　　　　『재일조선인 민족교육 연구』(국학자료원, 2017).

　　　　『한국현대사와 박물관 연구』(국학자료원, 2018).